FRIEDELIND BINDER-WEHBERG

Ungleichbehandlung von Mann und Frau

Schriften zum Sozial- und Arbeitsrecht

Band 6

Ungleichbehandlung von Mann und Frau

Eine soziologische und arbeitsrechtliche Untersuchung

Von

Dr. Friedelind Binder-Wehberg

DUNCKER & HUMBLOT / BERLIN

Gedruckt 1970 bei Buchdruckerei Bruno Luck, Berlin 65
Printed in Germany

Inhaltsübersicht

Zweiter Teil

Die Bedeutung des Art. 3 Abs. 2 und 3 GG speziell im Arbeitsrecht

Abkürzungsverzeichnis

a. A.	anderer Ansicht
a.a.O.	am angegebenen Ort
AcP	Archiv für die civilistische Praxis
AöR	Archiv des öffentlichen Rechts
AP	Arbeitsrechtliche Praxis. Sammlung der Entscheidungen des Bundesarbeits- und Sozialgerichts, der Landesgerichte und Arbeitsgerichte
AR	Arbeitsrecht
AR-Blattei	Rechts- und Wirtschaftspraxis, Abteilung Arbeitsrechts-Blattei für die Arbeitsrechtspraxis
ArbGeb	Der Arbeitgeber (Zeitschrift)
ArbSamml.	Arbeitsrechts-Sammlung, Entscheidungen des Reichsarbeitsgerichts und des Reichsehrengerichtshofs, der Landarbeitsgerichte, Arbeitsgerichte und Ehrengerichte
ArbSch	Arbeitsschutz, Fachteil des BABl
AusfVO	Ausführungsverordnung
AVG	Angestelltenversicherungsgesetz
AZO	Arbeitszeitordnung
BABl	Bundesarbeitsblatt (Zeitschrift)
BAG	Bundesarbeitsgericht
BayBG	Bayerisches Beamtengesetz
BayObLG	Bayerisches Oberstes Landesgericht
BB	Der Betriebsberater (Zeitschrift)
BBG	Bundesbeamtengesetz
Bd.	Band
BetrVG	Betriebsverfassungsgesetz
BGB	Bürgerliches Gesetzbuch
BGHZ	Entscheidungen des Bundesgerichtshofs in Zivilsachen
BRD	Bundesrepublik Deutschland
BRRG	Beamtenrechtsrahmengesetz
BVerfGE	Entscheidungen des Bundesverfassungsgerichts
BVerwGE	Entscheidungen des Bundesverwaltungsgerichts
DB	Der Betrieb (Zeitschrift)
DDR	Deutsche Demokratische Republik
DJT	Deutscher Juristen-Tag
DÖV	Die öffentliche Verwaltung (Zeitschrift)
DRiZ	Deutsche Richterzeitung
FamRZ	Familienrechtszeitschrift
FAO	Freizeitanordnung = Anordnung des Reichsarbeitsministers über Arbeitszeitverkürzung für Frauen, Schwerbeschädigte und minderleistungsfähige Personen
FAZ	Frankfurter Allgemeine Zeitung

FH	Frankfurter Hefte (Zeitschrift)
FRR	Familienrechtsreform
FS	Festschrift
GastG	Gaststättengesetz
GewO	Gewerbeordnung
GG	Grundgesetz der BRD
GR	Die Grundrechte
HAT	Hausarbeitstag
HATG	Hausarbeitstagsgesetz
h. L.	herrschende Lehre
InfdF	Informationen für die Frau (Zeitschrift)
JR	Juristische Rundschau (Zeitschrift)
JZ	Juristenzeitung (Zeitschrift)
KBN	Krüger-Breetzke-Nowack, Kommentar zum Gleichberechtigungsgesetz
KSchG	Kündigungsschutzgesetz
LAG	Landesarbeitsgericht
LAO	Landarbeitsordnung
LM	Lindemaier-Möhring, Nachschlagewerk des BGH in Zivilsachen
lit	litera = Buchstabe
MDR	Monatsschrift für Deutsches Recht (Zeitschrift)
MuSch	Mutterschutz
MuSchG	Mutterschutzgesetz
NJW	Neue Juristische Wochenschrift (Zeitschrift)
NRW	Nordrhein-Westfalen
Prot.	Protokoll
RAG	Reichsarbeitsgericht
RdA	Recht der Arbeit (Zeitschrift)
Rdnr.	Randnummer
RGRK	Reichsgerichtsrätekommentar
RGZ	Entscheidungen des Reichsgerichts in Zivilsachen
Rpfl	Der deutsche Rechtspfleger (Zeitschrift)
RVO	Reichsversicherungsordnung
SAE	Sammlung arbeitsrechtlicher Entscheidungen
SozArb	Soziale Arbeit (Zeitschrift)
SozBA	Der Sozialversicherungsbeamte und -Angestellte (Zeitschrift)
SozFort	Sozialer Fortschritt (Zeitschrift)
SZ	Süddeutsche Zeitung
TVG	Tarifvertragsgesetz
v	verso = Rückseite
VGH	Verwaltungsgerichtshof
vMK	von Mangoldt-Klein, Kommentar zum Grundgesetz
WRV	Weimarer Reichsverfassung
ZBlAWi	Zentralblatt für Arbeitswissenschaft (ab 1963 Arbeit und Leistung) (Zeitschrift)
ZBlSV	Zentralblatt für Sozialversicherung und Versorgung (Zeitschrift)
ZBR	Zeitschrift für Beamtenrecht

Einführung

Die Stellung der Frau in unserer Gesellschaft ist in einem revolutionierenden Wandel begriffen. Während noch vor weniger als 100 Jahren das Bild der Frau sich ausschließlich als das der Hausfrau und Mutter darstellte und der Frau bis vor 50 Jahren in der außerhäuslichen Erwerbswelt nur eine minderwertige Rolle zukam, nimmt sie heute als gleichberechtigtes Mitglied am Arbeitsleben teil. Diese Entwicklung brachte eine Aufwertung der Frau im allgemeinen mit sich, was sich auf alle Bereiche des menschlichen Zusammenlebens auszuwirken begann. Dem trug bereits die Weimarer Verfassung in beschränktem Umfang Rechnung. Als umfassendes Grundrecht wurde die Gleichberechtigung von Mann und Frau aber erst im Grundgesetz für die Bundesrepublik Deutschland verankert[1]. Diese verfassungsrechtliche Statuierung war es letzlich, die der Gleichberechtigung auf allen Rechtsgebieten zum Durchbruch verhalf und auch das Prinzip der Gleichberechtigung in das Bewußtsein der Bevölkerung trug[2]. Aber weder in rechtlicher noch in tatsächlicher Hinsicht ist dieser Prozeß abgeschlossen[3].

---

[1] Der Grundsatz der Gleichberechtigung ist im Grundgesetz in dreifacher Hinsicht umfassender gestaltet als in der Weimarer Verfassung (vgl. *Beitzke*, GR II, S. 202; *von Mangoldt-Klein*, Art. 3 GG, Anm. IV, 7):

1. Anstelle der Einzelbestimmungen der Art. 109, 119, 128 WRV und über sie hinausgehend steht die Generalklausel des Art. 3 Abs. 2 GG (Art. 109 Satz 2 WRV bezog sich nur auf staatsbürgerliche Rechte und Pflichten, Art. 119 Satz 2 WRV nur auf das Eherecht und Art. 128 Satz 2 WRV nur auf das Beamtenrecht).
2. Die Gleichberechtigung gilt heute ausnahmslos, früher nur „grundsätzlich" (Art. 109 WRV), d. h. unter Vorbehalt aller Reichs- und Landesgesetze, die Ausnahmen zulassen konnten.
3. Art. 3 Abs. 2 GG ist nicht nur Programmsatz, sondern sofort geltendes Recht (mit der Überleitungsfrist des Art. 117 GG).

[2] Der Gleichberechtigungsgrundsatz hat einen „gewissen rechtlichen Entwicklungsabschluß statuiert, der eine organisch noch nicht ganz vollzogene und damit psychologisch noch nicht allenthalben in das Rechtsbewußtsein eingedrungene Ausreifung vorwegnimmt" (*Bulla*, Urt. Anm., AP Nr. 3 Bl. 4 zu Art. 3 GG).

[3] Die Aktualität aller Probleme, die mit der Gleichberechtigung der Geschlechter, der veränderten Stellung der Frau in der Familie und der Frauenerwerbsarbeit zusammenhängen, zeigen neuerliche Untersuchungen (so die Ende 1966 fertiggestellte Enquête der Bundesregierung über die Situation der Frauen in Beruf, Familie und Gesellschaft, Bundestag-Drucksache V/909), Neuerscheinungen und -auflagen auf dem Büchermarkt (z. B. *Betty Friedan*, Der Weiblichkeitswahn, Rowohlt 1966), Berichte in Zeitungen und Zeitschriften (wie Titelgeschichte „Die deutsche Frau; Kinder, Küche, Krise", Der Spiegel

Daß eine Anpassung des Rechts an Art. 3 Abs. 2 und 3 GG zum Teil noch aussteht, zeigt sich an heute noch geltenden Bestimmungen zum Nachteil der Frau, z. B. anhand des § 1355 BGB, wonach die Frau mit der Eheschließung automatisch den Familiennamen des Mannes bekommt, oder anhand des § 4 RuStG, wonach das eheliche Kind eines Deutschen die Staatsangehörigkeit des Vaters erhält, das eheliche Kind einer deutschen Mutter deren Staatsangehörigkeit jedoch nur, wenn es sonst staatenlos würde. Zum Nachteil des Mannes gereichen z. B. alle an § 132 a. F. BBG angelehnten arbeitsrechtlichen Pensionsbestimmungen, wonach der Frau als Witwe eines Arbeitnehmers generell, dem Mann als Witwer einer Arbeitnehmerin jedoch nur unter besonderen Voraussetzungen eine Rente zusteht[4], oder § 6 RuStG, wonach nur eine mit einem Deutschen verheiratete Ausländerin, nicht aber ein mit einer Deutschen verheirateter Ausländer Anspruch auf Einbürgerung hat[5].

Ob solche Ungleichbehandlungen von Mann und Frau zulässig sind, beurteilt sich nach Art. 3 Abs. 2 und 3 GG, der in zwei knappen Sätzen den Grundsatz der Gleichberechtigung der Geschlechter enthält. Tragweite und Umfang dieser Bestimmungen sind immer noch umstritten. Die Rechtsprechung nimmt entsprechend ihrer Aufgabe nur zu Einzelfällen Stellung. Auch in der Literatur werden die Untersuchungen zumeist auf die Wirkung des Gleichberechtigungsgrundsatzes in bestimmten Situationen beschränkt und die Frage nach dem grundsätzlichen Inhalt und Umfang des Art. 3 Abs. 2 und 3 GG nur stiefmütterlich behandelt[6].

Im Rahmen dieser Arbeit soll daher im ersten Teil versucht werden, ein grundsätzliches Schema für die Beurteilung der Zulässigkeit von Differenzierungen zwischen Mann und Frau aufzustellen, anhand dessen Gleichberechtigungsfälle auch des Arbeitsrechts überprüft werden können.

Nr. 52 vom 10. 12. 1966, S. 42 ff.; „Berufsreport 1967 — Frauen erobern die Welt der Männer", Stern Nr. 26 vom 25. 6. 1967, S. 65 ff.; „Geschwister-Ehe" auf moderne Art, gleiche Hosen, gleiche Kappen — Die alten Rollen „Mann" und „Weib" passen nicht mehr —, FAZ Nr. 215 vom 29. 7. 1967), Sendungen in Rundfunk und Fernsehen (z. B. „Die Familie, Mythos und Wirklichkeit", Fortsetzungsserie im Abendstudio des Bayerischen Rundfunks, Okt. 1966) oder sogar Darbietungen in Kabaretts (so Heidelberger Bügelbrett, Herbstprogramm 1966, Hannelore Kaub als moderne Suffragette).

4 Der entsprechende Zusatz in § 132 a. F. BBG ist erst durch Art. XII Fünftes ÄndG v. 19. 7. 1968 (BGBl. I S. 848) gestrichen worden.

5 Dieser Mißstand trat wieder besonders deutlich zutage bei dem Verlangen des in Berlin lebenden griechischen Künstlers Evangelos Tsakiridis, die gleiche Staatsbürgerschaft wie seine deutsche Frau zu erlangen, was vom Bundesverwaltungsgericht abgelehnt wurde (SZ Nr. 85 vom 8. 4. 1968, S. 5).

6 Dies rügen auch: *Knöpfel*, NJW 1960, 553; *Redmann*, FamRZ 1961, 409; *Schardey*, FamRZ 1963, 265 ff.

Hierzu ist es erforderlich, soziologische Fakten zu behandeln und auf die veränderte Stellung der Frau sowohl im beruflichen wie im familiären Bereich einzugehen, denn zwischen beiden Tätigkeitskreisen der Frau besteht eine Wechselwirkung, so daß die rechtliche Situation der Frau im Arbeitsrecht nicht unabhängig von ihren familiären Aufgaben gesehen werden kann.

Der Einfluß der häuslichen Pflichten der Frau auf ihre Erwerbstätigtätigkeit zeigt sich bereits in der geringeren Zahl der berufstätigen Frauen gegenüber der der Männer. In der BRD beträgt der Anteil der Frauen an der Gesamtzahl der Erwerbspersonen zwischen 36 und 37 Prozent[7]. Dabei hält die BRD unter den Staaten der gesamten westlichen Welt mit der Erwerbstätigkeit ihrer Frauen sogar die Spitze[8]. Daß nicht sämtliche arbeitsfähige Frauen[9] berufstätig sind, liegt — da so gut wie alle unverheirateten Frauen einen Beruf ausüben — an den verheirateten Frauen mit Kindern, deren Arbeitskraft im häuslichen Rahmen gebraucht wird. In zunehmendem Maße gehen aber auch diese Frauen einer außerhäuslichen Erwerbstätigkeit nach[10]. Da die Familie einerseits ohne die häusliche Arbeit der Mutter und andererseits häufig ohne ihren zusätzlichen Arbeitsverdienst nicht auskommen kann und will[11], da auch volkswirtschaftlich gesehen auf die Mitarbeit der Frau nicht verzichtet werden kann und sich ihr genügend Erwerbsmöglichkeiten anbieten, sieht sich die moderne Frau und Mutter in einen Konflikt zwischen inner- und außerfamiliären Lebensaufgaben gestellt, den Schelsky als „das wahrscheinlich tiefste und folgenreichste soziale Dilemma der Frau in der modernen Gesellschaft"[12] bezeichnet. Diese neuen Gegebenheiten in der

---

[7] Der Anteil schwankt etwas; im Juni 1961 waren es 37 %, im April 1964 37,3 %, im Mai 1965 36,3 % (Frauenenquête S. 58; *Elsner*, InfdF 1966, Nr. 1 S. 13).

[8] *Elsner*, a.a.O.

[9] Von allen Frauen im Alter von 15 bis 65 Jahren stehen schon 49 v.H., also nahezu jede zweite Frau, im Erwerbsleben (*Elsner*, a.a.O.).

[10] Vgl. Frauenenquête, S. 70 f.

[11] Das überwiegende Motiv für die Erwerbstätigkeit der verheirateten Frau war in der Nachkriegszeit und noch in den 50iger Jahren die wirtschaftliche Notwendigkeit. Heute ist die entscheidende Triebfeder der Wunsch nach Hebung und Erhaltung des Lebensstandards (*Schelsky*, Wandlungen der deutschen Familie in der Gegenwart, S. 311; *Hofmann-Kersten*, S. 11 und 187; *Speck*, S. 28; *Kroeber-Keneth*, S. 185; *Herrmann*, S. 83; *Krüger*, KBN, § 1356, Rdnr. 14; Frauenenquête, S. 78: Vom „Not"- zum „Aufbaumotiv"). Als weitere Motive kommen hinzu: Unzufriedenheit über Nur-Hausarbeit, welche auf die Dauer weder Fortschritt noch Aufstieg bietet — die soziale Stellung der Nur-Hausfrau richtet sich ausschließlich nach dem beruflichen Erfolg des Ehemannes —, weiterhin Unzufriedenheit über die finanzielle Abhängigkeit vom Ehemann, die um so schwerer fällt, da die Ehefrauen heutzutage vor der Ehe an eigenen Verdienst gewöhnt sind (*Myrdal-Klein*, S. 189 f.; *Hofmann-Kersten*, S. 132 und 186).

[12] *Schelsky*, Wandlungen der deutschen Familie in der Gegenwart, S. 345.

Situation der Frau fordern eine Überprüfung der für die Geschlechter unterschiedlichen rechtlichen Regelungen.

Inwieweit Ungleichbehandlungen von Mann und Frau speziell im Arbeitsrecht zulässig sind, soll im zweiten Teil dieser Arbeit untersucht werden.

Erster Teil

Grundsätzliches zu Art. 3 Abs. 2 und 3 GG

A. Tragweite und materieller Gehalt des Art. 3 Abs. 2 und 3 GG

I. Geltung

Die Zulässigkeit oder Unzulässigkeit von Differenzierungen zwischen Mann und Frau richtet sich seit der Statuierung der Gleichberechtigung in Art. 3 Abs. 2 und 3 GG nach diesem Grundgesetzartikel, der mit Inkrafttreten des Grundgesetzes am 24. 5. 1949 als echte Rechtsnorm unmittelbare Geltung erlangt hat[1, 2]. Seine Geltung erstreckt sich auf alle Rechtsgebiete, so auch auf das Arbeitsrecht[3], verbietet jedoch nicht die unterschiedliche Behandlung der Geschlechter in gesellschaftlichen, soziologischen, psychologischen oder sonstigen Bereichen[4].

II. Wirkung

Gebunden an Art. 3 Abs. 2 und 3 GG sind gemäß Art. 1 Abs. 3 GG Gesetzgebung, vollziehende Gewalt und Rechtsprechung. Arbeitsrechtliche Gesetze und Verordnungen dürfen daher nicht gegen Art. 3 Abs. 2 und 3 GG verstoßen.

Ebenso wie staatliche Gesetze so sind auch Tarifverträge und Betriebsvereinbarungen als Gesetz im materiellen Sinn gemäß Art. 1 Abs. 3 GG

---

[1] BVerfGE 3, 225/239.

[2] Die Frage, ob rechtliche Regelungen, die Gleichberechtigungsprobleme betreffen, in der Zeit vor dem Inkrafttreten des GG zulässig waren, kann nicht nach Art. 3 Abs. 2 und 3 GG beurteilt werden. Ebenso wenig können staatliche Hoheitsakte, die vor dem Inkrafttreten des GG endgültig wirksam geworden sind, rückwirkend an Art. 3 Abs. 2 GG gemessen werden (BVerfG, AP Nr. 97 und Nr. 80 zu Art. 3 GG). Vor dem 24. 5. 1949 erlassene Rechtsnormen, die dem Gleichberechtigungsgrundsatz entgegenstanden, sind spätestens am 31. März 1953 gemäß Art. 117 Abs. 1 GG außer Kraft getreten (vgl. dazu im einzelnen BVerfGE 3, 225 ff.).

[3] Vgl. 42. Sitzung des Hauptausschusses des Parlamentarischen Rates, 18. 1. 1949 (Kurzprot. Drucks. Nr. 540), Annahme des Antrages: „Die Gesetzgebung hat dies (nämlich den Gleichberechtigungsgrundsatz) auf allen Rechtsgebieten zu verwirklichen."

[4] BVerfGE 3, 225/241 f.

unmittelbar an Art. 3 GG zu messen[5]. „Gesamtheitlich zustande gekommene Arbeitsbedingungen", die zwar keinen normativen Charakter haben, aber eine allgemeine Ordnung enthalten, unterliegen nach der Rechtsprechung des BAG[6] auch dem Prinzip des Art. 3 GG.

Ob Arbeitgeber und Arbeitnehmer auch bei Einzelarbeitsverträgen an Art. 3 Abs. 2 und 3 GG gebunden sind, hat das BAG, da ein solcher Fall noch nicht zur Entscheidung stand, offengelassen[7], in früheren Entscheidungen jedoch festgestellt, daß manche Grundrechte als Ordnungsgrundsätze für das soziale Leben unmittelbare Bedeutung auch für den privaten Rechtsverkehr der Bürger untereinander haben können[8].

Hier stellt sich das unter dem Schlagwort „Drittwirkung" bekanntgewordene umstrittene Problem der Wirkung der Grundrechte im Privatrecht. Eine eingehende Untersuchung ist wegen des Umfangs und der Vielschichtigkeit des Problems im Rahmen dieser Arbeit nicht möglich und angesichts des zahlreichen Schrifttums auch nicht nötig[9]. Eine kurze Erörterung läßt sich jedoch nicht vermeiden, da sich die Überprüfung der Zulässigkeit von Differenzierungen zwischen Mann und Frau im Arbeitsrecht auch auf Einzelarbeitsverträge zu erstrecken hat und daher auch die Bedeutung des Art. 3 Abs. 2 und 3 GG für solche Fälle geklärt werden muß. Es soll somit im folgenden kurz das „Ob", „Wie", „Warum" und „Inwieweit" der Drittwirkung des Art. 3 Abs. 2 und 3 GG behandelt werden.

1. Absolute Wirkung des Art. 3 Abs. 2 und 3 GG

Dank der programmatischen Stellungnahme des BVerfG[10] steht die grundsätzliche Einwirkung der Grundrechte auch auf Privatrechtsverhältnisse außer Zweifel. Strittig bleibt die Form der Beeinflussung.

Im Anschluß an die Lehre Dürigs[11] bejaht das BVerfG nur eine „mittelbare Drittwirkung"[12]. Hiernach wirken die Grundrechte nur über die zivilrechtlichen Generalklauseln, wie §§ 138, 242, 826 BGB, auf das Privatrecht ein.

---

[5] Zum Tarifvertrag: BAG AP Nr. 4, 6, 7, 16, 17, 18, 70 zu Art. 3 GG; zur Betriebsvereinbarung: BAG AP Nr. 28 zu Art. 3 GG.

[6] AP Nr. 69 Bl. 2 v und Nr. 77 Bl. 1 v zu Art. 3 GG.

[7] BAG AP Nr. 69 Bl. 2v zu Art. 3 GG.

[8] BAG AP Nr. 2 zu § 13 KSchG; AP Nr. 1 zu Art. 6 Abs. 1 GG Ehe und Familie; AP Nr. 4 und 16 zu Art. 3 GG.

[9] Darstellung des Streitstandes bei *Nipperdey*, GR IV/2, S. 747 ff.

[10] BVerfGE 7, 198/204 ff. statt aller.

[11] *Dürig*, FS für Nawiasky, S. 157 ff.

[12] Dieser Ausdruck stammt von *Bachof*, GR III/1, S. 173 f.

Es ist richtig, daß die Grundrechte als Inhaltsbestimmungen der zivilrechtlichen und wohl auch der arbeitsrechtlichen Generalklauseln[13] für die Auslegung der Begriffe von Treu und Glauben und der guten Sitten maßgebend sein können. Die Beschränkung hierauf wird jedoch der grundsätzlichen Bedeutung der im Grundrechtskatalog aufgezählten Grundrechtsnormen nicht gerecht. Sie sind so sehr Ausdruck der Prinzipien, die in einer gut, gerecht, freiheitlich und sozial geordneten Gesellschaft bestehen sollen, daß sie auch für die Rechtsbürger untereinander unmittelbar Geltung haben müssen[14].

Diese umfassende Bedeutung der Grundrechte hat als erster Nipperdey erkannt und die Lehre der absoluten Wirkung der Grundrechte — auch unmittelbare Drittwirkung genannt[15] — begründet. Danach binden eine ganze Reihe von Grundrechten, u. a. auch Art. 3 Abs. 2 und 3 GG[16], den Privatrechtsverkehr unmittelbar, d. h. nicht erst auf Grund von Gesetzen, die von einfachen Gesetzgebern in Ausführung des Grundrechts erlassen worden sind, noch auf Grund von Generalklauseln. Nipperdey[17] begründet dies wie folgt: Die Entwicklung zur modernen Massengesellschaft mit dem Anwachsen der Macht einzelner Gruppen und Personen mache deutlich, daß der einzelne des Schutzes nicht nur vor willkürlichen Eingriffen des Staates bedürfe, sondern auch geschützt werden müsse vor industriellen Machtgruppen, Verbänden und mächtigen Einzelpersonen. Diese Ausweitung des Schutzes durch die Grundrechte habe sich durch den Bedeutungswandel der modernen Verfassung vollzogen. Das Grundgesetz der BRD enthalte nicht mehr, wie es für die Verfassungen des vorigen Jahrhunderts genügte, nur eine Grundlegung der staatlichen Organisation, sondern wolle, wie es in der Präambel treffend zum Ausdruck komme, dem „staatlichen Leben" eine „neue Ordnung" geben. Darunter sei eine Neuordnung des Lebens im Staate und nicht nur des Staatslebens zu verstehen.

Hätten die Grundrechte des Grundgesetzes nur die Funktion als Abwehrrechte gegenüber dem Staat, so könnten sie weder unmittelbar noch mittelbar über die Generalklauseln für Privatpersonen untereinander verbindlich sein, denn die „Staatsgerichtetheit" der Grundrechte müßte

---

[13] So auch *Gamillscheg*, AcP 164, S. 420.

[14] *Nipperdey*, GR IV/2, S. 750.

[15] Die Bezeichnung „Drittwirkung" ist jedoch ungenau; da die Grundrechte nur im klassischen engeren Sinn sich auf das Verhältnis Einzelperson—Staat beziehen. Richtiger ist es von der „absoluten Wirkung gewisser Grundrechte" zu sprechen, die so unmittelbar auf den Privatrechtsverkehr einwirken (vgl. *Enneccerus-Nipperdey*, I/1, § 15 II 4c). In dieser Arbeit werden zur Vermeidung von Eintönigkeit beide Ausdrücke verwandt.

[16] *Nipperdey*, GR II, S. 20.

[17] Ders., GR IV/2, S. 749; ders., FS für Molitor, S. 17 ff.; *Enneccerus-Nipperdey*, I/1, § 15.

auch einer Einwirkung auf die Generalklauseln entgegenstehen[18]. Erkennt man aber mit dem BVerfG[19] die prinzipielle Verstärkung der Geltungskraft der Grundrechte an, die dadurch zum Ausdruck kommt, daß das Grundgesetz in seinem Grundrechtsabschnitt eine „objektive Wertordnung" enthält, die als „verfassungsrechtliche Grundentscheidung für alle Bereiche des Rechts" zu gelten hat, so ist nicht recht einzusehen, warum daraus nicht die Konsequenz zur unmittelbaren Anwendung des Art. 3 Abs. 2 und 3 GG auch im Privatrecht gezogen wird. Der „Umweg" über die Generalklauseln wäre dann nicht nötig. Es erscheint als Rückschritt, wenn das Gebot „Du sollst niemanden wegen seines Geschlechtes schlechter behandeln" nicht nach Sinn und Wortlaut angewendet, sondern erst einmal in den blossen und nichtssagenden Satz „Du sollst nicht sittenwidrig handeln" verwandelt wird, um dann seine Gestalt aus dem Grundrecht zurückzuerhalten. Gamillscheg[20] rügt diese Praxis, da damit die Generalklauseln noch mehr zu „Säcken" würden, in die die Rechtsprechung die verschiedensten Dinge hineinstopfe, die mit dem eigentlichen Sinn der Worte „gute Sitten" nichts mehr zu tun hätten, wobei doch Einigkeit im Bestreben nach greifbarer Erfassung der Falltypen und damit nach Auflösung der Generalklauseln bestehe.

Wenn auch bislang die Generalklauseln als Einbruchsstellen für die Grundrechte fungierten, so steht dies einer nunmehrigen absoluten Wirkung der Grundrechte nicht entgegen, denn die Generalklauseln haben nur als „Statthalter"[21] den Weg zur unmittelbaren Drittwirkung bereitet.

Für die unmittelbare Drittwirkung spricht weiterhin die Tatsache, daß die Verfassung als höchstrangiges Gesetz Grundlage und Rahmen für die gesamte Rechtsordnung als Einheit und damit für alles Recht darstellt. Der Grundrechtskatalog, der eine „verfassungsrechtliche Grundentscheidung", die „für alle Bereiche des Rechts" zu gelten hat[22], enthält, beinhaltet damit zugleich einen „allgemeinen Teil", der die Rechtsgenossen unmittelbar bindet. Der bloße Ort, wo Rechtssätze niedergeschrieben sind, ist nicht entscheidend[23].

Ein wesentliches Argument gegen die unmittelbare Wirkung der Grundrechte wird in der dadurch hervorgerufenen Einschränkung der persönlichen Freiheit gesehen[24]. Diese Meinung verkennt jedoch, daß unmittel-

---

[18] BAG AP Nr. 1 Bl. 3 zu Art. 6 GG.

[19] BVerfGE 7, 198/205.

[20] *Gamillscheg*, AcP 164, S. 421.

[21] Ders., a.a.O., S. 423.

[22] BVerfGE 7, 198/205.

[23] *Gamillscheg*, a.a.O., S. 421.

[24] z. B. *Hueck*, Gutachten, S. 24 f.; *Nikisch*, I, S. 42.

bare Bindung an die Grundrechte nicht schrankenlose Bindung heißt. Dieses „Inwieweit“, d. h. die Begrenzung der Bindung an die Grundrechte, nicht das „Ob“ und „Warum“ der unmittelbaren Drittwirkung, ist somit das eigentlich Problematische. Die Frage nach dem „Inwieweit“ wird zwar im Ergebnis so gut wie gleich, methodisch aber unterschiedlich beantwortet.

Eine Begrenzung der Bindung ergibt sich dann schon, wenn man nicht die „absolute“ Wirkung der Grundrechte, sondern nur eine „beschränkte“ Wirkung bejaht. So schränkt Gamillscheg[25] die Geltung der unmittelbaren Drittwirkung als solche ein, und zwar im Arbeitsrecht auf die Arbeitgeber, die „soziale Macht“ ausüben, denn in Analogie zur Bindung der „staatlichen Gewalt“ (Art. 1 Abs. 3 GG) sei auch nur die „soziale Gewalt“ gebunden. Eine solche Macht verkörpere jeder Arbeitgeber, der bei bestehendem Arbeitsverhältnis einseitig handele, oder bei bevorstehendem Arbeitsvertrag sich einem Arbeitsplatzbewerber gegenüber sehe, welcher sich in einer Zwangslage befinde. Danach kann jeder einzelne, der auch sonst keine soziale Macht darstellt, wie z. B. ein Kleinhändler, gegebenenfalls, so wenn er etwa einseitig eine Kündigung ausspricht, „soziale Macht“ ausüben.

Soweit Gamillscheg den Begriff „soziale Macht“ so umfassend sieht, ist ihm zuzustimmen, nicht aber hinsichtlich der Folgerung, daß die Wirkung der Grundrechte als solche davon abhängig sei, wie der einzelne tätig werde, ob er als soziale Macht auftrete oder als gleichrangiger Vertragspartner agiere. Die Verteilung der Macht ist m. E. nicht für die grundsätzliche Wirkung der Grundrechte, sondern nur für die Bindung an sie erheblich.

Das Anwachsen der Macht großer Unternehmen hat zwar geschichtlich dazu beigetragen, daß sich immer mehr eine Notwendigkeit für die unmittelbare Drittwirkung ergab, sie besagt aber nicht, daß die Drittwirkung auf diese Unternehmen beschränkt bleiben muß. Kann von jedem Arbeitgeber, von jeder Privatperson unter Umständen „soziale Macht“ ausgehen, so muß auch grundsätzlich gegenüber jedem der Grundrechtsschutz bestehen. Die „soziale Macht“ läßt sich nicht mehr von vornherein lokalisieren. Stellt sie aber nicht wie die staatliche Gewalt einen äußerlich erkennbaren Machtkomplex dar, so kann nicht von einem Analogon zur staatlichen Macht gesprochen werden. Es sind vielmehr Inhalt und Bedeutung des Grundrechtskatalogs und der Grundrechte selbst, die zur unmittelbaren Drittwirkung führen. Der Grundrechtskatalog stellt eine „Grund-Gerechtigkeit“ auf und bildet daher den Maßstab für jegliches rechtliches Handeln. Er enthält Grundsätze — wie den Art. 3 GG —, deren Befolgung erst das Leben der Rechtsgenossen

[25] *Gamillscheg*, AcP 164, S. 404 ff.

untereinander zu einem den freiheitlichen, sozialen, rechtsstaatlichen Maximen unserer Verfassung entsprechenden Leben macht. Die absolute Wirkung der Grundrechte ist daher auch rechtspolitisch wünschenswert.

Ob der Grundrechtsschutz im Einzelfall durchgreift, ist eine Frage der Bindung an die Grundrechte in dem speziellen Fall. So führt die absolute Wirkung des Art. 3 Abs. 2 und 3 GG auch zu geregelten Ergebnissen. Die Grenzen der Bindung zeigen sich anhand des Problems der Grundrechtskollision.

2. Kollision mit anderen Grundrechten

Das Problem der Grundrechtskollision, der Friktion oder Reibung der Grundrechte, entsteht immer dann, wenn infolge der unmittelbaren Wirkung der Grundrechte der einzelne sich auf eine Grundrechtsposition berufen kann, die sich mit der eines anderen Grundrechtsinhabers schneidet. Es fragt sich dann, welches Grundrecht den Vorrang hat.

Im Rahmen dieser Arbeit hat vor allem die Kollision des Art. 3 Abs. 2 und 3 GG mit Art. 2 Abs. 1 GG Bedeutung. Im Arbeitsrecht ergibt sich häufig der Fall, daß auf der einen Seite der Arbeitnehmer oder die Arbeitnehmerin sich auf das Grundrecht der Gleichberechtigung der Geschlechter stützt, auf der anderen Seite der Arbeitgeber sich auf das Grundrecht der Freiheit der Persönlichkeit, der allgemeinen Handlungsfreiheit und auf die daraus fließende Vertragsfreiheit beruft. Um eine Paralysierung der Grundrechte zu vermeiden, müssen die Verfassungssätze gegeneinander abgewogen werden.

Zur Lösung dieses Problems sind verschiedene Grundsätze entwickelt worden[26], die letztlich alle darauf hinauslaufen, den sozial Schwachen, den Machtunterworfenen, den nicht Gleichgeordneten zu schützen und in solchen Fällen die Vertragsfreiheit zurücktreten zu lassen.

Als Maßstab für die Abwägung zwischen Vertragsfreiheit und Gleichberechtigung können die beiden „Eckpfeiler" des Grundrechtskatalogs herangezogen werden, nämlich das Bekenntnis zur Würde des Menschen

---

[26] So z. B. *Leisner* (S. 379 f.), der zwischen „vertraglichen" und „außervertraglichen" Bereichen unterscheidet und nur im ersteren Bereich die Vertragsfreiheit vorgehen läßt. Er grenzt die Bereiche nicht danach ab, ob ein Vertrag wirklich geschlossen ist, sondern danach, ob von einer „Freiheitsbetätigung" überhaupt noch ernstlich die Rede sein kann. So rechnet er zum außervertraglichen Bereich monopolähnliche Verhältnisse, den abhängigen Arbeitsvertrag, soweit er größtenteils kollektiv ausgestaltet oder durch monopolähnliche Unterworfenheit bestimmt ist, und auch Rechtsverhältnisse, bei denen der eine Teil einer „Privatgewalt" des anderen unterworfen ist. Die Bezeichnung der Bereiche mit „vertraglich" und „außervertraglich" erscheint jedoch irreführend.

(Art. 1 Abs. 1 GG)[27] am Anfang des Grundrechtskatalogs und zur sozialen Gerechtigkeit (Art. 20 Abs. 1 GG)[28] am Ende des Katalogs.

Mit Art. 20 Abs. 1 GG und mit Art. 28 Abs. 1 Satz 1 GG hat der Verfassungsgeber die Sozialstaatlichkeit zu einem tragenden Prinzip unseres Staates erklärt, zu einer „Grundsatznorm obersten Ranges“[29], zu einem „verfassungsrechtlichen Leitgrundsatz“[30], dem bei der Auslegung des Grundgesetzes und damit auch des Gleichberechtigungsgrundsatzes entscheidende Bedeutung zukommt[31]. Das Sozialstaatsprinzip will im weitesten Sinn die soziale Gerechtigkeit. Zur Erreichung dieses Zieles bei Privatrechtsverhältnissen ist der Grundrechtsschutz im Einzelfall nur insoweit erforderlich, als zwischen den Vertragsparteien keine gleiche Machtlage besteht, der eine also von dem anderen abhängig, ihm quasi unterworfen ist. Eine solche Abhängigkeit kann nicht nur gegenüber wirtschaftlichen und sozialen Mächten gegeben sein, sondern auch gegenüber Privatpersonen, die eine sonstige Machtposition[32], eine private Gewalt[33], eine soziale Gewalt im weitesten Sinn[34] ausüben. Wann im Arbeitsrecht im einzelnen eine solche Macht vorliegt, läßt sich mit Hilfe der von Gamillscheg entwickelten Auslegung der „sozialen Macht“[35] gut feststellen[36]. In Fällen solcher Machtausübung geht das Recht auf Gleichberechtigung dem Recht auf Vertragsfreiheit vor. Art. 20 GG hindert somit nicht die absolute Wirkung der Grundrechte, sondern begrenzt nur die Bindung an sie in einzelnen Fällen.

Fehlt es an einer einseitigen Machtposition im obigen Sinn, liegt also eine völlige oder jedenfalls annähernd rechtliche und tatsächliche Gleichheitslage der Vertragspartner vor, so tritt das Grundrecht der Gleichberechtigung hinter der Vertragsfreiheit zurück[37]. Die Vertragspartner

---

[27] Vgl. *Nipperdey* (RdA 1950, 125), der Art. 1 Abs. 1 GG grundsätzliche Bedeutung auch für den Privatrechtsverkehr zuspricht.

[28] Für letzteres auch *Koske*, RdA 1966, 16 und *Müller*, RdA 1964, 127.

[29] *Huber*, zit. bei *von Mangoldt-Klein*, Art. 20 GG, Anm. VII, 1 b.

[30] *Scheuner*, zit. ebenda.

[31] BVerfGE 1, 97/105.

[32] Vgl. *Nipperdey*, GR IV/2, S. 753.

[33] Diesen Ausdruck gebraucht auch *Leisner* (S. 380), hält ihn aber für nicht passend.

[34] *Gamillscheg*, AcP 164, 426 ff.

[35] Ders., S. 406 ff.; siehe ferner S. 19.

[36] Dieser Begriff „soziale Macht“ im weitesten Sinn läßt sich auch im Zivilrecht anwenden; so üben z. B. Eltern soziale Macht aus bei Gewährung oder Verweigerung von Unterhaltsleistungen an ihre Söhne und Töchter; siehe im einzelnen II. Teil, A. I. Ein Testator dagegen stellt keine soziale Macht dar. Es besteht weder ein Über- oder Unterordnungs- noch Abhängigkeitsverhältnis zwischen den in Frage kommenden Erben und ihm als Testator. Diese haben keinen Anspruch darauf, von ihm als Erben eingesetzt zu werden. Seine Testierfreiheit geht daher gegenüber Art. 3 Abs. 2 und 3 GG vor.

[37] *Nipperdey*, GR IV/2, S. 754.

haben die Freiheit, Beschränkungen des Grundrechts der Gleichberechtigung wirksam vorzunehmen.

Dieses Recht der freien Vereinbarung findet wiederum seine Grenze in Art. 1 Abs. 1 GG[38]. Schon aus der Statuierung des Gebotes „Die Würde des Menschen ist unantastbar" als ersten Satzes des Grundgesetzes ergibt sich, daß der Verfassungsgeber diesem Grundsatz besonders große Bedeutung beigemessen hat. Die Verpflichtung, die Menschenwürde zu schützen, trifft nur den Staat, während im Rahmen privatrechtlicher Beziehungen die Menschenwürde geachtet werden muß[39]. Sieht z. B. eine Vertragsklausel die Auflösung des Arbeitsverhältnisses im Falle der Verheiratung der Arbeitnehmerin vor, so wird dadurch die Würde des Menschen mißachtet. Eine solche Abmachung ist gemäß Art. 1 Abs. 1 GG unzulässig[40] und verstößt, wenn männliche Arbeitnehmer diese Verpflichtung nicht einzugehen brauchen, außerdem gegen Art. 3 Abs. 2 und 3 GG. Trotz „Gleichheitslage" von Arbeitgeber und Arbeitnehmerin und dem grundsätzlichen Vorrang der Vertragsfreiheit bewirkt die Verletzung des Art. 1 Abs. 1 GG, daß die Vertragsfreiheit zurücktritt und die Bindung an Art. 3 Abs. 2 und 3 GG wiederauflebt.

III. Inhalt

Der erste Absatz des Art. 3 GG enthält den allgemeinen Gleichheitssatz, der zweite den Grundsatz, daß Männer und Frauen gleichberechtigt sind, und der dritte ein Verbot, wegen des Geschlechtes zu differenzieren. Was ist nun der präzise Inhalt dieser Absätze, und anhand welchen Absatzes ist die Zulässigkeit von Differenzierungen zwischen Mann und Frau zu messen?

1. Das Verhältnis des Abs. 1 zu den Abs. 2 und 3

Auf den ersten Blick scheinen die Abs. 2 und 3 nur eine unselbständige Wiederholung des Abs. 1 für einen besonderen Fall zu sein. Wenn aber die Abs. 2 und 3 keine über Abs. 1 hinausgehende Aussage enthielten[41], sie nur eine ohnehin schon in Abs. 1 enthaltene Folgerung darstellten[42], und wenn Differenzierungen zwischen Mann und Frau — wie nach

---

[38] Man kann auch über Art. 2 Abs. 1 GG, wonach die freie Entfaltung der Persönlichkeit ihre Grenze in der verfassungsmäßigen Ordnung und somit auch in Art. 1 Abs. 1 GG hat, zu diesem Artikel gelangen (*Nipperdey*, GR IV/2, S. 754 f.).

[39] Ders., GR II, S. 35 ff.

[40] Ders., GR IV/2, S. 755.

[41] So im Ergebnis BGHZ 30, 50 ff.

[42] So *Maunz*, S. 115.

Abs. 1 — immer schon dann berechtigt wären, wenn sie auf sachgemäßen Erwägungen beruhten[43], dann hätte der allgemeine Gleichheitssatz in Abs. 1 genügt und das Gleichberechtigungsgebot nicht gesondert aufgestellt zu werden brauchen[44]. Auch nach allgemeiner Auffassung[45] führt der Grundsatz der Gleichberechtigung über den Abs. 1 hinaus, er ist nicht bloßer Anwendungsfall des Abs. 1, sondern dessen Konkretisierung, nähere Verdichtung, Spezialisierung, Modifizierung. An die Zulässigkeit von Differenzierungen zwischen Mann und Frau sind gerade strengere Anforderungen zu stellen als nach Abs. 1.

2. Das Verhältnis der Abs. 2 und 3 zueinander

Vergleicht man die Abs. 2 und 3 miteinander, so zeigt sich, daß Abs. 2 die Gleichberechtigung in positiver Hinsicht statuiert und Abs. 3 diesem Grundsatz in negativer Wendung — „niemand darf wegen ... seines Geschlechtes bevorzugt oder benachteiligt werden ..." — entspricht. Darüber, welche Bedeutung der doppelten Fassung zukommt, gehen die Meinungen auseinander. Einige geben den Abs. 2 und 3 unterschiedliche, selbständige Bedeutung[46], andere sprechen dem Abs. 3 die Hauptbedeutung zu[47], wiederum andere ihm jegliche Bedeutung neben Abs. 2 ab[48].

Aus der Entstehungsgeschichte des Abs. 2 ersieht man, daß mit ihm zunächst nur die staatsbürgerliche Gleichstellung der Geschlechter garantiert werden sollte, während Abs. 3 schon das Verbot von Differenzierungen wegen des Geschlechtes zum Inhalt hatte[49]. Da aber dennoch der

---

[43] Gemäß Abs. 1 muß Gleiches gleich, Ungleiches seiner Eigenart entsprechend verschieden, allerdings in verhältnismäßiger Gleichheit behandelt werden (BVerfGE 1, 52; 3, 135 f.; 9, 244; 18, 46). Es genügt schon für die Zulässigkeit von Differenzierungen nach Abs. 1, daß sie keine Willkür erkennen lassen. Eine Bestimmung muß dann als „willkürlich" gelten, wenn sich ein vernünftiger, sich aus der Natur der Sache ergebender oder sonstwie sachlich einleuchtender Grund für die gesetzliche Differenzierung nicht finden läßt (BVerfGE 1, 52; 12, 348; 14, 150; 15, 320; 18, 46; 18, 124).

[44] BVerfGE 10, 58; *Molitor*, BB 1952, 204; *Krüger*, RdA 1953, 349; *Beitzke*, JR 1959, 402; *Mikat*, FamRZ 1960, 306.

[45] Grundlegend BVerfGE 2, 325/240; *von Mangoldt-Klein*, Art. 3 GG, Anm. IV, 3; *Ipsen*, GR II, S. 143; *Beitzke*, GR II, S. 205; *Scheuner*, FRR, S. 45; *Dürig*, FamRZ 1954, 2; ders., NJW 1959, 1173; *Fuß*, JZ 1959, 336; *Frey*, Gutachten, S. 6.

[46] *Ramm*, JZ 1968, 43.

[47] *Molitor*, AcP 151, 386.

[48] *von Mangoldt-Klein*, Art. 3 GG, Anm. V, 2a; *Hamann*, Art. 3 GG, Anm. B 6; *Jellinek*, BB 1950, 426; *Knöpfel*, NJW 1960, 556; *Wernicke*, Bonner Kommentar, Art. 3 GG, Anm. II, 3 b, jedoch unklar: Der Erwähnung des Geschlechtes kommt keine größere Bedeutung zu.

[49] Vgl. Parlamentarischer Rat, Grundsatzausschuß, 26. Sitzung vom 30. 11. 1948 (Kurzprot. Drucks. Nr. 338).

Abs. 2 geändert und in ihm das grundsätzliche Gebot der Gleichberechtigung der Geschlechter aufgestellt wurde, muß man wohl das Differenzierungsverbot des Abs. 3 als unzureichend empfunden haben[50]. Schon daraus ist zu schließen, daß Abs. 2 die wichtigere Norm darstellt. Daß man in Abs. 3 die Erwähnung des Geschlechtes belassen hat, geschah wohl nur deswegen, um die Vollständigkeit der in Abs. 3 enthaltenen Differenzierungsverbote zu erhalten. So kann dem Abs. 3 nur als Unterstreichung des Abs. 2 selbständige Bedeutung zugemessen werden[51]. Dies ergibt sich auch aus der generellen und grundlegenden Fassung der Gleichberechtigung der Geschlechter in Abs. 2 und bei logisch systematischer Betrachtungsweise[52] aus der Voranstellung des Grundsatzes in Abs. 2, den Abs. 3 nochmals hervorhebt. Die Hauptbedeutung des Abs. 2 wird durch Art. 117 Abs. 1 GG noch bestätigt, der eine Übergangsregelung für das der Gleichberechtigung entgegenstehende Recht enthält und nur auf Abs. 2 ausdrücklich Bezug nimmt, obschon auch Abs. 3 Ungleichbehandlungen wegen des Geschlechtes verbietet[53].

Dies alles spricht also dafür, daß der Inhalt des Gleichberechtigungsprinzips aus der grundlegenden Norm des Abs. 2 und nicht in erster Linie aus Abs. 3 zu entnehmen ist.

3. Deutung des Abs. 2

Was ist nun der präzise rechtliche Inhalt des knappen Satzes: „Männer und Frauen sind gleichberechtigt"?

Das Schlagwort „Gleichberechtigung" entstammt als Parole der modernen Frauenbewegung, die diesen Begriff mit konkreten, rechtspolitischen Forderungen zugunsten der Frau ausgestattet hatte. Da der Ver-

---

[50] Vgl. *Ramm*, JZ 1968, 42.

[51] Vgl. *Nipperdey*, RdA 1950, 124; andererseits mißt *Nipperdey* (a.a.O., S. 122) dem Abs. 3 insoweit besondere Bedeutung zu, als er den Lohngleichheitsgrundsatz enthalte. Dieser läßt sich jedoch ebensogut aus Abs. 2 entnehmen, was sich auch mit der Entstehungsgeschichte des Grundgesetzes beweisen läßt (vgl. BAG AP Nr. 4 Bl. 2 und 2v zu Art. 3 GG).

[52] Es ist anerkannt, daß Einzelbestimmungen eines Gesetzes nicht isoliert ausgelegt werden dürfen, da ein Gesetz ein einheitliches Ganzes bildet (vgl. für das Grundgesetz: BVerfGE 1, 14/32). Erst recht müssen die einzelnen Absätze einer Gesetzesbestimmung in Zusammenhang gesehen werden (*Knöpfel*, NJW 1960, 555).

[53] Daß Abs. 3 auch in Art. 117 Abs. 1 GG gemeint sein muß, ergibt folgende Überlegung: Bezieht man Art. 117 Abs. 1 GG nur auf Art. 2, so würde Abs. 3 sofort Geltung erlangt haben. Das dem Gleichberechtigungsgrundsatz entgegenstehende Recht wäre damit bereits mit Inkrafttreten des Grundgesetzes wegen des in Art. 3 Abs. 3 GG enthaltenen Differenzierungsverbots ungültig, was mit Art. 117 Abs. 1 GG gerade verhindert werden sollte (BVerfGE 6, 389/421; *Beitzke*, 14. Beiheft zur DRZ 1950, S. 14; *Jellinek*, BB 1950, 426; *Krüger*, Anm. zu AP 52 Nr. 63).

fassungsgeber diesen politischen Terminus übernahm und sich einer detaillierten Formulierung der Gleichberechtigungsforderung enthielt, ist vielfach angenommen worden, daß er die Gleichberechtigung so verwirklichen wollte, wie sie die geschichtliche Entwicklung damals geprägt hatte, nämlich als Forderung einseitig zugunsten der Frau, zur Anhebung ihrer Rechtsstellung auf den Status des Mannes[54].

Abgesehen davon, daß aus den Gesetzesmaterialien eine solche einseitige Absicht des Verfassungsgebers nicht ersichtlich ist und auch nicht angenommen werden kann, daß er mit der Gleichberechtigung eine eventuelle Schlechterstellung des Mannes in Kauf zu nehmen gedachte, läßt sich aus dem Wortlaut des Art. 3 GG selbst entnehmen, daß der Gleichberechtigungsgrundsatz beiden Geschlechtern Schutz bietet; Abs. 2 spricht die gleiche Berechtigung von Frauen und Männern aus, und Abs. 3 verbietet die Benachteitilung der Frau wie des Mannes wegen des Geschlechtes. Der Gleichberechtigungsgrundsatz gilt also auch zugunsten des Mannes[55].

Es können sich also beide Geschlechter auf den Grundsatz der Gleichberechtigung berufen; ihnen steht somit ein Grundrecht auf gleiche rechtliche Behandlung zu. Muß aber diese Behandlung in jedem Fall gleich sein oder können Mann und Frau auf Grund gewisser Unterschiede zwischen ihnen ungleich behandelt werden?

Daß der Verfassungsgeber nicht von der absoluten Gleichbehandlung von Mann und Frau ausgegangen ist, ergibt die Tatsache, daß Differenzierungen zum Schutze der arbeitenden Frau, insbesondere der Mutter, weiterhin zulässig sein sollten und sein müssen, denn z. B. biologische Geschlechtsunterschiede, wie Schwangerschaft, machen Differenzierungen unumgänglich. Es kann also nicht von der absoluten, sondern nur von der relativen Natur des Gleichberechtigungsgrundsatzes gesprochen werden[56].

Steht mithin der Abs. 2 Differenzierungen zwischen Mann und Frau nicht in allen Fällen entgegen, so fragt sich, wo die Grenzen der Zulässigkeit von Differenzierungen liegen.

Daß Ungleichbehandlungen nicht schon wie nach Abs. 1 bei jeglicher sachgemäßer Begründung zulässig sein können, ergibt sich schon aus der

---

[54] So *Scheuner*, FRR 1954, 45; *Dirks*, FH 7 (1952), 828; *Dürig*, FamRZ 1954, 3; *Dölle*, Familienrecht, S. 31; so kürzlich erst *Ramm*, JZ 1968, 42; früher auch BAG AP Nr. 1 Bl. 2 und Nr. 8 zu Art. 3 GG.

[55] u. a. *Jellinek*, AöR 76, 137; *Ramm*, FamRZ 1963, 338; so jetzt auch BAG AP Nr. 15 Bl. 2 zu § 1 HATG NRW.

[56] *von Mangoldt-Klein*, Art. 3, Anm. IV, 6; *Bachof*, FamRZ 1956, 399; *Fuß*, JZ 1959, 335 und 339; vgl. weiterhin: *Dölle*, JZ 1953, 355; *Schneider*, NJW 1953, 889; *Ipsen*, GR II, S. 111 f.; *Knöpfel*, NJW 1960, 553 ff.

Hervorhebung des Gleichberechtigungsgrundsatzes in dem eigens dafür geschaffenen Abs. 2[57]. Es ist vielmehr mit Dürig[58] aus Abs. 1 der Umkehrschluß für die Auslegung des Abs. 2 zu ziehen. Gebietet Abs. 1 die Gleichbehandlung von Gleichem bis zur Willkürgrenze, so gebietet Abs. 2 die Gleichbehandlung von Ungleichem — Mann und Frau — bis zur Willkürgrenze, d. h. der Verfassungsbefehl des Abs. 2 enthält eine Vermutung dafür, daß die Geschlechtsunterschiede solange nicht als rechtserheblich angesehen werden dürfen, bis ihre Nichtbeachtung willkürlich im Sinn der für Abs. 1 entwickelten Umschreibungen ist. In dieser Umkehr der Ermessensrichtung liegt die eigenständige Bedeutung des Art. 3 Abs. 2 GG.

Diese klare, logisch und rechtssystematisch einleuchtende Auslegung des Gleichberechtigungsgrundsatzes führt zu gerechten, dem Sinn der Gleichberechtigung entsprechenden Ergebnissen. Den Bedenken von Schardey[59] und Knöpfel[60], daß diese Deutung des Gleichberechtigungsgrundsatzes zu streng und zu eng ist, kann nicht gefolgt werden. Sie sagen, daß neben den Differenzierungen zwischen den Geschlechtern, die notwendig seien, weil Gleichbehandlung Willkür bedeuten würde, weitere Differenzierungen zulässig sein müßten, auch wenn sie nicht zwingend gefordert werden könnten, wie z. B. der Hausarbeitstag für Frauen. Dem steht die Lehre Dürigs nicht entgegen. Schardey und Knöpfel sehen vielmehr den Begriff der „Willkür" zu eng. Willkürlich ist eine Ungleichbehandlung von Gleichem nach Art. 3 Abs. 1 GG wie auch in Umkehr dazu die Gleichbehandlung von Mann und Frau, wenn sich dafür nicht „ein vernünftiger, sich aus der Natur der Sache ergebender oder sonstwie sachlich einleuchtender Grund"[61] finden läßt. Damit ist nicht gesagt, daß schon jeglicher Grund, der für eine Gleichbehandlung spricht, deren Willkürlichkeit aufhebt. Eine Gleichbehandlung muß auch dann als willkürlich angesehen werden, wenn sich zwar ein Grund für die Gleichbehandlung finden läßt, die Gründe für die Ungleichbehandlung aber weitaus gewichtiger sind und dadurch den Gegengrund unbedeutend machen. Willkürlichkeit ist eine Maßnahme also nur, wenn sie ohne „zureichende"[62] sachliche Gründe ergangen ist. Auch wenn auf den ersten Blick manches für eine Gleichbehandlung von Mann und Frau spricht, so kann eine Differenzierung zwischen den Geschlechtern doch zulässig

---

[57] Siehe hier S. 22 f.

[58] *Dürig*, NJW 1959, 1173 und bereits in FamRZ 1954, 2; ihm folgend BAG NJW 1954, 1301 f. und BAG NJW 1957, 805 f.; *Mikat*, FamRZ 1960, 306 Anm. 58; einschränkend: *Knöpfel*, NJW 1960, 553 ff.; *Schardey*, Gleichberechtigung, S. 62 ff.; ähnlich *Fuß*, JZ 1959, 331/335; vgl. *Ziegler*, S. 60 ff.

[59] *Schardey*, a.a.O., S. 64.

[60] *Knöpfel*, NJW 1960, 557.

[61] BVerfGE 1, 52; 12, 348; 14, 150; 15, 320; 18, 46; 18, 124.

[62] Vgl. etwa BVerfGE 1, 140, 345 f., 427; 9, 146; 12, 326, 333, 367; 14, 238; 17, 330.

sein, nämlich dann, wenn die Gleichbehandlung, genauer die Negierung des Geschlechtsunterschiedes, sachlich nicht ausreichend gerechtfertigt ist. Es erscheint zunächst nicht als willkürlich, der Arbeitnehmerin, der der gleiche Lohn wie dem männlichen Arbeitnehmer zusteht, keinen Hausarbeitstag zuzubilligen und sie mit dem Arbeitnehmer gleichzubehandeln. Damit würde aber der funktionale Unterschied zwischen den Geschlechtern — wenigstens der zwischen Müttern und Vätern — willkürlich unbeachtet gelassen, da weitaus mehr Gründe für dessen Berücksichtigung sprechen[63].

Da sich also der Inhalt der Gleichberechtigung aus Abs. 2 ergibt und dieser Absatz die grundlegende Norm darstellt, ist eine Beurteilung von Differenzierungen zwischen Mann und Frau nach Abs. 3 überflüssig. Wie bereits erläutert[64], hat die Wendung „wegen seines Geschlechtes" in Abs. 3 nur Bedeutung als Bekräftigung des Gleichberechtigungsgrundsatzes; sie blieb bestehen, weil kein Anlaß war, sie zu streichen. Da aber dennoch häufig Gleichberechtigungsprobleme nach Abs. 3 beurteilt werden, sei hier auch auf Abs. 3 eingegangen.

4. Deutung des Abs. 3

Abs. 3 enthält unter anderen Differenzierungsverboten auch das Verbot, jemanden wegen seines Geschlechtes zu benachteiligen oder zu bevorzugen. Da danach Ungleichbehandlungen von Mann und Frau, die nicht „wegen des Geschlechtes" geschehen, zulässig sind, hängt es von der Deutung dieser Wendung ab, wo sich nach Abs. 3 die Grenze der Zulässigkeit von Differenzierungen auftut.

a) „wegen seines Geschlechtes"

Aus den Worten „wegen seines Geschlechtes" ergibt sich, daß ein Verstoß gegen Art. 3 Abs. 3 GG vorliegt, wenn ein kausaler Zusammenhang zwischen dem Geschlecht und der Benachteiligung bzw. Bevorzugung besteht[65]. Aber nicht jede Tatsache, die nicht hinweggedacht werden kann, ohne daß der eingetretene Erfolg mit weggedacht werden muß, kann als Ursache für eine Differenzierung angesehen werden. Würde man nämlich diesen allgemeinen Kausalitätsbegriff zugrunde legen, so wäre sogar die mutterschutzrechtliche Sonderbehandlung weiblicher Arbeitnehmer auf Grund einer Schwangerschaft unzulässig, da diese letztlich in der Ge-

---

[63] Siehe Näheres zum Hausarbeitstag II. Teil: C. V.

[64] Siehe I. Teil: A. III. 2.

[65] BVerfGE 1, 266/286; vgl. auch BVerfGE 5, 17/22; *von Mangoldt-Klein*, Art. 3 GG, Anm. V, 13.

schlechtszugehörigkeit ihre Ursache hat. In Abweichung von diesem allgemeinen Kausalitätsbegriff, dem die Theorie der „conditio sine qua non“ zugrundeliegt und der hierbei gelegentlich zu lebensfremden Ergebnissen führt[66], wird von einem einengenden Kausalitätsbegriff ausgegangen[67], der mit der im Zivilrecht vorherrschenden Adäquanztheorie verglichen werden kann. Danach sind nicht alle Differenzierungen zwischen Mann und Frau, die letztlich auf dem Geschlecht beruhen, unzulässig, sondern nur solche, für die die bloße Geschlechtszugehörigkeit und nicht ein anderer Grund adäquat ursächlich ist. Welcher Umstand die adäquate Ursache für eine Differenzierung bildet, hängt nicht davon ab, womit die Differenzierung begründet wird, sondern worauf sie „objektiv“ beruht. Sonst bestände die Gefahr, daß als Differenzierungsursache irgendwelche Gründe vorgeschoben und akzeptiert würden, die nur verbrämen, daß in Wahrheit doch eine unzulässige Differenzierung „wegen des Geschlechtes“ vorliegt[68]. Hinzu kommt, daß im Rahmen des Art. 3 Abs. 3 GG nur bestimmte Gründe als adäquate Ursache anerkannt werden können. Da nach Art. 3 Abs. 3 GG — der letztlich die gleiche Aussage wie Abs. 2 enthält — eine Differenzierung zwischen den Geschlechtern nicht eher erlaubt sein darf als nach Abs. 2, muß von einer im Sinne des Abs. 2 modifizierten Adäquanztheorie ausgegangen werden. Danach stellen nur solche Umstände, die so gewichtig sind, daß ihre Nichtbeachtung im speziellen Fall willkürlich wäre — die also eine Differenzierung nach Art. 3 Abs. 2 GG rechtfertigen[69] — eine adäquate Ursache im Rahmen des Abs. 3 dar. Nur diese Umstände können das Geschlecht als letzte Ursache „verdrängen“, so daß dann die Ungleichbehandlung zulässig ist, weil sie nicht „wegen des Geschlechtes“ geschieht[70].

---

[66] Dies rügt auch *Schardey*, Gleichberechtigung, S. 55.

[67] So hat z. B. das BAG (AP Nr. 2 zu § 13 KSchG) die Zulässigkeit einer Kündigung eines Arbeitnehmers bejaht, weil sie nicht „wegen seiner politischen Anschauung“ (Art. 3 Abs. 3 GG), sondern wegen der Störung des Betriebsfriedens erfolgt sein.

[68] Ähnlich *Fuß*, JZ 1959, 336 und *Könpfel*, NJW 1960, 556. — Der BGH erachtete z. B. den Ausschluß der Frau von der Hoferbfolge für verfassungsgemäß, da der Mann nicht wegen seiner Eigenschaft als Mann, sondern wegen seiner angeblich besseren Fähigkeit, einen Hof zu bewirtschaften, bevorzugt werde (BGHZ 30, 50; überholt durch BVerfGE 15, 337 ff.) oder sprach das Letztentscheidungsrecht in Ehe und Familie dem Ehemann zu, da ihm dieses nicht wegen seines Geschlechtes, sondern um eine einheitliche Entscheidung in der Familie zu gewährleisten, zustehe (BGHZ 11, 34 ff.; überholt durch BVerfGE 10, 59 ff.). Indem man obige unzureichende Gründe als „Ursachen“ anerkannte, kam man zu verfassungswidrigen Ergebnissen. Die Frau kann genausogut fähig sein, einen Hof zu bewirtschaften, wie der Mann, und die Einheitlichkeit der Entscheidung in der Familie kann auch dadurch gewahrt werden, daß nicht der Mann, sondern die Frau die Entscheidung trifft.

[69] Sogenannte Differenzierungsmerkmale, siehe Näheres dazu I. Teil: B.

[70] Anders und zu „eng“ sieht *Dietz* (Gutachten, S. 12 ff.) die Kausalität im Sinn des Art. 3 Abs. 3 GG, indem er nämlich das Geschlecht als Ursache einer

b) „benachteiligt oder bevorzugt"

Auch die Wendung „benachteiligt oder bevorzugt" in Abs. 3 wird unterschiedlich ausgelegt. In den Mutterschutzbestimmungen zugunsten der Frau wird z. B. keine Bevorzugung der Frau in rechtlicher Hinsicht gesehen; sie seien keine Vorrechte, sondern nichts weiter als Sonderregelungen, die einen Ausgleich für die Belastungen darstellten, die der Frau auf Grund ihrer natürlichen Bestimmung erwachsen[71]. Solche Differenzierungen seien mit den Begriffen „benachteiligen" und „bevorzugen" nicht mehr sinnvoll zu erfassen[72].

Hiergegen ist vorzubringen, daß für die Frage, ob eine Benachteiligung oder Bevorzugung von Mann und Frau vorliegt, es nicht entscheidend auf den Sinn der Ungleichbehandlung als Ausgleich für eine Belastung, sondern darauf ankommt, ob man dem einen Geschlecht ein Recht gewährt, das dem anderen verweigert wird. Es ist somit eine rechtliche Bevorzugung eines Geschlechtes gegeben, ganz unabhängig davon, aus welchem Grunde dies geschieht. Jede im Recht genannte unterschiedliche Verteilung von Rechten und Pflichten enthält — unabhängig von der praktischen Auswirkung — in sich schon eine Differenzierung, die

---

Differenzierung schon dann verneint, wenn die Ungleichbehandlung mit „weiteren, gleichsam sekundären Tatsachen oder Tatsachenanlagen", die sich aus dem Geschlechtsunterschied „ergeben", begründet wird. So kommt er zu der Zulässigkeit von Differenzierungen wegen einer geringeren Wertigkeit von Frauenarbeit, denn diese Differenzierungen geschähen nicht wegen des Geschlechtes als solchem. Stellt man dagegen auf die Adäquanz des Differenzierungsgrundes im Sinn des Art. 3 Abs. 2 GG ab, so ist die „geringere Wertigkeit" keine adäquate Ursache; die Differenzierung geschieht also „wegen des Geschlechtes" und ist unzulässig. Siehe dazu im einzelnen II. Teil: B. I. 2. a).

Das BAG hingegen zieht in seinem Urteil vom 23. 3. 1957 (AP Nr. 16 zu Art. 3 GG) den Rahmen der Kausalität zu „weit", wenn es eine Benachteiligung, die nur „mittelbar" auf dem Geschlecht beruht, für unzulässig erachtet. Diese Auslegung führt zwar richtigerweise dazu, Ungleichbehandlungen von Mann und Frau wegen der Geringerwertigkeit von Frauenarbeit als Differenzierungen „wegen des Geschlechtes" für verfassungswidrig anzusehen. Bei konsequenter Verwirklichung dieses „weiten" Kausalitätsbegriffs müßte aber z. B. der anerkanntermaßen zulässige Frauenarbeitsschutz als Differenzierung „wegen des Geschlechtes" unzulässig sein, da er mittelbar auf das Geschlecht zurückzuführen ist. Die modifizierte Adäquanztheorie hat jedoch auch in letzterem Fall das richtige Ergebnis zur Folge. Danach ist für den gesetzlichen Frauenarbeitsschutz die aus der biologischen Andersartigkeit der Frau resultierende größere gesundheitliche Gefährdung die adäquate Ursache, so daß die letztliche Ursache — das Geschlecht — nicht mehr für Art. 3 Abs. 3 GG erheblich wird.

[71] Frau Dr. *Selbert* in der 42. Sitzung des Hauptausschusses des Parlamentarischen Rates am 18. 1. 1949 (Kurzprot. Drucks. Nr. 540).

[72] Vgl. BVerfGE 6, 389/423; 10, 59/74; so z. B. auch *Klein* (Gutachten über HAT, S. 40): Wenn die Hausarbeitstagsvergünstigungen zum Ausgleich einer Belastung, die nur ein Geschlecht zu tragen hat, bestimmt und geeignet sind, dann stellen sie sich „rechtlich nicht als eine Bevorzugung der begünstigten Arbeitnehmer, sondern nur als ein Ausgleich einer besonderen Belastung dar".

eben keine rechtliche Gleichbehandlung darstellt, sondern den Begriffen „benachteiligen" oder „bevorzugen" zuzuordnen ist. Wenn z. B. der schwangeren Frau das Recht gegeben wird, von der Arbeit fernzubleiben, so steht ihr ein Mehr an Rechten als dem Mann zu; zwar hat sie praktisch keine günstigere Stellung als der Mann, da sie wegen der Schwangerschaft besonderen Erschwernissen und Aufgaben ausgesetzt ist, sie kommt aber unleugbar in den Genuß eines rechtlichen Vorteils. Gerade darin liegt eine Bevorzugung im rechtlichen Sinne. Der Gleichberechtigungsgrundsatz gebietet aber grundsätzlich gleiche Rechte und Pflichten für Mann und Frau. Jede Abweichung davon, also jede rechtliche Ungleichbehandlung, auch wenn sie praktisch nur einen Ausgleich darstellt, unterliegt daher einer Überprüfung nach Art. 3 Abs. 2 und 3 GG.

Es genügt außerdem, wenn die Benachteiligung oder Bevorzugung objektiv vorliegt, sie braucht nicht subjektiv als Beschwer empfunden zu werden. Der Gleichberechtigungsgrundsatz hat in der Verfassung seinen Niederschlag gefunden, um allgemein verwirklicht zu werden, unabhängig davon, ob sich einzelne durch eine Ungleichbehandlung benachteiligt fühlen. Wenn die Mehrzahl der Frauen eine Versagung des Wahlrechts nicht als Benachteiligung empfinden würde — wie wohl die Schweizerinnen —, so wäre diese dennoch verfassungswidrig. Viele Frauen haben sich nicht gegen das Letztentscheidungsrecht des Mannes (§ 1628 a. F. BGB) aufgelehnt und es auch nicht als ungerecht angesehen. Trotzdem war die Frau objektiv benachteiligt, so daß das Recht des Mannes als verfassungswidrig aufgehoben werden mußte[73]. Die beste Garantie zur vollkommenen Durchsetzung der Gleichberechtigung ist die rechtliche Möglichkeit, jede „objektive" Differenzierung zwischen Mann und Frau an Art. 3 Abs. 2 und 3 GG zu messen. Dadurch erhält auch die Frau den Schutz, dessen gerade sie bedarf. Es liegt der Mehrzahl der Frauen nicht, sich in der Öffentlichkeit kämpfend für ihre Rechte einzusetzen. In der Geschichte der Frauenemanzipation waren es immer nur wenige Frauen, die vorwärtsdrängten. Noch heute scheut sich die Frau, sich für die Gleichberechtigung einzusetzen, denn sie muß immer noch befürchten, als unweiblich verurteilt zu werden. Daher muß auf die Wahrung der Rechte der Frau um so sorgfältiger und fairer geachtet werden[74]. Dazu gehört, daß an jede rechtliche, „objektive" Differenzierung zwischen Mann und Frau der Maßstab des Art. 3 Abs. 2 und 3 GG angelegt werden muß.

Dem Gleichberechtigungsgrundsatz ist andererseits nicht immer schon dann Genüge getan, wenn Mann und Frau dem Wortlaut nach gleichbehandelt werden. Auch eine Regelung, die in ihrem Wortlaut eine ungleiche Behandlung vermeidet, widerspricht dem Gleichberechtigungs-

[73] BVerfGE 10, 59.
[74] *v. Caemmerer*, AöR 76, 157 f.

grundsatz dann, wenn sich aus ihr eine tatsächliche Differenzierung zwischen Mann und Frau ergibt, und diese ungleiche Auswirkung gerade auf die rechtliche Gestaltung zurückzuführen ist. Hier ist nicht die äußere Form, sondern der materiell-rechtliche Gehalt entscheidend[75].

5. Auslegung durch das BVerfG und Kritik

Der Gleichberechtigungsgrundsatz in Art. 3 Abs. 2 und 3 GG hat nach der grundlegenden Entscheidung des BVerfG vom 18. 12. 1953[76] nur beschränkte Geltung, nämlich nur bei essentiell vergleichbaren Tatbeständen. Das BVerfG geht davon aus, das Differenzierungsverbot sei auf die in den Vergleichstatbeständen genannten unterschiedlichen Eigenschaften, z. B. Mann — Frau, beschränkt, Differenzierungen, die auf anderen Unterschiedlichkeiten der Personen oder auf Unterschiedlichkeiten der Lebensumstände beruhen, blieben von dem Differenzierungsverbot unberührt. In einer späteren Entscheidung hat das BVerfG[77] die beschränkte Geltung des Gleichberechtigungsgrundsatzes wie folgt begründet: „Wie der ganze Grundrechtsteil des GG hat auch Art. 3 GG den Menschen als sozialbezogene Persönlichkeit im Auge; daher gilt das Verbot der Differenzierung nach dem Vergleichspaar Mann — Frau nur dann, wenn der zu ordnende soziale Lebenstatbestand essentiell vergleichbar ist, d. h. wenn er, vom Geschlecht des Betroffenen abgesehen, weitere wesentliche Elemente umfaßt, die ihrerseits gleich sind.“ Diese Vergleichbarkeit fehle nicht nur, wenn „gemeinsame Elemente überhaupt nicht vorhanden sind“, sondern auch, wenn der „Geschlechtsunterschied den Sachverhalt so entscheidend prägt, daß etwa vergleichbare Elemente daneben vollkommen zurücktreten“[78]. Von der jeweiligen Entscheidung, ob solche Tatbestände vorliegen, hängt es also ab, ob der Gleichberechtigungsgrundsatz überhaupt zur Anwendung kommt.

Diese Einengung des Anwendungsbereichs des Gleichberechtigungsgrundsatzes widerspricht dem Art. 3 Abs. 2 GG in seiner absoluten Fassung: „Männer und Frauen sind gleichberechtigt.“ Dieser Gleichberechtigungsgrundsatz ist umfassend angelegt und muß daher uneingeschränkt für alle rechtlich zu ordnenden Lebenstatbestände, die Mann und Frau betreffen, gelten. Das Gleichberechtigungsprinzip fordert im Kern die Gleichbehandlung von Mann und Frau und nicht deren Ungleichbehandlung. Das BVerfG aber geht von der grundsätzlichen Zulässigkeit von

---

[75] Vgl. BVerfGE 8, 64 (zu Art. 3 Abs. 1 GG).

[76] BVerfGE 3, 225/240 f.

[77] BVerfGE 6, 389/422 f.

[78] BVerfGE 6, 389/423.

Differenzierungen zwischen Mann und Frau aus und läßt Art. 3 Abs. 2 und 3 GG erst zur Anwendung kommen, wenn essentiell vergleichbare Tatbestände vorliegen. Dies führt zwar zu praktisch richtigen Ergebnissen. Es kann jedoch nicht Sinn des Gleichberechtigungsgrundsatzes sein, daß Tatbestände, bei denen es um Rechte von Frauen oder Männern geht, zunächst nicht grundsätzlich seinem Gebot unterliegen. Auch wenn das Gleichberechtigungsgebot unbeschränkt gilt, hat dies nicht das Verbot jeglicher Differenzierung zur Folge, denn der Inhalt der Gleichberechtigung verlangt nicht eine schematische Gleichmacherei der Geschlechter, sondern nur solange eine Gleichbehandlung, wie diese nicht willkürlich ist. Indem die Gleichberechtigungsforderung keine willkürliche Gleichbehandlung von Mann und Frau erstrebt, beinhaltet sie gleichzeitig die Erlaubnis und den Rahmen für Differenzierungen. Daher bilden die zulässigen Differenzierungen auch keine Ausnahme vom Gleichberechtigungsgrundsatz; sie werden vielmehr vom Inhalt des Art. 3 Abs. 2 GG mitumfaßt. Nur wenn man den Inhalt der Gleichberechtigung so versteht, wird man der ganzen Tragweite und Bedeutung des Gleichberechtigungsgrundsatzes gerecht.

Beide Auslegungen führen praktisch zu gleichen Ergebnissen. Ist eine Differenzierung zwischen den Geschlechtern zulässig, so begründet das BVerfG dies damit, daß die Voraussetzungen zur Anwendung des Gleichberechtigungsgrundsatzes fehlen, wogegen nach der hier vertretenen Auffassung der Inhalt des Gleichberechtigungsgrundsatzes gewisse Differenzierungen erlaubt.

Sowohl zur Klärung der Frage, ob essentiell vergleichbare Tatbestände vorliegen, wie dazu, wann der Inhalt des Gleichberechtigungsgrundsatzes eine Ungleichbehandlung verlangt, weil andernfalls die Gleichbehandlung „willkürlich“ wäre, bedarf es näherer Erläuterungen. Hierzu soll ein Katalog von Merkmalen, die eine Differenzierung zwischen Mann und Frau rechtfertigen (= Differenzierungsmerkmale), aufgestellt werden. Liegt ein Differenzierungsmerkmal, wie z. B. Schwangerschaft, vor, so ist eine Differenzierung wie der arbeitsrechtliche Mutterschutz zulässig, weil „kein essentiell vergleichbarer Tatbestand zwischen Mann und Frau gegeben ist“, oder weil die Negierung des Geschlechtsunterschiedes — Schwangerschaft — in diesem Fall „willkürlich“ wäre.

Es erleichtert die praktische Anwendung des Gleichberechtigungsgrundsatzes — nach Art. 3 Abs. 2 wie Abs. 3 —, wenn auf einen Katalog von Differenzierungsmerkmalen zurückgegriffen werden kann, gleichgültig, ob die Grundsätze nun zur näheren Bestimmung der essentiell vergleichbaren Tatbestände oder der Willkürgrenze herangezogen werden.

B. Mögliche Differenzierungsgründe im Rahmen des Art. 3 Abs. 2 und 3 GG

Wann rechtlich zulässige oder unzulässige Ungleichbehandlungen vorliegen, sagen die Gerichte entsprechend ihrer Aufgabe nur von Fall zu Fall, ohne generell auf Gründe hinzuweisen, die Differenzierungen rechtfertigen. Auch in der Literatur findet sich keine Aufzählung spezifizierter Differenzierungsmerkmale, sondern nur Stellungnahmen zu den jeweiligen Rechtsfällen oder allgemeinere Abhandlungen zur Gleichberechtigungsfrage. Die Kommentare wiederholen die wichtigsten von der Rechtsprechung entschiedenen Einzelfälle, ohne die Differenzierungsmerkmale gesondert hervorzuheben[1].

Um Anhaltspunkte dafür zu haben, welche Kriterien eine Ungleichbehandlung zwischen Mann und Frau rechtfertigen können, und um somit die Überprüfung von Tatbeständen auf ihre Vereinbarkeit mit Art. 3 Abs. 2 und 3 GG zu vereinfachen, sollen im folgenden alle Unterschiedlichkeiten zwischen Mann und Frau und andere Gegebenheiten herausgearbeitet werden, die generell geeignet sind, Differenzierungen zwischen Mann und Frau zuzulassen.

I. Rein traditionsbedingte Gegebenheiten — kein Differenzierungsmerkmal

Zur Rechtfertigung einer rechtlichen Ungleichbehandlung der Geschlechter wird das Argument gebracht, die Ungleichbehandlung sei „immer so gewesen", sie sei durch historisch gewachsene Gegebenheiten, eingewurzelte Bräuche, Herkommen und Gewohnheit, durch die an der Vergangenheit orientierte Überzeugung der Bevölkerung, kurz durch die Tradition bedingt[2]. Das BVerfG[3] aber stellte klar, daß die Zulässigkeit einer rechtlichen Differenzierung zwischen Mann und Frau nicht von der traditionellen Überzeugung der Betroffenen abhängen darf; Art. 3 Abs. 2 und 3 GG sollte nicht lediglich vorher geltende Rechtssätze bestätigen, sondern für die Zukunft die Gleichberechtigung der Geschlechter durchsetzen. Dies gilt auch heute noch. Der Gleichberechtigungsgrundsatz richtet sich vornehmlich auf die Beseitigung geschichtlich oder gesellschaft-

---

[1] Die noch nicht ausreichende Klärung der Interpretationsmaxime rügen auch *Redmann* (FamRZ 1961, 409), *Knöpfel* (NJW 1960, 553) und *Schardey* (FamRZ 1963, 265 ff.).

[2] So wurde z. B. bis zu der Entscheidung des BVerfG zu § 6 Abs. 1 Satz 3 der Höfeordnung für die britische Zone (BVerfGE 15, 337) die Rechtmäßigkeit der Bevorzugung des männlichen Geschlechtes bei der gesetzlichen Hoferbfolge u. a. mit dem Hinweis auf altes Brauchtum und die Rechtsüberzeugung des Bauerntums begründet (BGHZ 30, 50).

[3] BVerfGE 15, 337/345.

lich bedingter rechtlicher Ungleichbehandlungen von Mann und Frau, die dem Stand der politisch-sozialen Gesamtentwicklung nicht mehr gerecht werden[4], bricht also mit veralteten, eingebürgerten Rechtsauffassungen. Insoweit beinhaltet Art. 3 Abs. 2 und 3 GG eine ausgesprochene Abkehr von der Vergangenheit[5].

Die auch heute noch zu findende Diskrepanz zwischen dem Inhalt der Gleichberechtigung und den reaktionären Vorstellungen in der Bevölkerung beruht darauf, daß die Gleichberechtigung „organisch noch nicht ganz vollzogen und damit psychologisch noch nicht allenthalben in das Rechtsbewußtsein"[6] eingedrungen ist[7]. Der Gleichberechtigungsgrundsatz ist revolutionierend. Sein Gebot soll nicht den heutigen Gegebenheiten entsprechend modifiziert werden, sondern umgekehrt, es soll auf die bestehenden Verhältnisse und Anschauungen einwirken und diese im Sinne der Gleichberechtigung ändern.

Der Verfassungsgrundsatz der Gleichberechtigung steht nicht nur unzeitgemäßen Differenzierungen entgegen, sondern darüber hinaus auch solchen, die nach der Entwicklungstendenz unzeitgemäß werden, denn er soll auch „für die Zukunft die Gleichwertigkeit der Geschlechter durchsetzen"[8]. Daher können Differenzierungsmerkmale nur solche Unterschiedlichkeiten zwischen Mann und Frau sein, die „von beachtlicher Dauer und Festigkeit"[9] sind. Eine zur Zeit noch bestehende Unterschiedlichkeit zwischen Mann und Frau kann nicht mehr die Zulässigkeit einer Differenzierung rechtfertigen, wenn sich eine Veränderung in dieser Gegebenheit bereits anbahnt. Gerade aber die Gegebenheiten, die nur auf Tradition und Herkommen beruhen, sind veränderlich und bilden somit kein im Sinne der Gleichberechtigung zu beachtendes Kriterium, das eine Ungleichbehandlung von Mann und Frau rechtfertigen könnte[10].

II. Biologische Verschiedenheiten von Mann und Frau als Differenzierungsmerkmal

Das BVerfG[11] hat in seiner grundlegenden Entscheidung zu Art. 3 Abs. 2 und 3 GG festgestellt, „daß im Bereich des Familienrechts" — aber auch

[4] *Grewe*, AöR 76, 164.

[5] *Scheffler*, 38. DJT 1950, S. B 4.

[6] *Bulla*, Urt. Anm., AP Nr. 3 Bl. 4 zu Art. 3 GG; ders., MuSchG und Frauenarbeitsrecht, Einl. HAT, Anm. 26.

[7] Vgl. *Schelsky*, Wandlungen der deutschen Familie in der Gegenwart, S. 193.

[8] BVerfGE 15, 339/345.

[9] BAG AP Nr. 1 Bl. 2v zu Art. 3 GG.

[10] Vgl. *Redmann*, FamRZ 1961, 415; *Bosch*, Rpfl. 1954, 81; *Wahl*, FamRZ 1959, 305; *Krüger*, DÖV 1959, 498; RGRK, § 1355 BGB, Anm. 2; *Gernhuber*, S. 484; *Lange*, JZ 1965, 426; *Schultz*, MDR 1959, 628; *Bulla*, MuSchG und Frauenarbeitsrecht, Einl. HAT, Anm. 32; ders., AP Nr. 3 Bl. 4 zu Art. 3 GG.

[11] BVerfGE 3, 225/242.

auf dem Gebiet des Arbeitsrechts[12] und auf sonstigen Rechtsgebieten, wie z. B. dem Strafrecht[13] — „im Hinblick auf die objektiven biologischen Unterschiede nach der Natur des jeweiligen Lebensverhältnisses auch eine besondere rechtliche Regelung erlaubt oder sogar notwendig ist". Daß auf Grund von biologischen Unterschieden zwischen Mann und Frau Differenzierungen zulässig sind, wird allgemein anerkannt. Strittig ist jedoch, welche der biologischen Unterschiedlichkeiten eine rechtliche Ungleichbehandlung erlauben. Zur besseren Übersicht soll zwischen eingeschlechtlichen und beidgeschlechtlichen Merkmalen unterschieden werden[14].

1. Biologisch eingeschlechtliche Unterschiedlichkeiten

Von eingeschlechtlichen Merkmalen spricht man bei solchen biologischen Gegebenheiten, die nur bei einem der beiden Geschlechter vorliegen können, wie die Fähigkeit zu zeugen oder zu gebären. Beruht eine Differenzierung auf solchen eingeschlechtlichen Merkmalen, so ist sie zulässig, da der zu ordnende Lebenssachverhalt überhaupt nur in einem Geschlecht verwirklicht werden kann und es an jedem vergleichbaren Sachverhalt beim anderen Geschlecht fehlt oder weil die Nichtbeachtung des eingeschlechtlichen Merkmals willkürlich wäre.

Auf den biologisch eingeschlechtlichen Unterschiedlichkeiten zwischen Mann und Frau beruht auch die größere Gefährdung der Frau in geschlechtlicher Hinsicht. Der Geschlechtsverkehr kann nur für Frauen Folgen wie Defloration und Schwangerschaft haben. Es ist daher gerechtfertigt, die Geschlechtsehre der Frau besonders zu schützen. Gemessen an Art. 3 Abs. 2 und 3 GG darf dieser Schutz aber nur insoweit gewährt werden, als er erforderlich ist, um den Eintritt solcher auf der biologischen Andersartigkeit der Frau beruhenden Folgen zu verhindern. Ein Schutz, der darüber hinaus auf Grund überkommener Vorstellungen den Frauen zugesprochen wird, verstößt gegen den Gleichberechtigungsgrundsatz[15].

---

[12] BVerfGE 5, 9/12.

[13] BVerfGE 5, 389 ff.

[14] Vgl. *Ziegler*, S. 413.

[15] So ist es z. B. mit Art. 3 Abs. 2 und 3 GG nicht vereinbar, daß einer unbescholtenen Verlobten ein Kranzgeld nach § 1300 BGB zusteht, wenn die Beiwohnung für sie keine biologisch bedingten Folgen hat. Freiwilliger Geschlechtsverkehr vor der Eheschließung ist für die Frau nicht ehrenrühriger als für den Mann, beeinflußt also ihre Geschlechtsehre nicht mehr als die des Mannes. Anders ist die Situation bei Defloration oder Schwängerung. In einem solchen Fall ist die Verletzung der Geschlechtsehre der Frau so erheblich, daß eine Differenzierung zwischen Mann und Frau gerechtfertigt ist. Die Nichtbeachtung der eingeschlechtlichen Merkmale wäre hier willkürlich.

Gegen die Verfassungsmäßigkeit des § 1300 BGB in seiner jetzigen Fassung: u. a. *Arnold*, JZ 1955, 91; *Dölle*, JZ 1953, 356.

2. Beidgeschlechtliche Merkmale und ihre rechtliche Relevanz

Im Gegensatz zu den eingeschlechtlichen Unterschiedlichkeiten gibt es biologische Eigenschaften, die auf beide Geschlechter zutreffen können, sogenannte beidgeschlechtliche Merkmale. Treten sie bei einem Geschlecht besonders häufig auf, so können sie zu Differenzierungen führen. Die Frage ist nur die, wo die Grenze der Zulässigkeit von derartigen Ungleichbehandlungen liegt.

Es liegt nahe, Differenzierungen auf Grund solcher biologischer Eigenschaften zuzulassen, welche typischerweise bei einem Geschlecht angetroffen werden. Hierbei besteht die große Gefahr, daß die Anschauungen einer bestimmten Zeit letztlich darüber entscheiden, welches beidgeschlechtliches Merkmal als für ein Geschlecht „typisch" angesehen wird. Was für typisch männlich oder weiblich gilt, ist zum großen Teil kulturell determiniert. Die Vorstellungen hierüber wandeln sich. So bestehen selbst Zweifel hinsichtlich der dem Geschlecht eigenen „natürlichen" Körperformen[16]. Allgemein heißt es, daß der Frau der weichere Körperbau im Gegensatz zur kantigen Gestalt des Mannes eigen sei. Den heutigen Typ der Frau stellt jedoch die schlanke, sportliche Frau dar[17], ausgerichtet an dem Leitbild der großen, dünnen, fast eckigen Mannequins[18].

Diese der Mode und dem Zeitgeist unterworfenen Erscheinungsformen dürfen jedoch nicht darüber hinwegtäuschen, daß der gesunde weibliche Körperbau, dessen Beschaffenheit auf die Fortpflanzung des Menschengeschlechts gerichtet ist, sich — über die eingeschlechtlichen Merkmale hinaus — im allgemeinen von dem des Mannes wesentlich unterscheidet. Ob ein Merkmal „typisch" für ein Geschlecht ist, darf daher nicht von den Anschauungen der Zeit abhängen, sondern entscheidend ist, daß das Merkmal — wissenschaftlich erwiesen — beständig fast ausschließlich in einem Geschlecht auftritt, so daß es als „geschlechtseigenartgemäß" angesehen werden kann.

Wissenschaftlich erwiesen und somit als Differenzierungsmerkmal geeignet sind folgende Unterschiedlichkeiten der Geschlechter: Der Mann

---

Für dessen Verfassungsmäßigkeit: *Beitzke*, JR 1955, 298; *Bosch*, Rpfl 1953, 283; *Krüger*, KBN, Einl. Rdnr. 173; *Palandt-Lauterbach*, § 1300 BGB, Vorbem.; BGHZ 20, 195.

16 *Redmann*, FamRZ 1961, 411; *Buytendijk*, S. 98 f.

17 Vgl. *Deutsch*, S. 349.

18 Die äußere Angleichung der Geschlechter geht sogar so weit, daß bei den heutigen Teenagern und Twens Jungen und Mädchen — gekleidet in den modernen Hosenanzügen — auf den ersten Blick nicht zu unterscheiden sind. Noch deutlicher zeigt sich diese bei den sogenannten Gammlern, deren Geschlecht hinter langen Haaren, Hosen und einer schlaksigen Haltung völlig verborgen bleibt.

ist grundsätzlich körperlich kräftiger gebaut als die Frau[19]. Für Frauen liegt der maximal zuträgliche Umsatz an Arbeitskalorien pro Tag zwischen etwa 1500 und 1600 kcal[20], beim Mann dagegen bei 2000 kcal, was besagt, daß die körperliche Arbeitsbelastung der Frau ca. 80 % der Arbeitsbelastung des Mannes betragen darf[21]. Die Frau ist im Durchschnitt um ca. 7 bis 10 cm kleiner als der Mann[22] und hat ein entsprechend leichteres Körpergewicht. Frauen haben eine bis zu 30 bis 40 % geringere Muskelleistung als Männer[23], so erreicht der Zug und Druck der Hände bei der Frau nur etwa zwei Drittel der Leistung des Mannes[24]. Entsprechend dem schwächeren Muskel- und Kreislaufapparat der Frau ist ihr Leistungsvermögen bei körperlich schwerer Arbeit generell geringer als das des Mannes[25]. Schon bei Jugendlichen zeigt sich ein Unterschied der Leistungsfähigkeit, welche bei weiblichen Jugendlichen um 70 bis 75 % unter der der männlichen Jugendlichen liegt[26]. Die Gliedmaßen und Organe der Frau ermüden sowohl bei stehender als auch bei sitzender Tätigkeit im allgemeinen viel rascher als die des Mannes[27]. Frauen besitzen ein um 25 % geringeres Sauerstoffaufnahmevermögen — nicht nur wegen ihrer allgemein geringeren Körpergröße und ihres geringeren Körpergewichtes, sondern auch je Einheit der Körpermasse —, sie sind auch deswegen generell leichter erschöpft und benötigen längere Zeit, um den bei körperlicher Arbeit entstehenden Sauerstoffverbrauch zu ersetzen[28]. In neuerer Zeit hat man festgestellt, daß Frauen im Alter von über 60 Jahren empfindlicher als Männer im gleichen Alter auf anstrengende körperliche Arbeit — wie z. B. Fabrikarbeit — reagieren, und solche Arbeit sie so stark beansprucht, daß eine erhöhte Gefahr für die Gesundheit dieser Frauen besteht[29].

---

[19] *Lersch*, Vom Wesen der Geschlechter, S. 29; *Mead*, S. 62; *de Beauvoir*, S. 14.

[20] Wenn normalerweise die in der Produktion beschäftigten Frauen über einen Energieverbrauch von etwa 1000 bis 1200 kcal/Tag nicht hinauskommen, so liegt das jedoch nicht an ihrer biologischen Andersartigkeit, sondern daran, daß in nahezu allen Fällen die Frauen neben der beruflichen Arbeit noch ein erhebliches Maß an Hausarbeit leisten. Berechnet man auch diesen häuslichen Kalorienverbrauch, so liegt der biologische Grenzwert für Frauen bei den oben genannten 1500 - 1600 kcal.

[21] *Lehmann*, S. 237; Frauenenquête, S. 119.

[22] *Läge*, ArbSch 1965, 117; Frauenenquête, S. 122.

[23] *Hofmann-Kersten*, S. 73.

[24] *Läge*, a.a.O.

[25] *Lehmann*, S. 237.

[26] Frauenenquête, S. 120.

[27] Frauenenquête, S. 103.

[28] *Läge*, ArbSch 1965, 117; *Lehmann*, S. 237.

[29] Die Invaliditätsquote ist bei Arbeiterinnen um ca. 5 1/2mal größer als bei Arbeitern (vgl. *Kindel-Scheckow*, S. 51).

Auf der anderen Seite bietet die im allgemeinen gegebene körperliche Andersartigkeit der Frau auch Vorteile. Aus der Kleinheit der Hände und der Kürze der Arme resultiert die größere Fingerfertigkeit der Frau[30]. Sie übertrifft den Mann darin durchschnittlich um 6 %[31]. Auch ihre Geschwindigkeit und Genauigkeit bei der Arbeit erhöht sich dadurch[32]. Frauen sind also besonders für Geschicklichkeitsarbeiten geeignet[33]. Da Frauen weniger wärmeempfindlich sind als Männer, können sie besser als diese Arbeiten verrichten, die mit großer Hitzeentwicklung verbunden sind[34]. Es wird auch behauptet, Frauen seien eher als Männer imstande und bereit, monotone Arbeit zu leisten, wie z. B. Arbeiten am Fließband oder gleichgelagerte Tätigkeiten. Ein solcher grundlegender Unterschied zwischen Männern und Frauen muß jedoch bezweifelt werden. Daß eine größere Anzahl von Arbeitnehmerinnen mit monotoner, einfacher Arbeit beschäftigt ist, spricht nicht für eine bessere Eignung der Frauen, sondern resultiert daraus, daß es mehr ungelernte oder nur angelernte Kräfte unter den Frauen als unter den Männern gibt und daß Frauen solche Arbeit eher in Kauf nehmen, weil sie häufiger als der Mann nur eine befristete Zeit zu arbeiten gedenken. Auch von einer generell größeren Neigung der Frau zu Monotoniearbeit kann nicht gesprochen werden; so haben in einer größeren Befragung über die Hälfte der Arbeitnehmerinnen weder Eignung noch Neigung zu monotoner Arbeit bezeugt[35].

Wenn es wissenschaftlich erwiesen ist, daß gewisse Eigenschaften oder Gegebenheiten unveränderlich so gut wie bei allen Frauen oder andere bei fast allen Männern auftreten, so sind diese als geschlechtseigenartgemäße Merkmale jeweils eines Geschlechts zu betrachten. Sie gelten als Indiz dafür, daß darauf beruhende Differenzierungen zulässig sind.

Von den biologischen Merkmalen sind also für Differenzierungen rechtlich relevant nur eingeschlechtliche und diejenigen beidgeschlechtlichen Merkmale, welche als „eigenartgemäß" für ein Geschlecht anzusehen sind[36].

---

[30] *Hofmann-Kersten*, S. 86.

[31] Frauenenquête, S. 120.

[32] *Läge*, BABl. 1964, 117 ff.

[33] Frauenenquête, S. 121.

[34] *Hofmann-Kersten*, a.a.O.

[35] Ders., S. 196 ff.

[36] Als besonderer Fall eines beidgeschlechtlichen Merkmals kann die gleichgeschlechtliche Liebe angesehen werden, die bei Männern wie Frauen vorkommt. Wenn auch die Homosexualität bei Männern häufig eine andere Ausprägung findet — männliche Homosexuelle verführen viel eher Jugendliche als weibliche, auch treten sie weit häufiger in der Öffentlichkeit auf (vgl. BVerfGE 6, 389 ff.) —, so rechtfertigen diese Tatsachen jedoch nicht, die männliche Homosexualität als solche — also auch unter Erwachsenen in Privaträu-

III. Psychische Unterschiedlichkeiten — kein Differenzierungsmerkmal

Man spricht von der größeren Labilität der Frau, ihrer Gefühlsbetontheit und ihrer mangelnden Logik im Gegensatz zum Mann. Solche Eigenschaften können z. B. für die Gestaltung eines Arbeitsverhältnisses von ausschlaggebender Bedeutung sein. Daher stellt sich die Frage, ob solche psychischen Merkmale ebenfalls einen Grund für eine zulässige Differenzierung zwischen Mann und Frau bilden können.

Schon weil unser Wissen über die angeblichen Eigenarten der Geschlechter äußerst gering und selbst wiederum vom männlichen Zeitgeist geprägt ist[37], können diese nicht Ungleichbehandlungen rechtfertigen. Würden die psychischen Eigenschaften untrennbar mit den eingeschlechtlich biologischen Unterschiedlichkeiten der Geschlechter verknüpft sein, könnten sie als „geschlechtseigenartig" und damit als Differenzierungsmerkmale gelten. Die Wissenschaft sieht jedoch den Einfluß biologischer Tatsachen auf die Wesensmerkmale als äußerst gering an. Nach Buytendijk[38] ist der psychische Habitus nur zu 3 % auf das Geschlecht zurückzuführen. Die geschlechtsspezifische Persönlichkeitsentwicklung läßt sich nicht verständlich machen aus der Verschiedenheit männlicher oder weiblicher Erbanlagen oder der verschiedenen Hormonausstattung der Keimdrüsen[39]; sie scheint traditions- und kulturbedingt[40]. Die Feststellung, was männliche oder weibliche Verhaltensnormen und -eigenschaften sind, wird in den Kulturen verschieden, in vielen Fällen sogar durchaus gegensätzlich getroffen; so entwickeln sich auch die sogenannten typischen Eigenschaften der Geschlechter der Kultur entsprechend verschieden[41].

---

men — unter Strafe zu stellen, wie es § 175 a. F. StGB vorsah und wie es das BVerfG (a.a.O.) für verfassungsgemäß erachtete. Die gleichgeschlechtliche Liebe hat die anomale Wendung des Triebes auf das eigene Geschlecht zum Inhalt, was bei Männern wie Frauen gleich widernatürlich und verwerflich ist. Dieser Grundtatbestand verlangt gleiche rechtliche Behandlung der Geschlechter. Das gleiche muß für die erschwerenden Tatbestände der Homosexualität gelten, so wenn diese mit oder im Beisein von Jugendlichen stattfinden oder durch sie öffentliches Ärgernis erregt wird.

[37] *Dirks*, FH 7 (1952), 834; *Buytendijk*, S. 23 und 167; *Lersch*, Vom Wesen der Geschlechter, S. 7 f.

[38] *Buytendijk*, S. 127.

[39] *Gottschaldt*, S. 268 f.

[40] *Schelsky*, Soziologie der Sexualität, S. 16 f.; *Buytendijk*, a.a.O.; *Gottschaldt*, a.a.O.

[41] Als Beispiel dafür, daß Frauen auch die in unserer Kultur für typisch angesehenen männlichen Eigenschaften besitzen können, schildert *Margaret Mead* (zitiert bei *Schelsky*, Soziologie der Sexualität, S. 21 f.) das Verhältnis der Geschlechter bei dem Südseestamm der Tschambuli, wo die Frau der selbstbewußte, dominierende, sachliche, organisierende und verwaltende Teil ist; sie betreibt die Güterherstellung und den Handel und ergreift auch im Erotischen

Aber auch wenn die psychischen Merkmale nicht die Folge biologischer Geschlechtseigenarten sind, könnten sie trotzdem ein Differenzierungsmerkmal darstellen, wenn sie nur oder so gut wie ausschließlich in einem Geschlecht auftreten und dort konstant bleiben. Aber auch das ist nicht der Fall. Das Geschlecht stellt sich beim Menschen nicht ausschließlich weiblich oder männlich dar[42]. Jede Frau besitzt ein Quantum Männlichkeit und jeder Mann ein Quantum Weiblichkeit[43]. Die wesensmäßigen Eigenschaften überschneiden sich so, daß man die eine sowohl bei der Frau als auch bei dem Mann finden kann[44]. Um spezielle psychische Eigenschaften und Neigungen beider Geschlechter festzustellen, hat man Tests veranstaltet, die jedoch keine eindeutigen, sondern nur unwesentliche Unterschiedlichkeiten ergaben[45]. Es läßt sich nur ganz allgemein sagen, daß die Daseinserfahrung der Frau einen anderen Gefühlswert besitzt[46], womit nicht einmal behauptet werden kann, die Frau sei von Natur aus emotionaler veranlagt als der Mann[47]. Was die Frage der Intelligenz angeht, so ergeben sich keine oder nur minimale Unterschiede der Geschlechter in Schulleistungen und bei allgemeinen Begabungsrepräsentationen[48].

Wenn dennoch einige wenige Eigenschaften verbleiben, die in einem Kulturkreis bei dem einen Geschlecht besonders häufig auftreten, so bilden sie doch keine feste Grundlage für Differenzierungen. Diese Eigenschaften sind dem betreffenden Geschlecht durch althergebrachte Vorstellungen von außen aufgezwungen worden. In der öffentlichen Meinung werden bestimmte Wesenszüge vorwiegend einem Geschlecht zugeschrieben[49], was sich sowohl auf die Erziehung[50] als auch auf die Möglichkeiten, die sich diesem Geschlecht in der Gesellschaft eröffnen, auswirkt. Da solche Vorstellungen dem Wandel der Zeit unterworfen sind, können

---

die Initiative, während der Mann den abhängigen, scheuen, gefühlsbetonten, koketten, tratsch- und zanksüchtigen und sich ästhetischen Beschäftigungen zuwendenden Partner darstellt.

[42] Vgl. *Labhardt*, S. 1059.

[43] *Baumann*, S. 9 und 378; *Höffner*, S. 19.

[44] Daher können z. B. Graphologen aus einer Handschrift nicht mit Sicherheit das Geschlecht des Schreibers ermitteln.

[45] *Mayntz*, S. 4.

[46] *Höffner*, S. 19; *Lersch*, Vom Wesen der Geschlechter, S. 29.

[47] *Mayntz*, S. 4 ff.; *Lersch*, Aufbau der Person, S. 484 f.

[48] *Gottschaldt*, S. 268.

[49] Ders., a.a.O.; *Schelsky*, Soziologie der Sexualität, S. 48.

[50] So wird z. B. häufig nur der Junge als aktiv, wißbegierig, unternehmungslustig und voller Elan hingestellt, der nie weint, wogegen dem Mädchen passive Tugenden zugeschrieben werden, es ist fügsam, vernünftig, brav, ängstlich und opferwillig, „denn was eine rechte Mutter werden will, opfert sich bei Zeiten" (FAZ Nr. 215 vom 16. Sept. 1967, Was können Hans und Liese? Modelle der modernen Mädchenerziehung in hessischen Lesebüchern).

sich selbst in einem Kulturkreis auf die Dauer die dem jeweiligen Geschlecht „aufoktroyierten" Eigenschaften ändern.

Es läßt sich also sagen, daß gewisse psychische Eigenschaften dem einen oder anderen Geschlecht zwar zugeschrieben werden, sich jedoch in Wirklichkeit nicht so gut wie ausschließlich nur in einem Geschlecht zeigen, daß sie kulturell und zeitlich bedingt, mithin wandelbar sind und somit kein Differenzierungsmerkmal darstellen können[51].

IV. Funktionale Unterschiede zwischen Mann und Frau als Differenzierungsmerkmal

Das BVerfG[52] hat nicht nur auf Grund biologischer, sondern auch auf Grund „funktionaler", d. h. arbeitsteiliger Unterschiede, die sich zwischen Mann und Frau aus der Aufgabenverteilung im häuslichen und familiären Raum ergeben, Differenzierungen zwischen den Geschlechtern zugelassen.

Das BAG[53] erweitert die funktionale Rollenverteilung bei Ehegatten auf den Kreis der unverheirateten, alleinstehenden Personen, obschon hier nur die eigene Person plus Wohnung, nicht aber darüber hinaus ein Ehepartner und Kinder zu betreuen sind.

Die Berücksichtigung funktionaler Unterschiedlichkeiten als Differenzierungsmerkmal wird in der Literatur angegriffen, da es sich hierbei nicht um naturnotwendige und beständige Unterschiede zwischen den Geschlechtern handele, von einer verbotenen Bewertung der Geschlechter ausgegangen[54] und daher mit den funktionalen Differenzierungsmerkmalen eine „pseudoverfassungsrechtliche Einbruchstelle" für ungerechtfertigte Ungleichbehandlungen von Mann und Frau geschaffen werde[55].

Daß die Unterschiedlichkeiten, um die Differenzierungen zu rechtfertigen, nicht „naturnotwendig" bestehen müssen, hat sich schon bei den biologischen beidgeschlechtlichen Merkmalen, die auch ein Differenzie-

---

[51] Daß es zu untragbaren rechtlichen Ergebnissen führt, wenn gewisse Wesenseigenarten nur einem Geschlecht unterstellt und als Ausgangspunkt für die Zulässigkeit von Differenzierungen genommen werden, zeigt sich an Zieglers Ausführungen zum Letztentscheidungs- und Alleinvertretungsrecht des Mannes in Ehe und Familie, welches er entgegen der h. L. für zulässig erachtet, weil der Mann der „befehlsgewohnte und -fähige" und die Frau die passive und die „gehorsamgeeignete" Person sei (*Ziegler*, S. 228 ff.).

[52] BVerfGE 3, 225/242 und ständige Rspr.

[53] AP Nr. 1 Bl. 2v und Nr. 3 zu Art. 3 GG, letzteres mit krit. Anm. von *Bulla*, Bl. 3 bis 6.

[54] *Gernhuber*, S. 47 f.

[55] *Baur*, JZ 1959, 444.

rungsmerkmal bilden können, gezeigt. Es bleibt aber zu prüfen, ob es eine „beständige“ Arbeitsteilung zwischen Mann und Frau generell, zwischen ihnen als Ehegatten oder nur zwischen Ehegatten mit Kindern gibt.

Wenn so gut wie alle Frauen eine größere Eignung und Neigung zur Hausarbeit haben als der Mann, sie sich grundsätzlich mehr im Haushalt als der Mann betätigen und sich auch kein Wandel in diesen Gegebenheiten anbahnt, dann läge ein beständiger arbeitsteiliger Unterschied zwischen Mann und Frau und damit ein funktionales Differenzierungsmerkmal vor.

1. Eignung zur Hausarbeit

Es wird versucht, eine besondere Eignung der Frau zur Hausarbeit mit vagen Behauptungen herauszustellen, wie, die Frau habe eine „typische Haushaltsbegabung“[56], ihr sei eine spezifische Eignung und Hinwendung zur Hausarbeit eigen[57], die Haushaltsführung sei ihre „ureigenste Tätigkeit“[58], mit der Haushaltsführung falle ihr die ihr „wesenseigene besondere Funktion“ zu[59], die Funktionsteilung sei die „natürliche Aufgabenteilung in Ehe und Familie“[60].

Biologisch läßt sich eine besondere physische Eignung der Frau für die Hausarbeit nicht erklären, denn es handelt sich bei der Fähigkeit, Hausarbeit zu leisten, nicht um eine durch die Geschlechtszugehörigkeit naturnotwendig verursachte Besonderheit der Frau[61]. Daß der Mann körperlich nicht weniger zur Hausarbeit geeignet ist als die Frau, zeigt die Tätigkeit des Mannes im Gaststättengewerbe, wo er Arbeiten zu verrichten hat, die im Einzelhaushalt meistens von der Frau geleistet werden. So gab es früher in großen Haushaltungen häufig männliches Dienstpersonal. Für den Mann sind die schwereren Arbeiten im Haushalt — wie Wäscherecken, Teppichklopfen, Tragen von schweren Einkaufstaschen — sogar besser zuträglich. Wie gut und rasch Jungen und Männer kochen lernen können, sieht man an Männerkochlehrlingen, bei denen das männliche Geschlecht sein Kochgeschick immer wieder beweist[62]. Nicht umsonst sind die Chefköche großer Hotels meist Männer. Für die Fähigkeit des Mannes

---

[56] *Ziegler*, S. 406.

[57] *Klein*, Gutachten über HAT, S. 42.

[58] BGH NJW 1957, 537; *Palandt-Lauterbach*, § 1360 BGB, Anm. 1.

[59] *Finke*, MDR 1957, 450.

[60] BGHZ 25, 163; *Soergel-Siebert-Vogel*, § 1356 BGB, Anm. 1.

[61] *Gernhuber*, S. 44 und S. 160 ff.; *Schelsky*, Soziologie der Sexualität, S. 19 und 60; *Krüger*, KBN, § 1356 Anm. 6; LAG Düsseldorf, RdA 1954, 115; LAG Hannover, RdA 1954, 198.

[62] *Krüger*, KBN, § 1356 Anm. 6.

zum Saubermachen und Putzen zeugen die blitzblanken Schiffe und Autos. „Sonnabends nachmittags ihre Autos waschende Männer können mit jeder putzwütigen Hausfrau konkurrieren[63].“ Auch von einer speziellen Begabung der Frau zur Haushaltsführung kann nicht gesprochen werden, da Planung und Rationalisierung dem Mann ebenso, wenn nicht mehr liegen. Die Meinung, gerade die Frau habe die natürliche Gabe, eine behagliche Atmosphäre in der Wohnung schaffen zu können, konnte sich deshalb entwickeln, weil die Frauen als Ehefrauen und Mütter mehr zu Hause weilen und dadurch mehr als die Männer Zeit und Muße zur häuslichen Gestaltung finden. In Wirklichkeit verstehen es Junggeselle wie Junggesellin, sich ihrer Art entsprechend ein gemütliches Heim zu schaffen. Ob der Mann oder die Frau die größere Fähigkeit auf dem Gebiet de Haushalts entwickelt, ist nur Sache der Erziehung und Ausbildung.

2. Neigung zur Hausarbeit

Läßt sich ein funktionaler Unterschied mit einer besonderen, naturgegebenen Eignung der Frau zur häuslichen Tätigkeit nicht begründen, so versucht man, die Berechtigung einer Rollenverteilung zwischen Mann und Frau auf eine spezielle Neigung der Frau zur Haushaltsführung zu gründen.

Schon die Behauptung, die Frau müsse den „Hausstand als den großen Ruf der Natur“ empfinden, da die Zahl der berufstätigen Frauen hinter der des Mannes zurückbleibe[64], geht fehl, denn es werden immer weniger Frauen als Männer berufstätig sein, und zwar nicht wegen ihrer Vorliebe für den Haushalt, sondern infolge der natürlichen Hinderungsgründe wie Geburten und Kinderversorgung.

Wenn eine naürliche Neinung für die Haushaltstätigkeit als solche bestände, dann müßte sie sich auch bei der Berufswahl der Frau zeigen. Dagegen spricht, daß gerade die Zahl der jungen Mädchen, die sich um eine Stelle im Haushalt bemühen oder einen Haushaltsberuf ergreifen wollen, ständig abnimmt[65]. Selbst diejenigen, die sich für einen solchen Beruf entschieden, werden dies in der Regel nicht aus Begeisterung für die Haushaltstätigkeit als solche, sondern zur Vorbereitung auf eine Ehe oder mangels anderer beruflicher Ausbildung oder Möglichkeiten tun.

Läge eine weibliche Neigung zur Haushaltstätigkeit wirklich vor, dann müßte diese Arbeit von der Mehrzahl der Frauen auch gern getan werden. Die allgemeine und im Steigen begriffene Unzufriedenheit der Frauen

---

[63] Dies., a.a.O.

[64] *Hedemann,* Die Rechtsstellung der Frau, S. 13.

[65] Frauenenquête, S. 369.

über häusliche Tätigkeit bezeugt jedoch das Gegenteil. Die Abneigung gegen solche geisttötenden Beschäftigungen wie Putzen, Waschen, Bügeln, Flicken wächst mit steigendem Bildungsgrad der Frau. Auch das tägliche Kochen wird als Last empfunden. Mit echter Freude wird meistens nur gekocht, wenn es darum geht, „ab und zu mal was Leckeres" zuzubereiten. Eine solche Neigung ist jedoch nicht typisch für die Frau, sondern besteht auch bei vielen Männern. Das Gros der Hausfrauen versucht, die Zeit für Kochen, Waschen, Putzen mit Hilfe technischer Mittel auf ein Minimum zu reduzieren. Mit ihrer Haushaltstätigkeit gehorchen sie der Notwendigkeit, eine Familie versorgen zu müssen, und später der Gewöhnung. Ihre Bereitschaft zur Hausarbeit — geboren aus dem Zwang — wird zu Unrecht als Neigung gedeutet. Bestände keine Verantwortung für die Familie, würde gewiß die Mehrzahl der Frauen lieber einer anderen Tätigkeit nachgehen als der der Haushaltsführung. Die Freude am Zusammensein mit den eigenen Kindern und an der Fürsorge für sie ergibt noch keine Begeisterung für die Haushaltstätigkeit an sich. Diese wird als notwendige Begleiterscheinung einer Ehe in Kauf genommen, nicht aber als Erfüllung empfunden.

Es kann also nicht generell von einer besonderen Eignung und Neigung der Frau zur Haushaltstätigkeit ausgegangen werden.

3. Gesetzlich festgelegte Funktionsteilung

Zur Rechtfertigung eines funktionalen Unterschiedes wenigstens bei Ehegatten wird, wenn es schon an der besonderen Eignung und Neigung der Frau zum Haushalt fehle, auf eine rechtliche Verpflichtung der Ehefrau zu dieser Tätigkeit hingewiesen. Die im Familienrecht bestehende Regelung der Pflichtenverteilung in der Ehe (§§ 1356 ff. BGB) dürfe bei weiteren rechtlichen Regelungen zwischen Mann und Frau nicht unberücksichtigt bleiben[66]. Gemäß § 1356 Abs. 1 Satz 2 BGB ist Haushaltsführung die vorrangige Pflicht der Ehefrau. Nach § 1360 Satz 2 BGB erfüllt sie ihre Unterhaltspflicht dem Ehemann und den Kindern gegenüber in der Regel durch Führung des Haushalts.

Die §§ 1356 ff. BGB gehen zwar von einer solchen Funktionsteilung aus, es ist aber nicht erwiesen, daß diese im Moment gesetzlich vorgeschriebene und rechtsverbindliche Funktionsteilung die richtige ist[67]. Nur weil sie noch existent und bisher nicht für verfassungswidrig erklärt wurde, kann man sie nicht als bindende Grundlage für weiterführende rechtliche Betrachtungen und als „natürliche" Grundlage für Differenzierungen zwischen Mann und Frau ansehen. Eine solche gesetzliche Re-

---

[66] So z. B. BAG AP Nr. 72 Bl. 2v zu Art. 3 GG.

[67] Siehe Näheres zu § 1356 BGB: II. Teil: A. II.

gelung enthält selbst eine Differenzierung, die an Art. 3 Abs. 2 und 3 GG zu messen ist. So läßt sich mit §§ 1356 ff. BGB keine Funktionsteilung begründen.

4. Tatsächliche Funktionsteilung

Unabhängig davon wird die Anerkennung eines funktionalen Unterschieds zwischen Mann und Frau damit begründet, daß es gar nicht darauf ankomme, ob die Frau eine größere Neigung zur Hausarbeit kraft ihrer Veranlagung habe, sondern das Faktum allein genüge, daß die Frau mehr als der Mann „handfest und gegenwartsnah" in ihrem eigenen Hausstand selbst tätig zu sein pflege[68]. Wenn dies wirklich der Fall ist und dieses Faktum so gut wie natürlich, nämlich konstant zwischen den Geschlechtern besteht, könnte es ein Differenzierungsmerkmal darstellen.

Grundsätzlich ist dazu zu sagen, daß im Vergleich zu früheren Zeiten die Frauen heutzutage weit weniger Hausarbeit leisten. Früher wirkte die Frau so gut wie ausschließlich im Haus und überließ dem Mann die Außenarbeit. Ihr Leitbild war über Jahrhunderte grob gesagt nur: „Kinder, Küche, Kirche[69]." Da immer mehr Frauen einen Beruf ausüben, widmen sie sich schon zwangsläufig weniger dem Haushalt. Die Reduzierung der faktischen Betätigung der Frau im Haushalt ist auch deshalb möglich geworden, weil die Hausarbeit heute wesentlich erleichtert ist[70]. Haushaltstätigkeit gehört auch nicht mehr in den ausschließlichen Zuständigkeitsbereich der Frau. Durch die Mechanisierung des Haushalts wird die Tätigkeit in ihm für Männer attraktiv. Wie sich einerseits die Erkenntnis durchgesetzt hat, daß Mädchen genauso gut wie Jungen auf einen Beruf vorbereitet werden müssen, so beginnt man andererseits einzusehen, daß auch für den Mann praktische Erfahrungen im Haushalt nützlich und nicht unmännlich sind[71]. Da es für die Frau nicht mehr als unschicklich

---

[68] BAG AP Nr. 1 Bl. 2v zu Art. 3 GG.

[69] Vgl. dazu *de Beauvoir*, S. 281; Frauenenquête, S. 9.

[70] Die Wohnungen sind kleiner, moderner und praktischer als früher, entsprechend weniger Zeitaufwand ist für deren Pflege erforderlich. Moderne Hilfsmittel können arbeits- und zeitsparend eingesetzt werden, wie Wasch-, Geschirrspülmaschine, Staubsauger, Müllschlucker. Einbauküchen rationalisieren die Arbeitsweise. Vorfabrizierte Eßwaren in Konserven und Gefrierpackungen ersparen lange Vorbereitungen für die Mahlzeiten. Werkskantinen übernehmen immer mehr die Herstellung und Verabreichung der Hauptmahlzeit. Arbeiten, die früher im Haus erledigt werden mußten, verlagern sich auf gewerbliche Dienstleistungsbetriebe wie Reinigungsbetriebe, Automaten-Waschsalons. Flick- und Bügelarbeiten verringern sich infolge der Verwendung von Textilien aus Chemiefasern. Vgl. *Schulte-Langforth*, RdA 1961, 315 f.; *Myrdal-Klein*, S. 158 f.; *Hofmann-Kersten*, S. 110 und 119 ff.

[71] So ist z. B. schon in Schweden an Volks- und Oberschulen für Jungen Haushaltsunterricht im 7. und 8. Schuljahr obligatorisch (*Krüger*, KBN, § 1356 BGB, Anm. 6).

gilt, „draußen" einer Erwerbsarbeit nachzugehen, so ist für den Mann eine Beteiligung am „Innendienst" adäquat[72]. Diese neue Einstellung zur Berufs- und Hausarbeit bringt eine immer gößere Angleichung der Rollen der Geschlechter mit sich. Es fragt sich aber, ob diese Angleichung heute schon so weit fortgeschritten ist, daß von einer tatsächlichen erheblichen Mehrarbeit der Frau im Haushalt gar nicht mehr gesprochen werden kann.

a) Die Situation der unverheirateten, kinderlosen Frau

Da die unverheirateten, kinderlosen Frauen fast ausnahmslos einen Beruf ausüben[73], schränken sie wie der Mann die Hausarbeit auf ein Minimum ein, schon um sich eine gewisse Freizeit zu erhalten. Die verbleibende Hausarbeit der männlichen wie weiblichen Berufstätigen gestaltet sich heutzutage im wesentlichen gleich. Geringfügige Unterschiedlichkeiten bei der Beschäftigung mit und in der eigenen Wohnung erlauben nicht, einen so weitreichenden Schluß wie den eines grundsätzlichen funktionalen Unterschiedes zwischen den Geschlechtern zu ziehen. Vereinzelt liegt noch eine wirkliche häusliche Mehrarbeit der Junggesellin vor, so wenn sie z. B. die Wohnung selbst putzt, anstatt wie viele Junggesellen eine Putzhilfe zu engagieren. Diese Tatsache beruht jedoch auf veralteten Vorstellungen der Gesellschaft, die eine Putzhilfe bei dem „unbeholfenen, überarbeiteten" Mann als Notwendigkeit akzeptiert, sie bei der Junggesellin aber für Luxus hält. Soweit eine solche falsche Einstellung gegenüber dem, was sich für einen Mann oder eine Frau ziemt, die Geschlechter in bestimmte „Rollen" treibt[74], dürfen diese Rollen nicht auch noch vom Recht durch die Anerkennung funktionaler Unterschiede sanktioniert werden[75].

Die Situation der unverheirateten, kinderlosen Frau muß also — was die hauswirtschaftlichen Funktionen anbetrifft — mit der des Mannes als rechtlich gleich angesehen werden, so daß insoweit Differenzierungen unzulässig sind.

---

[72] *Myrdal-Klein*, S. 207 f.; *Hofmann-Kersten*, S. 254.

[73] Frauenenquête, S. 77 f.

[74] So scheinen z. B. auch die heutigen Schullesebücher noch an einer „vorgeburtlichen Bestimmung der Mädchen zum Putzen, Kochen, Flicken" festzuhalten, damit ja nicht eine Mädchengeneration heranwachse, die berufliche Interessen wie der Mann hat, oder eine Jungengeneration, die ihren Frauen einmal den Zwiespalt zwischen Berufs- und Haushaltspflichten erleichtern könnte (FAZ Nr. 215 vom 16. 9. 1967, Was können Hans und Liese? Modelle der modernen Mädchenerziehung in hessischen Lesebüchern).

[75] Ein funktionaler Unterschied wird auch deshalb abgelehnt, weil dafür die Ausübung einer besonderen Funktion innerhalb der sozialen Ordnung erforderlich sei, und die alleinstehende Frau eine solche soziologische Funktion nicht ausübe (im Anschluß an *Nikisch*, I, S. 468; *Bulla*, BB 1954, 102; ders., MuSchG und Frauenarbeitsrecht, Teil B, Rdnr. 19 ff.; *Heyken*, S. 51).

b) Die Situation der verheirateten, kinderlosen Frau[76]

Es kann heutzutage schon davon ausgegangen werden, daß auch die verheiratete, kinderlose junge Frau in der Regel kein Nur-Hausfrauendasein führt, sondern berufstätig ist. Die Ehefrau gibt diese Erwerbstätigkeit gewöhnlich erst mit der Geburt des ersten Kindes auf. Bis dahin befindet sie sich in der gleichen Lage wie ihr berufstätiger Ehemann. Dennoch erledigt sie trotz Erwerbstätigkeit zumeist noch die überwiegende Haushaltsarbeit. Doch auch diese Gegebenheit beruht auf einer allerdings stark eingewurzelten Gewohnheit, auf Sitte und Herkommen, ist kulturell bedingt[77] und unterliegt gerade in neuerer Zeit einem steten Wandel[78]. Zwar gilt auch heute noch die Parole: „Die Mutter gehört in Familie", sie besagt aber nicht: „Die Ehefrau gehört ins Haus[79]." Dennoch wird in Rechtsprechung und -lehre zwischen der kinderlosen Ehefrau und der Mutter nicht unterschieden, vielmehr immer noch betont, daß der nach unserer Sittenordnung überkommene Begriff von Ehe und Familie es verbiete, die auch für die kinderlose Ehefrau „heute noch bestehende und allseits als wesensgemäß empfundene Funktionsteilung" zu leugnen[80]. Allseits als wesensgemäß wird heute in zunehmendem Maße nur noch die ausschließliche Betätigung der Mutter in Haus und Familie angesehen, nicht aber mehr das Nur-Hausfrauendasein einer kinderlosen Frau. Die erwerbstätige Ehefrau gilt — wenn sie keine Kinder hat — als die Norm. Wie hinsichtlich der Berufstätigkeit so gleichen sich auch die Rollen der Ehepartner bezüglich der Hausarbeit an. Die häuslichen Aufgaben werden von den berufstätigen Ehepartnern gemeinsam erledigt, wie sich gerade in jungen, modernen Ehen beobachten läßt. Es setzt sich die Erkenntnis durch, daß die Ehe keine Versorgungsanstalt in dem Sinne ist, daß mit Eheschließung der Mann jeglicher häuslicher Kleinarbeit enthoben ist[81] und die kinderlose Frau sich nur um den Haushalt zu

---

[76] Nach einer im Jahre 1961 in der BRD durchgeführten Zählung waren 23,3 v.H., d. h. fast 1/4 aller Ehen kinderlos (Frauenenquête, S. 318).

[77] *Molitor,* AcP 151, 401; *Baur,* JZ 1959, 444; LAG Düsseldorf, RdA 1954, 115. *Redmann,* FamRZ 1961, 413 mit weiteren Literaturnachweisen.

[78] *Hofmann-Kersten,* S. 119 ff.; *Gernhuber,* S. 160; *Mayntz,* S. 4 ff.; *Dölle,* JZ 1953, 357.

[79] So auch *Höffner,* S. 125.

[80] So z. B. *Bulla,* MuSchG und Frauenarbeitsrecht, Einl. HAT, Anm. 34, 35; *Dietz,* Gutachten, S. 47. Eine Unterscheidung zwischen der Ehefrau mit und ohne Kinder trifft neuerdings auch *Ramm* (JZ 1968, 90 ff.); siehe dazu I. Teil: B. Fußn. 116.

[81] Die rechtliche Pflicht des Ehemannes zur Mithilfe im Haushalt folgt aus der Pflicht zur ehelichen Lebensgemeinschaft (§ 1353 BGB, vgl. *Palandt-Lauterbach,* § 1353 BGB, Anm. 2, § 1360 BGB, Anm. 3). Dies ergibt sich auch aus den Materialien zum Gleichberechtigungssatz (BGH JZ 1960, 371). Je mehr die Ehefrau durch die Berufstätigkeit in Anspruch genommen wird, desto mehr ist der Ehemann zur Mitarbeit im Haushalt verpflichtet (vgl. *Krüger,* KBN, § 1356 BGB, Anm. 7; *Müller-Freienfels,* JZ 1960, 371 ff.).

kümmern hat[82]. Aus der patriarchalisch geführten Ehe entwickelt sich die Partnerschaftsehe. Somit ist die traditionelle Funktionsteilung zwischen Mann und Frau in der Ehe nicht die allein mögliche, die einzig natürliche Form der Ehe. Es ist nur eine Frage der Zeit, bis sich diese Anschauung vollends durchgesetzt hat und alle berufstätigen, kinderlosen Ehegatten die Hausarbeit untereinander aufteilen.

Das Faktum, daß heute noch die Ehefrau mehr im Haushalt leistet als der Ehemann, ist somit — zumindest bei den kinderlosen Eheleuten — einem Wandel unterworfen und gehört damit nicht zu den unveränderlichen Unterschieden zwischen den Geschlechtern, die zu Differenzierungen berechtigen.

c) Die Situation der Frau mit Kindern

Daß Mütter — auch wenn sie erwerbstätig sind — mehr Hausarbeit leisten als Väter, ist unbestritten. Es fragt sich nur, ob auch hier ein Wandel der Gegebenheiten eintreten könnte, so daß auch dieser bestehende funktionale Unterschied nicht als konstant anzusehen wäre.

Da der Mann von Natur genauso wie die Frau geeignet ist, Hausarbeit zu erledigen, und da ihm als dem körperlich Stärkeren sogar die berufliche und häusliche Doppelbelastung besser zuträglich ist, könnte man mit fortschreitender Berufstätigkeit der Frauen und Mütter eine Umschichtung der häuslichen Aufgaben zu Lasten des Ehemannes für möglich erachten, es sei denn, die Haushaltstätigkeit der Mutter ergäbe sich zwangsläufig aus besonderen Umständen, die beim Mann nicht vorliegen können, wie aus eingeschlechtlichen biologischen Unterschiedlichkeiten.

Schon mit der Schwangerschaft ist die Frau immer mehr an das Haus gebunden, weil sie sich zu Anfang und gegen Ende der Schwangerschaft meistens körperlich nicht wohlfühlt, sie außerhalb des Hauses oft nicht mehr so wendig und sicher im Auftreten ist und sie sich auch scheut, ob ihres veränderten Aussehens sich außerhalb der häuslichen Atmosphäre zu bewegen. Durch die Geburt und die anschließende Stillzeit wird die Frau ebenfalls in ihrer Bewegungsfreiheit eingeschränkt[83]. Diese zwangsläufige Bindung der Frau an das Haus hat zur Folge, daß von ihr neben

---

[82] Zwar lassen die §§ 1356, 1360 BGB diesen Schluß zu, der aber nicht mit Art. 3 Abs. 2 und 3 GG und Art. 6 Abs. 1 GG zu vereinbaren ist. Es muß die Forderung erhoben werden, daß die Ehefrau grundsätzlich genauso wie der Ehemann — bei nichtausreichenden sonstigen Einkünften — verpflichtet ist, erwerbstätig zu sein. Bei Übereinkommen der Ehegatten, daß die Ehefrau nicht erwerbstätig zu sein braucht, erfüllt sie ihre Verpflichtung, durch ihre Arbeit die Familie angemessen zu unterhalten, allein durch Haushaltstätigkeit. Eine gesetzliche Berechtigung zur Führung der Nur-Hausfrauenehe darf allein den Frauen mit Kindern zustehen. (Siehe Näheres dazu I. Teil: B. Fußn. 120.)

[83] Vgl. *Redmann*, FamRZ 1961, 416.

der Sorge für das Kind auch solche Arbeit erledigt wird, die der Haushalt sonst noch mit sich bringt. Mutterschaft ist also der Anlaß dafür, daß sich die Tätigkeit der Frau in den innerhäuslichen Bereich verlagert. Daraus rührt eine Funktionsteilung zwischen Mutter und Vater her[84].

Es stellt sich aber die Frage, ob diese Funktionsteilung bestehen bleibt, auch wenn die unmittelbare biologische Bindung zwischen Mutter und Kind mit dem Ende der Stillzeit aufhört. Man könnte im Zeichen der Gleichberechtigung sogar auf die Idee kommen, den Vater als zuständig für die weitere Versorgung des Kindes und Haushalts anzusehen, da die Mutter Zeit und Kraft vor, während und nach der Geburt für das gemeinsame Kind geopfert hat, und die Forderung aufstellen, nun solle der Mann seinen Teil beitragen oder wenigstens der Frau genau die Hälfte der häuslichen Arbeit abnehmen. Zur Pflege des Kleinkindes ist auch der Mann geeignet, denn erst durch den ständigen Umgang mit dem Kind wird die Fähigkeit erlangt, es richtig zu behandeln. Wer kennt nicht die junge Mutter, die mit ihrem ersten Baby ängstlich die Klinik verläßt, weil sie sich gegenüber dem kleinen Wesen hilflos vorkommt. Sie wächst in ihre Aufgabe hinein, wie auch der Mann hineinwachsen würde. Auch der Mann kann die sprichwörtliche „Mutterliebe" entwickeln, denn die mütterlichen Gefühle entstehen nicht so sehr durch die biologischen Vorgänge wie Schwangerschaft und Geburt, sondern durch die Hilflosigkeit des Kindes und die Verantwortung für es[85].

Die weitere Rollenverteilung in der Familie und im Haushalt kann also biologisch nicht mehr erklärt werden. Daß sich dennoch in Zukunft kein Funktionswandel vollzieht, der Vater weiterhin seinem Beruf nachgeht und der Frau die persönliche Betreuung der Kinder und damit zwangsläufig die Haushaltsführung verbleibt, folgt aus der einmal von der Frau übernommenen Fürsorge für das Kind, zu der sie durch die Umstände vor, während und nach der Geburt eher als der Mann berufen erscheint.

Es kann aber sein, daß die Funktionsteilung dadurch einem Wandel unterworfen ist, daß die weitere Kinderbetreuung, die die Frau nicht biologisch notwendig selbst erledigen muß, immer mehr Dritten überlassen wird. Besonders harte Verfechterinnen der Gleichberechtigung — wie auch manche materialistische Soziologen[86] — wollen die Kinderver-

---

[84] Interessant, aber hier zu weitführend wäre die Erörterung des Problems, welche Auswirkungen sich für die Rollenverteilung zwischen Mann und Frau ergeben werden, wenn es der Medizin in der Zukunft gelingen sollte, Embryos außerhalb des Mutterleibes großzuziehen, damit die Schwangerschaft und Geburt der Frau abgenommen werden könnten und folglich die Frau nicht mehr durch die Natur zur Kinderaufzucht prädestiniert erscheinen würde.

[85] *Speck*, S. 32 mit weiteren Hinweisen.

[86] Vgl. Hinweise bei *Hofmann-Kersten*, S. 125.

sorgung und die Nahrungszubereitung genossenschaftlichen oder staatlichen Institutionen übertragen, um der Frau so endlich die volle berufliche Freiheit und Entwicklungsmöglichkeit wie dem Mann angedeihen zu lassen. Daß die Aufgabe der Kinderbetreuung und Erziehung jedoch nicht in die Hände Dritter gelegt werden sollte, ergeben praktische Erfahrungen, die vor allem während des zweiten Weltkrieges, der vielfach eine Trennung von Mutter und Kind erzwang, gemacht wurden, wonach Kinder, die in den ersten Lebensjahren ohne die ständige Liebe einer bestimmten Person aufwuchsen, sich körperlich und seelisch ungünstiger entwickelten als Kinder, die sich in der Obhut der Mutter befanden[87]. Sachlich einwandfreie Pflege reicht nicht aus zur Festigung des Gemütsgrundes, des „Kerns" der psychischen Struktur des Menschen[88]. So sehr Kinderhorte und Tageskrippen für Notfälle notwendig sind und gefördert werden sollten, so ist es doch nicht Aufgabe des Staates, den Eltern die Erziehung und Pflege der Kinder abzunehmen, wie es in den sozialistischen Staaten immer mehr geschieht. Ist die Mutter völlig in den außerfamiliären Produktionsprozeß eingeschaltet und werden die Kinder öffentlichen Institutionen überlassen, so wird nicht nur die individuelle Entwicklung des Kindes gehemmt, sondern sogar eine Entpersonalisierung der Familie herbeigeführt[89]. Die Familiensoziologen sehen auch heute noch die wichtigste Aufgabe der Frau in ihrer Funktion als Pflegerin der Kinder und als Hüterin der häuslichen Geborgenheit[90]. Da also — trotz einer gewissen Verlagerung der Aufgaben der Mutter auf staatliche Institutionen — die Mutter immer noch die Hauptfürsorge für die Kinder trägt und dies wünschenswert erscheint, wird ihr im allgemeinen auch in Zukunft der damit verbundene größte Teil der Hausarbeit zufallen. Sogar die Einführung der Ganztagsschule für alle Kinder kann der Mutter diese Aufgaben nicht ganz abnehmen. Auch wenn Mütter in zunehmendem Maße wie Männer einer außerhäuslichen Erwerbstätigkeit nachgehen sollten, in seltenen Fällen sogar die meiste Hausarbeit einer Hilfe übertragen, so verbleibt doch ihnen und nicht dem Mann letztlich die ganz persönliche Fürsorge für die Kinder und die Planung und Organisation des Haushalts. Sie unterliegen einer größeren häuslichen Belastung als Väter. Eine grundlegende Wandlung in der häuslichen Aufgabenverteilung zwischen Ehegatten mit Kindern ist somit nicht zu erwarten.

Die Aufgabenverteilung zwischen Müttern und Vätern ändert sich auch nicht mit Heranwachsen der Kinder, selbst dann nicht, wenn die Kinder das Haus verlassen. Gleichgültig, ob die Kinder nur zeitweilig die Pflege durch die Mutter in Anspruch nehmen und sonst auswärts

---

[87] *Myrdal-Klein*, S. 163 ff.; *Paul*, ZBlAWi 1962, 119; *Speck*, S. 115 ff.
[88] *Hofmann-Kersten*, S. 153; *Speck*, S. 44.
[89] *Schelsky*, Wandlungen der deutschen Familie in der Gegenwart, S. 341.
[90] Ders., S. 12; *Hofmann-Kersten*, S. 125.

leben, wie z. B. im Internat oder zur Berufsausbildung in einer anderen Stadt als Lehrlinge, Praktikanten, Studenten etc., oder ob sie als Verheiratete sich endgültig der direkten elterlichen Obhut entziehen, der indirekten mütterlichen Fürsorge unterstehen sie zeitlebens, was sich z. B. immer wieder bei der Ankunft liebevoll von Mutterhand gefüllter Pakete offenbart. Die funktionalen Unterschiede zwischen Mutter und Vater wirken bis ins Großelterndasein. Die Leistungen einer Großmutter sind andere als die des Großvaters. Das zeigt sich besonders an der ungeheueren Stütze, die die jungen Frauen an den Großmüttern ihrer Kinder haben. Die tatsächliche häusliche Mehrbelastung der Mutter mag viel geringer werden bei Auszug ihrer Kinder aus der häuslichen Gemeinschaft, ein — wenn auch schwächerer — funktionaler Unterschied zum Vater und zur kinderlosen Frau bleibt jedoch immer bestehen; dies bringt die von der Frau mit Geburt des ersten Kindes übernommene — letztlich also biologisch bedingte — häusliche Betreuung, die jahrelange Sorge um die Kinder, die Gewöhnung an Hausarbeit und die zumindest zeitweilige Entwöhnung von der Berufsarbeit mit sich. Dasselbe hat zu gelten, wenn den Kindern nur eine kürzere Lebenszeit beschieden ist, welche aber ausreicht, die Mutter der außerhäuslichen Arbeitswelt genügend zu entfremden.

Es kann also bei der Frage, unter welchen Voraussetzungen rechtliche Differenzierungen zwischen Mann und Frau zulässig sind, davon ausgegangen werden, daß zwischen einer Frau mit Kindern — unabhängig davon, ob sie verheiratet oder ledig ist — und einem Mann mit Kindern immer ein funktionaler Unterschied besteht.

Das gleiche muß auch für die Eltern gelten, die nicht eigene Kinder, wohl aber Adoptivkinder haben. Zwar besteht hier kein biologisch bedingter Funktionsunterschied. Frauen mit adoptierten Kindern haben jedoch das gleiche Mutter-Kind-Verhältnis[91], erledigen die gleichen Aufgaben und unterliegen der gleichen Belastung wie eine natürliche Mutter. Die Ähnlichkeit ihrer Stellung sowie ihrer Beziehung zum Kind ist von Anfang an so groß, daß nur in diesem einzigen Ausnahmefall auch bei der Adoptivmutter ein funktionaler Unterschied trotz mangelnder biologischer Ursachen bejaht werden kann.

d) Die Situation der alleinstehenden Frau mit außerordentlichen Familienpflichten

Wie für die Frau mit Kindern, so wird auch für die Frau, die „außerordentliche" Familienpflichten treffen — die Sorge z. B. für kranke Eltern

[91] Weder der Geburts- noch Stillvorgang allein rufen die besondere Bindung von Mutter und Kind hervor, sondern die ständige Betreuung und Verantwortung für das hilflose Kind (vgl. *Speck*, S. 32).

oder hilfsbedürftige Geschwister —, eine Sonderstellung gefordert[92]. Durch die Haushaltsführung und Betreuung der hilfsbedürftigen Verwandten sind diese Frauen ähnlich belastet wie die Mütter. Da der Mann in der entsprechenden Lage meistens nur finanziell für seine Anverwandten aufkommt und eine persönliche Fürsorge in dem Maße, wie sie die Frau leistet, nicht von ihm erwartet wird, soll hier ein funktionaler Unterschied zwischen Männern und Frauen mit außerordentlichen Familienpflichten bestehen. Dem kann nicht zugestimmt werden. Zum einen fehlt hier — anders als bei den Müttern — der biologische Grund, aus dem eine beständige natürliche Arbeitsteilung zwischen Mann und Frau in der Fürsorge für hilfsbedürftige Anverwandte erwächst, zum anderen gilt für Frauen auch keine besondere rechtliche Verpflichtung, Verwandte persönlich zu betreuen. Mann und Frau trifft gemäß §§ 1601 ff. BGB die gleiche rechtliche Unterhaltspflicht zum Beispiel für die Eltern, oder die gleiche sittliche Unterhaltspflicht zum Beispiel für hilfsbedürftige minderjährige Geschwister zu sorgen. Da der Unterhalt grundsätzlich durch eine Geldrente zu gewähren ist (§ 1612 Abs. 1 BGB), besteht auch für die Frau kein rechtlicher Zwang, ihren außerordentlichen Familienaufgaben durch Haushaltsführung nachzukommen. Wenn dennoch die Frau sich eher als der Mann zur persönlichen Versorgung der Verwandten entschließt, so geschieht dies allein aus persönlichen Gründen. Dabei kann der Umstand eine gewisse Rolle spielen, daß von einer Frau mehr als von einem Mann heutzutage noch erwartet wird, daß sie sich trotz Berufstätigkeit um ihre nächsten Angehörigen persönlich kümmert. Das reicht aber nicht aus, um die Stellung der Frau gegenüber hilfsbedürftigen Verwandten rechtlich anders als die des Mannes anzusehen. Ein genereller funktionaler Unterschied zwischen Männern und Frauen ist somit zu verneinen. Dem steht nicht entgegen, daß im Einzelfall — unabhängig vom Geschlecht — derjenige eine Begünstigung erhält, der die persönliche Betreuung auf sich nimmt.

Zusammenfassend kann hiernach festgestellt werden, daß zwischen Männern und Frauen nur dann ein funktionaler Unterschied besteht, wenn die Frauen Kinder haben. Bei Versorgung anderer Angehöriger ist der Einzelfall entscheidend.

V. Unterschiedliche erwerbswirtschaftliche Situation als Differenzierungsmerkmal

Die Gerichte gehen allgemein davon aus, daß sich die Ehefrau bei Beendigung der Ehe — Tod des Ehemannes, Scheidung — finanziell und in beruflicher Hinsicht in einer wesentlich schlechteren Lage befindet als

[92] 48. Internationale Arbeitskonferenz, InfdF 1964, Nr. 10, S. 14.

der Ehemann, der aus familiären Gründen seine Berufslaufbahn nicht zu unterbrechen hat, folglich bei Beendigung der Ehe nicht anders steht, als wenn er unverheiratet geblieben wäre[93].

Die Benachteiligung ist besonders groß bei den Nur-Hausfrauen, denn sie sind die einzigen, die unselbständig — d. h. von einem „Geldgeber" abhängig — arbeiten und keinen eigenen Sozialversicherungsschutz genießen. Dies ist ein wesentliches Hindernis für die Frau auf dem Weg zur vollen Gleichberechtigung.

In einer solch schlechten erwerbswirtschaftlichen Lage befindet sich jedoch nicht zwangsweise die kinderlose Ehefrau. Sie muß nicht aus familiären Gründen die Berufstätigkeit unterbrechen oder ganz aufgeben. Da sie nicht für Kinder zu sorgen braucht, besteht für sie keine Notwendigkeit, sich nur dem Haushalt zu widmen[94]. Tut sie es dennoch, so sind sie und ihr Ehemann auf einen Zusatzverdienst nicht angewiesen. Die Ehefrau selbst bzw. ihr Ehemann muß dann eben dafür sorgen, daß auch ihre finanzielle Situation nach Beendigung der Ehe gesichert ist.

Dagegen hat eine Frau mit Kindern meistens nicht die Freiheit der Wahl, zu Hause bei den Kindern oder berufstätig zu sein. Der Frau mit kleinen und jugendlichen Kindern steht schon praktisch nicht soviel Zeit wie dem Mann für eine außerhäusliche Ganztagsbeschäftigung zur Verfügung[95]. Erst wenn die Kinder selbständiger geworden sind, findet die

---

[93] BVerfG AP Nr. 79 Bl. 7 f. zu Art. 3 GG; BGHZ 4, 170/175 f.; 10, 18/20; BAG AP Nr. 39 zu Art. 3 GG; BVerwG NJW 1962, 1456; BSG AP Nr. 40 zu Art. 3 GG.

[94] Die Berufstätigkeit der kinderlosen Ehefrau wirkt sich sogar positiv auf die Ehefrau selbst und auf die Ehe aus. Eine im Berufsleben stehende Frau ist dadurch, daß ein Teil ihres Interesses durch sachliche, nicht durch personengebundene und personenenbezogene Arbeit beansprucht wird, regelmäßig im ganzen Verhalten sicherer und disziplinierter, sachlicher und abgewogener und vermag dadurch ihrem Ehemann oft mehr zu geben als die Nur-Hausfrau (vgl. *Krüger*, KBN, § 1356 BGB, Rdnr. 17). Das selbst verdiente, wenn auch noch so kleine Einkommen fördert das Selbstbewußtsein der Ehefrau, deren finanzielle Lage ohne eigene Berufstätigkeit im Prinzip der einer Minderjährigen ähnelt, die auf das Taschengeld vom Vater angewiesen ist (*Myrdal-Klein*, S. 190). Berufliche Tätigkeit beider Ehegatten schafft zusätzliche Bindungen (vgl. *Krüger*, KBN, § 1356 BGB, Rdnr. 15), dies ist um so mehr der Fall, je besser die Berufsausbildung der Ehefrau ist (*Friedan*, S. 218 f.).

[95] Die Berufstätigkeit der Mütter mit abhängigen Kindern sollte auch nicht befürwortet werden, da durch die berufliche und häusliche Doppelbelastung die Gesundheit der Mutter und die Entwicklung der Kinder leiden. An dem Gesamtkrankheitsstand der Frauen sind die so doppelt belasteten laut Statistik mit 75,5 % beteiligt (*Schulte-Langforth*, RdA 1961, 316). Besonders ungünstig wirkt sich die Erwerbstätigkeit der Mütter auf Kinder unter 3 Jahren aus, die die Geborgenheit erleben müssen, damit ihre Liebesfähigkeit und ihr Streben nach menschlichen Kontakten entwickelt wird (*Speck*, S. 34 ff.; *Myrdal-Klein*, S. 31, 163 ff.; *Schulte-Langforth*, RdA 1961, 317). Auf ältere Kinder wirkt ein halbtägiger Kindergartenbesuch noch ergänzend und fördernd, nicht aber der durch Erwerbstätigkeit der Mutter erforderliche ganztägige (*Speck*, S. 42). Auch schulpflichtige Kinder leiden unter der Abwesenheit der Mutter; aus

Mutter wieder Zeit zur Erwerbstätigkeit[96]. Ihre erwerbswirtschaftliche Lage ist aber auch dann eine wesentlich andere als die der Männer. Die Frau hat häufig infolge einer frühen Verheiratung und Schwangerschaft noch nicht einmal eine abgeschlossene Berufsausbildung und kann daher später nur als ungelernte oder wenig vorgebildete Kraft eingesetzt werden. Auch die Mutter, die eine gute Ausbildung genossen hat, den Beruf aber im Vertrauen auf die Dauer der Ehe aufgegeben hat, wird sich nach einer längeren Berufspause schwer tun, eine passende Arbeit zu finden und sofort entsprechend ihrer früheren Stellung eingestuft zu werden. Der Wiedereingliederung hinderlich ist auch die schnelle technische Entwicklung, die die Verwendung der Frau in ihrem einmal erlernten Beruf in Frage stellt[97]. Die Umstellung von der häuslichen Atmosphäre und Gedankenwelt in die betriebliche bringt weitere Schwierigkeiten für die Frau mit sich. Sie kann den beruflichen Vorsprung des Mannes nur

---

Kinderaufsätzen geht hervor, daß den Kindern bei ganztägiger Erwerbstätigkeit der Mutter die ruhende, bergende Hülle, der sichere Rückhalt fehlt (ders., S. 63). Untersuchungen über schulische Auffälligkeiten zeigten, daß bei Kindern erwerbstätiger Mütter größere Unregelmäßigkeiten auftraten (ders., S. 115; a. A. *Myrdal-Klein*, S. 174 f.).

[96] Die Sozialwissenschaftler unterscheiden drei Phasen im Leben der Frau und Mutter, nämlich die Zeit vor der Geburt des ersten Kindes, die Zeit während der Betreuung und Erziehung der Kinder und die Zeit danach. Da die Frauen heute älter werden und weniger Kinder bekommen als früher, beginnt die 3. Phase im Leben der Mutter durchschnittlich mit 42 Jahren *(Myrdal-Klein*, S. 55). Ein Vergleich über den normalen Lebensverlauf einer Mutter im Jahre 1854 und 1954 macht den Wandel besonders deutlich: Die Lebenserwartung der Frau ist von 43 auf 73 Jahre gestiegen, die durchschnittliche Kinderzahl von 6 auf 3 gesunken, so daß die Frau früher, nachdem das letzte Kind 18 Jahre alt geworden war, meistens schon nicht mehr lebte, wogegen heute der Frau die Jahre von 42 - 65 zur weiteren Berufsarbeit verbleiben(dies., a.a.O.). Die Sozialwissenschaftlerinnen Myrdal und Klein *(Myrdal-Klein*, S. 120 ff.) fordern geradezu, daß die Mütter, die keine Kinder unter 18 Jahren haben — also nicht im aktiven Dienst stehen —, die gleiche Arbeitspflicht wie den Mann treffe. Myrdal-Klein sprechen sogar von „untätigen" Frauen und meinen damit diejenigen, die keine Kinder unter 18 Jahren zu betreuen haben, nicht älter als 65 Jahre und nicht krank sind und trotzdem nicht zu den Berufstätigen gehören.

Vielleicht könnten sogar die Männer länger leben, wenn die Frauen „einen größeren Teil der Last des Kampfes mit der Welt" tragen würden, „statt selbst eine Last zu sein" *(Friedan*, S. 243). In der BRD entfallen auf einen Witwer sechs Witwen (Bericht des Statistischen Bundesamtes, der sich auf Zahlen von Ende 1965 stützt, zit. in SZ, 7. Febr. 1968, Nr. 33).

Die Verbreitung der Berufstätigkeit der Mütter in der 3. Phase wirkt sich auch für die Frau selbst günstig aus. Die jungen Mädchen würden mit mehr Eifer eine gründliche Ausbildung betreiben, da sie die 2. Phase nicht als Endziel, sondern als Unterbrechung ihrer beruflichen Laufbahn ansähen (vgl. *Radke-Rathert*, S. 114 f.), und die Ehefrauen behielten außerhäusliche, berufliche Interessen bei. Sie würden sich nicht mit ihrer Funktion als Hausfrau und Mutter, die als solche nur für und durch den Ehemann und die Kinder lebt, begnügen, was sie daran hindert, eine eigene Persönlichkeit zu entwickeln *(Friedan*, S. 199 ff.).

[97] *Elsner*, InfdF 1966, Nr. 1, S. 18.

schwer oder gar nicht aufholen. Selbst die Mutter, die ihren Beruf während der Ehe fortführt, wird sich infolge ihrer häuslichen Pflichten dem Erwerbsleben nicht mit der Ausschließlichkeit widmen können wie ein Mann und dadurch berufliche Vorteile versäumen. Auch hat sie weniger Zeit für eine Weiterbildung. Daher wird sie nach Beendigung der Ehe beruflich und finanziell wesentlich schlechter stehen als der Mann. Seinen finanziellen Unterhaltsbeitrag kann sie — auch wenn sie berufstätig ist — in der Regel nicht ersetzen[98].

Hingegen wird die erwerbswirtschaftliche Situation des Mannes in der Ehe dadurch, daß er weniger häusliche Arbeit leistet, eher noch verbessert und gefördert. Auch von der Beendigung der Ehe bleibt seine berufliche Stellung unberührt. Mit dem Verlust seiner Frau und ihren Unterhaltsleistungen geht ein wirtschaftlicher Ausgleich einher, da er seine Unterhaltsleistungen an sie einspart[99].

Die unterschiedliche erwerbswirtschaftliche Situation von Müttern und Vätern beruht somit auf der funktional bedingten Verschiedenartigkeit ihrer Leistungen für die Familiengemeinschaft[100], was letztlich auf die biologische Besonderheit der Frau zurückzuführen ist[101]. Da also nur bei Müttern ein funktionaler Unterschied zu den Männern besteht, kann auch nur bei diesen generell von einer weniger günstigen erwerbswirtschaftlichen Situation ausgegangen werden.

VI. Übergreifende verfassungsrechtliche Wertentscheidungen als Rechtfertigungsgrund

Eine Ungleichbehandlung von Mann und Frau widerspricht nach einer Entscheidung des BVerfG[102] auch dann nicht Art. 3 Abs. 2 und 3 GG, „wenn sie auf übergreifende, d. h. auch dem Gleichberechtigungsgebot gegenüber sich durchsetzende verfassungsrechtliche Wertentscheidungen gestützt werden kann". Welche Verfassungsbestimmungen jedoch den Gleichberechtigungsgrundsatz zurückdrängen, hat das BVerfG nicht gesagt, sondern nur den Art. 6 Abs. 1 GG als eine solche verneint[103].

Enthält eine Verfassungsnorm eine dem Art. 3 Abs. 2 und 3 GG nicht entgegenstehende Aussage, so ergeben sich schon deshalb keine Rangprobleme. Anders ist es, wenn eine Verfassungsbestimmung einen dem

---

[98] BVerfG AP Nr. 79 Bl. 7 f. zu Art. 3 GG = BVerfGE 17, 1/21 f.

[99] BVerfG AP Nr. 79 Bl. 7v und 8 zu Art. 3 GG.

[100] BVerfG AP Nr. 79 Bl. 8 zu Art. 3 GG.

[101] Siehe I. Teil: B. IV. 4. c).

[102] BVerfGE 10, 59/76.

[103] BVerfGE 10, 59/80 ff.

Gleichberechtigungsgebot widersprechenden Inhalt hat; dann fragt es sich, welche verfassungsrechtliche Regelung den Vorrang hat[104].

1. Art. 6 Abs. 1 GG

Art. 6 Abs. 1 GG stellt eine Grundsatznorm dar, „d. h. eine verbindliche Wertentscheidung für den gesamten Bereich des Ehe und Familie betreffenden privaten und öffentlichen Rechts"[105] und wirkt unmittelbar auf das Privatrecht[106]. Sie hat zum Inhalt den Schutz jeder Ehe und Familie, die dem heute in der BRD gesetzlich normierten bürgerlich-rechtlichen Institut der Ehe und Familie entspricht, und zwar unabhängig von ihrer Gestaltung in der Privatsphäre[107]. Der Schutz des Art. 6 Abs. 1 GG umfaßt nur die Fundamentalstruktur bzw. den Kern der Ehe und Familie, so die Ehebegründung durch Vertrag, die Monogamie, die Verpflichtung zur ehelichen Lebensgemeinschaft, das grundsätzliche Bekenntnis zur Beendigung der Ehe allein durch den Tod[108] und die Einheit der Familie hinsichtlich eines einheitlichen Familiennamens[109]. Daraus ergibt sich, daß Art. 6 Abs. 1 GG keine Stellungnahme zu einer speziellen Form der Ehegestaltung in der Privatsphäre enthält[110]. Die freiheitliche Ordnung des Art. 6 Abs. 1 umfaßt die Gleichberechtigung der Ehepartner,

---

[104] Gegen eine Rangordnung der Grundrechte: *Gamillscheg*, AcP 164, 428.

[105] BVerfGE 6, 55/72.

[106] *Enneccerus-Nipperdey*, I/1, § 15 II 5 g; *Krüger*, KBN, Einl., Anm. 190 ff.

[107] BVerfGE 6, 55/82.

[108] *Wernicke*, Bonner Kommentar, Art. 6 Anm. II 1a; *Gernhuber*, S. 30 - 32.

[109] BVerfGE 17, 168 f. Daher wird Art. 6 Abs. 1 GG auch zur Rechtfertigung der Ungleichbehandlung von Mann und Frau in § 1355 BGB herangezogen, wonach die Ehefrau mit Eheschließung den Namen des Mannes erhält. Der Name der Frau müsse zurückstehen, da gegenüber dem Gebot der Gleichberechtigung die übergreifende verfassungsrechtliche Wertentscheidung des Art. 6 Abs. 1 GG und damit der Schutz des einheitlichen Familiennamens, wobei es sich traditionsgemäß um den Mannesnamen handele, vorrangig sei (so *v. Bernstorff*, FamRZ 1963, 112). Es ist unbestritten, daß die Einheit der Familie einen einheitlichen Familiennamen erfordert (BVerfGE 17, 168/171), nicht aber, daß dieser unbedingt der Name des Ehemannes sein muß. Wie gerechterweise der einheitliche Familienname lauten sollte, ist nicht mehr eine Frage, die im Hinblick auf Art. 6 Abs. 1 GG, sondern entsprechend der Forderung des Art. 3 Abs. 2 und 3 GG gelöst werden muß. Siehe hierzu S. 63 f., insbes. Fußn. 152.

[110] In den Bereich der durch Art. 6 Abs. 1 GG garantierten privaten Lebensgestaltung, die der staatlichen Einwirkung entzogen ist, fällt z. B. auch die Entscheidung darüber, ob eine Ehefrau sich ausschließlich dem Haushalt widmet, ob sie dem Ehemann im Beruf hilft oder ob sie eigenes marktwirtschaftliches Einkommen erwirbt. Eine Einwirkung des Gesetzgebers dahin, die Ehefrau „ins Haus zurückzuführen" — ein sog. Edukationseffekt —, ist deshalb verfassungswidrig (BVerfGE 6, 55/81 f. und BVerfG in NJW 1967, 1855; so auch BAG AP Nr. 1 Bl. 4 zu Art. 6 Abs. 1 GG). Sie würde auch der allgemeinen Wertordnung des Verfassungsgebers, die sich zur Würde des Menschen, zur Freiheit und Gleichheit bekennt (BVerfGE 5, 85/200 und 204; 6, 32/41; 6, 55/81), widersprechen.

wie sie Art. 3 Abs. 2 und 3 GG gebietet. Die Harmonie der beiden Grundsätze, Schutz von Ehe und Familie und Gleichberechtigung, hat schon der Gesetzgeber der Weimarer Verfassung in Art. 119 Abs. 1 WV zum Ausdruck gebracht: „Die Ehe ... beruht auf der Gleichberechtigung der Geschlechter." Der Verfassungsgeber des Grundgesetzes hat dies als selbstverständlich dem Art. 6 Abs. 1 zu Grunde gelegt[111]. In der richtigen Zusammenschau des Art. 6 Abs. 1 GG und des Art. 3 Abs. 2 und 3 GG erkennt man, daß sie in sinnvollem, in sich widerspruchsfreiem Zusammenhang stehen[112]. Somit wird eine Ehe und Familie geschützt, in der beide Ehegatten gleichberechtigt nebeneinanderstehen[113].

Da folglich kein Widerspruch zwischen Art. 6 Abs. 1 GG und Art. 3 Abs. 2 und 3 GG besteht, entfällt eine Erörterung der Vorrangigkeit.

2. Art. 6 Abs. 4 GG

Art. 6 Abs. 4 GG gewährt jeder Mutter einen „Anspruch auf den Schutz und die Fürsorge der Gemeinschaft". Jede Mutter — die eheliche oder uneheliche oder auch die werdende Mutter, nicht aber die Frau als potentielle spätere Mutter[114] — soll während der „Notzeiten"[115] wie Schwangerschaft, Niederkunft, Stillzeiten, Zeiten der besonderen Inanspruchnahme durch die Kinder[116], Witwenstand[117] geschützt werden. Wie bei Art. 6 Abs. 1 GG, der die Ehe und Familie schützt, handelt es sich bei Art. 6 Abs. 4 GG um eine verbindliche Wertentscheidung für den gesamten in Frage kommenden Bereich des öffentlichen und privaten Rechts.

---

[111] Einmütige Erklärung aller Sprecher in der 17. und 42. Sitzung des Hauptausschusses des Parlamentarischen Rates (Kurzprot., Drucks. Nr. 378 und Nr. 540).

[112] BVerfGE 6, 55/82; 10, 59/67.

[113] Vgl. BVerfGE 10, 59/87; *Scheffler*, DRiZ 1953, 86; *Krüger*, DRiZ 1953, 82; *Ridder*, FS für Leibholz, S. 229 ff.

[114] *von Mangoldt-Klein*, Art. 6 GG, Anm. V; *Wernicke*, Bonner Kommentar, Art. 6 GG, Anm. II, 4 a und b.

[115] *von Mangoldt-Klein*, Art. 6 GG, Anm. V.

[116] Vgl. *Ramm*, JZ 1968, 90 ff.: Er bejaht die Sonderstellung der Mütter im Rahmen des Art. 6 Abs. 4 GG jedoch nur bis zum Eintritt der Schulpflicht ihrer Kinder; es empfehle sich, rechtlich an diese anzuknüpfen, „denn wenn das Gesetz eine Erziehung durch familienfremde Dritte anordnet, verneint es insoweit eine spezifische Angewiesenheit des Kindes auf die Mutter". Der Schutz der Mutter ist jedoch auf jeden Fall solange erforderlich als das Kind von ihr psychisch abhängig ist und ihr durch ein Kind umfangreiche zusätzliche Aufgaben erwachsen. Die Schule nimmt der Mutter nur einen Teil der Aufgaben ab, es verbleiben wesentliche Bereiche — wie persönliche Betreuung des Kindes, Zubereitung der Mahlzeiten, Pflege der Kleidung, Überwachung der Schularbeiten —, wo das Kind der Mutter bedarf und diese dadurch mehr als Väter oder kinderlose Frauen belastet ist.

[117] *Krüger*, KBN, Einl., Rdnr. 213.

Auch der Abs. 4 gewährt ein Grundrecht[118], einen „echten Rechtsanspruch“[119].

Die von Art. 6 Abs. 4 GG geforderte Bevorzugung der Mutter kollidiert nicht mit dem Gleichberechtigungsgrundsatz, da auch nach Art. 3 Abs. 2 und 3 GG ein besonderer Schutz der Mutter, der sich auf biologische, funktionale oder erwerbswirtschaftliche Unterschiede zwischen Müttern und Vätern gründet, gerechtfertigt ist[120]. Da also Art. 6 Abs. 4 GG, der den Schutz der Mutter fordert, und Art. 3 Abs. 2 und 3 GG, der diesen Schutz zuläßt[121], keinen Widerspruch bilden[122], braucht auf eine eventuelle verfassungsrechtliche Vorrangigkeit einer der Normen nicht eingegangen zu werden.

3. Art. 12a GG

Nach dem Grundgesetz können nur Männer „zum Dienst in den Streitkräften ... verpflichtet werden“ (Art. 12 a Abs. 1 GG), Frauen dürfen „auf keinen Fall Dienst mit der Waffe leisten“ (Art. 12a Abs. 4 Satz 2 GG).

Der generelle Ausschluß der Frauen vom Dienst in den Streitkräften[123] ist in dieser absoluten Form biologisch nicht gerechtfertigt[124]. Es sind

---

[118] *Hamann*, Art. 3 GG, Anm. B 8; *Krüger*, KBN, Einl. Rdnr. 213; *Scheffler*, JZ 1953, 152; a. A.: *Wernicke*, Bonner Kommentar, Art. 6 GG, Anm. II, 4 a (nur Richtlinie für die öffentlichen Gewalten); *Giese-Schunck*, Art. 6 GG, Anm. II, 4 („zum mindesten als Richtlinie für die Verwaltung“); *von Mangoldt-Klein*, Art. 6 GG, Anm. V 1 (Programmsatz).

[119] So *Grewe* in der 29. Sitzung des Grundsatzausschusses v. 4. 12. 1948 (Kurzprot., Drucks. Nr. 373).

[120] So wäre z. B. eine gesetzliche *Berechtigung* der Mütter, die Erwerbstätigkeit — auszugehen ist von der Pflicht beider Ehegatten zur Erwerbstätigkeit — zeitweilig zugunsten der Haushaltsführung aufzugeben, mit Art. 6 Abs. 4 GG (Schutz der Mutter), mit Art. 6 Abs. 1 GG (kein Eingriff in die freiheitliche Gestaltung des Ehe- und Familienlebens im Innenbereich) und mit Art. 3 Abs. 2 und 3 GG (auf Grund des funktionalen Differenzierungsmerkmals) vereinbar (vgl. auch *Ramm*, JZ 1968, 93).

[121] Siehe S. 32.

[122] *Hildegard Krüger* (KBN, Einl. Rdnr. 171) spricht davon, daß Art. 6 Abs. 4 GG den Art. 3 Abs. 2 und 3 GG „modifiziert“, das bedeute, daß an sich dem Benachteiligungs- und Bevorzugungsverbot unterfallende Tatbestände dann vom Gesetzgeber anders, und zwar im Sinn von Art. 6 Abs. 4 GG geregelt werden dürften, wenn sie durch das Hinzukommen des Komplexes Mutterschaft eine charakteristische andere Färbung bekämen.

[123] Die Möglichkeit, Frauen zum Dienst im zivilen Sanitäts- und Heilwesen sowie in der ortsfesten militärischen Lazarettorganisation durch Gesetz oder auf Grund eines Gesetzes zu verpflichten (Art. 12a Abs. 4 Satz 1 GG), ändert nichts an der Tatsache, daß Frauen generell von der „Dienstpflicht in den Streitkräften“ ausgenommen sind.

[124] *Redmann*, FamRZ 1961, 413; *Schreiber*, FamRZ 1955, 96; *Dürig*, FamRZ 1954, 2; *Ziegler*, S. 36.

sehr wohl Dienstleistungen im Verband der Streitkräfte denkbar, die genauso von Frauen wie von Männern verrichtet werden können. Daß die Frau sogar Waffendienst leisten kann, zeigt das Beispiel der Israelitinnen. Frauen sind ebenso wie Männer in der Lage, ohne gesundheitlich Schaden zu nehmen, Kommandogeräte, Radareinrichtungen, Scheinwerfer — also „Waffen" i. S. des Art. 12 a Abs. 4 Satz 2 GG[125] — zu bedienen. Nach dem Grundsatz der Gleichberechtigung der Geschlechter müßte die Frau zumindest zu leichten Wehraufgaben herangezogen werden können. Insoweit steht Art. 12 a GG, der die Frau generell vom Dienst in den Streitkräften ausnimmt, im Widerspruch zu Art. 3 Abs. 2 und 3 GG. Man muß jedoch in Art. 12 a GG eine übergreifende verfassungsrechtliche Wertentscheidung sehen. Diese Bestimmung, die die Frau generell bevorzugt, wurde in das Grundgesetz aufgenommen[126], obwohl der Grundsatz der Gleichberechtigung schon bestand. Die Frauen sollten nicht nur aus biologischen, sondern auch aus weltanschaulichen Gründen besonders geschützt werden.

Das BVerfG[127] hat zu Art. 12 Abs. 3 a. F. GG, dem der Art. 12 a GG entspricht, erklärt, daß unabhängig davon, ob das Verbot der Wehrpflicht für Frauen biologisch zu rechtfertigen ist, es zumindest als Ausnahmeregelung gerechtfertigt sei. Durch die grundsätzliche Verfassungsentscheidung des Art. 12 Abs. 3 a. F. GG sei die Wehrgesetzgebung dem Art. 3 Abs. 2 und 3 GG überhaupt entrückt. Dieses Ergebnis läßt den Schluß zu, daß Art. 12 Abs. 3 a. F. GG und nun Art. 12 a GG eine gegenüber Art. 3 Abs. 2 und 3 GG vorrangige verfassungsrechtliche Wertentscheidung beinhaltet[128].

Eine Ungleichbehandlung von Mann und Frau in bezug auf die Verpflichtung zum Dienst in den Streitkräften und in bezug auf den Dienst mit der Waffe ist also nur mit Art. 12 a GG als vorrangiger Verfassungsnorm zu rechtfertigen[129].

---

[125] Vgl. *Hamann* zu Art. 12 a. F. GG, Anm. B 15.

[126] Zuerst ins Grundgesetz als Art. 12 Abs. 3 GG eingefügt durch Gesetz v. 19. 3. 1956 (BGBl. I 111), später neugefaßt und eingefügt als Art. 12 a GG durch Gesetz v. 24. 6. 1968 (BGBl. I 709).

[127] BVerfGE 12, 45/52.

[128] Unverständlich bleibt jedoch, warum das BVerfG betont, daß Art. 3 Abs. 2 und 3 GG und Art. 12 Abs. 3 a. F. GG „gleichen verfassungsrechtlichen Rang" hätten (BVerfGE 12, 45/52).

[129] Ein Verstoß des Art. 12 Abs. 3 a. F. GG gegen Art. 3 Abs. 2 und 3 GG wird allgemein mit unterschiedlichen Begründungen verneint: Vgl. *von Mangoldt-Klein*, Art. 12 GG, Anm. VIII, 1; *Mayer*, DÖV 1954, 67; *Schreiber*, FamRZ 1955, 96; *Gernhuber*, S. 47, letzterer nimmt die Geschlechtszugehörigkeit als „Annäherungswert" für die Wehrtauglichkeit und sieht nur den Mann als besonders wehrgeeignet an.

4. Art. 20 GG

In Art. 20 Abs. 1 GG und Art. 28 Abs. 1 Satz 1 GG ist das Prinzip der Sozialstaatlichkeit enthalten. Es wird allgemein als eine der wichtigsten Auslegungsregeln zum Grundgesetz anerkannt[130]. Dies führt das BAG[131] zu dem Schluß, daß der in Art. 20 GG verankerte Sozialgedanke vielleicht sogar den Vorrang vor Art. 3 Abs. 2 und 3 GG hat. Das BAG[132] sieht den Grundsatz der Sozialstaatlichkeit als so dominierend an, daß jede soziale Ungleichbehandlung von Mann und Frau durch Art. 20, 28 GG vor dem Gleichberechtigungsgebot „gedeckt" sei, wenn die Regelung nur „aus ernsthaften, wohlerwogenen, sozialen Gründen" einem Geschlecht soziale Rechte gebe, die für das andere Geschlecht nicht „adäquat" seien. Mit diesem Vorrang des Art. 20 GG wird man dem Postulat der Gleichberechtigung jedoch nicht gerecht, denn wenn die Verdrängung des Gleichberechtigungsgrundsatzes schon deshalb für zulässig erachtet wird, weil die begünstigende Maßnahme „adäquat", nämlich nicht „offenbar willkürlich" ist, so entspräche das dem Differenzierungsmaßstab des Art. 3 Abs. 1 GG, nicht aber — wie erforderlich — dem strengeren Maßstab des Art. 3 Abs. 2 und 3 GG[133].

Differenzierungen zugunsten des sozialschutzbedürftigeren Geschlechts sind also nur dann erlaubt, wenn sie sich in den Grenzen der Gleichberechtigungsforderung halten, also auf einem Differenzierungsmerkmal beruhen. Daher ist im Hinblick auf den Grundsatz der Sozialstaatlichkeit Art. 3 Abs. 2 und 3 GG so auszulegen, daß er den Schutz des gesellschaftlich und wirtschaftlich schwächeren Geschlechtes zuläßt[134]. Art. 20 GG kann somit nicht als „entgegenstehend" und damit „vorrangig" angesehen werden.

Die nähere Überprüfung der Verfassungsnormen zeigt also, daß diejenigen Normen, die nach ihrem Wortlaut zunächst auf einen Widerspruch mit Art. 3 Abs. 2 und 3 GG hindeuten, nur im Fall des Art. 12 Abs. 3 GG auch inhaltlich mit dem Gleichberechtigungsgrundsatz kollidieren.

---

[130] *von Mangoldt-Klein,* Art. 20 GG, Anm. VII, 2 b; BVerfGE 1, 97/105.

[131] BAG AP Nr. 1 Bl. 3v zu Art. 3 GG.

[132] BAG, a.a.O.

[133] Kritisch zu der BAG Entscheidung auch *Bulla,* AP Nr. 3 Bl. 4v zu Art. 3 GG.

[134] Ähnlich *Nipperdey,* RdA 1950, 128.

VII. Abschließende Bemerkungen zu den Differenzierungsmerkmalen

1. Keine weiteren Differenzierungsmerkmale

Vereinzelt werden generelle Ungleichbehandlungen von Mann und Frau, die nicht auf den oben erörterten Differenzierungsmerkmalen beruhen, mit anderen Gründen zu rechtfertigen gesucht. Es seien einige Beispiele genannt.

a) Bezugnahme auf ein Geschlecht als Kurzfassung eines anderen Umstandes

Eine Unterscheidung nach dem Geschlecht soll erlaubt sein, wenn sie nicht „wegen" des Geschlechtes, sondern lediglich als Kurzfassung eines anderen Umstandes erfolge. So sieht das BAG[135] keinen Verstoß gegen Art. 3 Abs. 2 und 3 GG, wenn die Bezeichnung der niedrigsten Lohngruppe mit „Arbeiterinnen" lediglich eine Kurzbezeichnung für Tätigkeiten ist, die den von männlichen Arbeitnehmern zu leistenden Tätigkeiten weder gleichartig noch gleichwertig sind, dann liege nämlich sachlich in einer solchen Bezugnahme auf ein Geschlecht in Wahrheit eine Beschreibung der Arbeitsart nach Tätigkeitsmerkmalen[136].

In der Möglichkeit, Lohngruppen so allgemein mit „Arbeiterinnen" zu bezeichnen und so die Tätigkeit nicht ausreichend zu spezifizieren, liegt eine stete Gefahrenquelle für die Durchführung der Lohngleichheit. Für die Arbeitenden ist nicht erkennbar, welche Arbeitsart mit der Bezeichnung „Arbeiterinnen" gemeint ist. Frauen können dort eingestuft werden, obschon sie eine Arbeit verrichten, für die Männer mehr Lohn erhalten, wogegen Männer trotz einer Beschäftigung mit „Frauenarbeit" nicht unter diese Lohngruppe fallen[137].

Die dem Recht eigene typische Betrachtungsweise erfordert zwar eine möglichst knappe Zusammendrängung komplizierter Sachverhalte, nicht aber die Zusammenraffung von Sachverhalten, die genausogut auf das andere Geschlecht zutreffen können, unter die Bezeichnung eines Geschlechtes. Alle Arbeitsvorgänge, auf die sich Lohngruppen beziehen, lassen sich gegebenenfalls von jedem Geschlecht ausführen. Die Bezeichnung solcher Tätigkeiten mit einem Geschlecht ist daher unzulässig. Die

---

[135] AP Nr. 18 und Nr. 70 Bl. 1v zu Art. 3 GG.

[136] BAG AP Nr. 18 Bl. 5 zu Art. 3 GG.

[137] Gegen die „Kurzbezeichnung" auch *Gamillscheg* (AcP 164, 401 und 402 Fußn. 48), der in der oben genannten Entscheidung des BAG (AP Nr. 18 zu Art. 3 GG) eine Ermunterung sieht, verbotene Lohnabschlagsklauseln so zu tarnen.

notwendige Typisierung hat durch Bezugnahme auf die der Arbeit entsprechenden Merkmale zu geschehen.

Festzuhalten ist also, daß die Notwendigkeit zur Typisierung allein niemals eine Differenzierung nach dem Geschlecht rechtfertigt.

b) Bezugnahme auf ein Geschlecht bei „reinen Ordnungsnormen"

Es wird weiterhin behauptet, die Notwendigkeit zur Typisierung erlaube zumindest bei „reinen Ordnungsnormen" eine Differenzierung nach dem Geschlecht. Als Ordnungsnormen werden „Zweckmäßigkeitsregelungen rechtstechnischer Art ohne Wertbetonung"[138] bezeichnet, die zur Sicherheit im Rechtsverkehr erlassen werden und denen eine reine Ordnungsfunktion zukomme. Die Bezugnahme auf ein Geschlecht bei reinen Ordnungsnormen sei zulässig, da sie lediglich im Interesse der unentbehrlichen äußeren Ordnung erfolge und daher keine sachliche Benachteiligung wegen des Geschlechtes beinhalte[139].

Als Beispiele sogenannter reiner Ordnungsnormen gelten § 4 Abs. 1 RuStG: „Durch die Geburt erwirbt das eheliche Kind eines Deutschen die Staatsangehörigkeit des Vaters"[140] und § 1355 BGB: „Der Ehe- und Familienname ist der Name des Mannes[141]."

Unbillig erscheint schon die Tatsache, daß die sogenannten Ordnungsnormen vorwiegend an das männliche Geschlecht anknüpfen. Ord-

---

[138] *Firsching,* FamRZ 1956, 394.

[139] Vgl. *Dölle,* JZ 1953, 356. So hielt der BGH (FamRZ 1956, 223 f.) z. B. die Regelung des § 11 a. F. BGB für zulässig, die als Wohnsitz der ehelichen Kinder den des Vaters bestimmte, da es sich hier nur um eine auf „Zweckmäßigkeitserwägungen beruhende, nur formelle Ordnungsvorschrift" ohne „sachliche Benachteiligung der Mutter ihres Geschlechtes wegen" handele, und erachtete in einer anderen Entscheidung (BGH NJW 1955, 218 und FamRZ 1956, 186) die in § 606 a. F. ZPO getroffene Regelung, daß sich der Gerichtsstand im Ehestreit immer nach dem Wohnort des Mannes richte, als wertfreie Norm und auf Grund des „für die Ordnung der Zuständigkeit in Ehesachen maßgebenden Prinzips der Einheitlichkeit des Gerichtsstandes" für vereinbar mit Art. 3 Abs. 2 und 3 GG. Im ersteren Fall wird aber unbeachtet gelassen, daß der Ehefrau in bezug auf das Kind die gleichen Rechte zustehen wie dem Ehemann und daß sie so ein berechtigtes Interesse daran hat, daß das Kind ihren Wohnsitz teilt. Im letzteren wird die Ehefrau als Beklagte des Schutzes, der generell Beklagten zusteht (vgl. §§ 12, 13 ZPO), beraubt. Die Vorschriften enthielten also doch eine verfassungswidrige Benachteiligung der Frau und sind daher auch geändert worden.

[140] § 4 RuStG als reine Ordnungsnorm halten für vereinbar mit Art. 3 Abs. 2 und 3 GG: *Lichter,* Staatsangehörigkeitsrecht, § 4 RuStG, Anm. 8; *Massfeller,* Staatsangehörigkeitsrecht, § 4 RuStG, Anm. 10.

[141] § 1355 BGB als reine Ordnungsnorm halten für vereinbar mit Art. 3 Abs. 2 und 3 GG: BayObLG FamRZ 1955, 22; *Firsching,* FamRZ 1956, 394; *v. Bernsdorff,* FamRZ 1963, 111; wohl auch *Erman-Bartholomeyzik,* § 1355 BGB, Anm. 1b; vgl. ferner Regierungsentwurfsbegründung und Ausschußbericht zu § 1355, zit. bei *Palandt-Lauterbach,* Vorbem. zu § 1355 BGB.

nungsnormen sind daher faktisch Männernormen[142]. Unabhängig davon, ob eine solche Ordnungsnorm in ihrer Auswirkung eine Bevorzugung oder Benachteiligung enthält, macht schon die bloße Bezugnahme auf eines der beiden Geschlechter es erforderlich, die Norm an Art. 3 Abs. 2 und 3 GG zu messen[143]. Da angesichts des Gleichberechtigungsgrundsatzes kein akzeptabler Grund dafür besteht, daß in Ordnungsnormen auf das männliche Geschlecht abgestellt wird, liegt schon hierin ein Verstoß gegen Art. 3 Abs. 2 und 3 GG.

Außerdem muß bezweifelt werden, daß die Ordnungsnormen nur formal wirken, wertfrei sind und keine sachlichen Benachteiligungen zur Folge haben. Man kann zurecht sowohl fragen, welche Rechtsnormen sind eigentlich „reine Ordnungsnormen", als auch, welche Rechtsvorschriften sind keine Ordnungsnormen[144]. Überprüft man die sogenannten Ordnungsnormen daraufhin, so stellt man fest, daß sie stets in wichtige Lebensbereiche der Menschen eingreifen. So berührt die „ordnende" Regelung der Staatsangehörigkeit der ehelichen Kinder in § 4 RuStG das berechtigte Interesse der Mutter, daß ihre eigenen Kinder die gleiche Staatsangehörigkeit besitzen wie sie. Der Mutter, die als Ehefrau eines Mannes mit anderer Staatsangehörigkeit die deutsche Staatsangehörigkeit beibehalten kann, gebührt auch das Recht, daß ihre Kinder automatisch ihre Staatsangehörigkeit erhalten. Die jetzige Regelung in § 4 Abs. 1 RuStG enthält somit eine einseitige unzulässige Benachteiligung der Frau. Die deutsche Staatsangehörigkeit müßte jure sanguinis auf die Kinder nicht nur durch den Vater, sondern auch durch die Mutter übertragen werden können[145].

Ebenso kommt der Regelung des § 1355 BGB nicht nur eine ordnende Funktion zu. Der Familienname weist Zusammenhänge auf, in denen der Mensch steht[146]. Er ist ein Persönlichkeitsrecht[147], das der Frau nicht ohne gewichtige Gründe einfach mit der Eheschließung genommen werden darf. Es kann allgemein ein berechtigtes Interesse daran bejaht werden, den eigenen Namen, nämlich den der Eltern und Vorfahren, nach der Eheschließung fortzuführen und ihn dem Ehepartner und den eige-

---

142 *Ziegler*, S. 434.

143 Vgl. I. Teil: A. III. 4. b).

144 Vgl. *Bosch*, FamRZ 1955, 14; *Machleid*, FamRZ 1956, 396 ff.

145 So die Regelung in der DDR, wo zwar der ursprüngliche Text des § 4 RuStG noch gilt, aber durch eine Anordnung des Innenministeriums der DDR vom 30. 8. 1954 bestimmt wurde, daß Kinder, von denen nur einer der Elternteile deutscher Staatsangehöriger ist, ebenfalls die deutsche Staatsangehörigkeit erlangen (vgl. *Makarow*, § 4 RuStG, Anm. B). Siehe weitere rechtsvergleichende Hinweise: *Scheffler*, 38. DJT 1950, S. B 10 ff.

146 *Krüger*, AcP 156, 242 f.; *Beitzke*, GR II, S. 232.

147 BGHZ 8, 318/320 f.; 25, 163/168; *Nipperdey*, GR II, S. 15.

nen Kindern übertragen zu können[148], was für Männer wie Frauen gilt. Letzteres wird besonders eklatant bei Einheirat des Ehemannes oder wenn der Familienname der Ehefrau sonst aussterben würde[149]. Auch aus beruflichen Erwägungen heraus kann eine Namensänderung von Nachteil sein, insbesondere wenn die Frau unter ihrem Mädchennamen schon eine beachtliche wirtschaftliche oder künstlerische Position erreicht hat. Ein Interesse der Ehefrau an der Fortführung ihres eigenen Familiennamens kann auch nicht verneint werden, weil wohl der Großteil der Frauen mit der jetzigen Regelung in § 1355 BGB einverstanden ist[150]. Es genügt, daß die Ungleichbehandlung von Mann und Frau eine rechtliche Benachteiligung oder Bevorzugung enthält, unabhängig davon, ob sie im Einzelfall immer auch als Beschwer empfungen wird[151]. Die Differenzierung zwischen Mann und Frau in § 1355 BGB läßt sich also nicht damit rechtfertigen, nur reine Ordnungsfunktion zu haben[152].

Da also bei näherer Überprüfung alle sogenannten reinen Ordnungsnormen, in denen an ein bestimmtes Geschlecht angeknüpft wird, Ungleichbehandlungen enthalten, folgt daraus, daß es gar keine Ordnungsnormen geben kann, die dem Gebot des Art. 3 Abs. 2 und 3 GG nicht unterliegen.

---

[148] Bei dem Namensrecht des Kindes handelt es sich nicht nur um ein höchstpersönliches Recht des Kindes, sondern auch um ein Recht des Vaters und der Mutter (RGZ 119, 44).

[149] Die Möglichkeit, bei „wichtigem Grund" (§ 3 des Gesetzes über die Änderung von Familienname und Vorname) ein umständliches und mit Kosten verbundenes Namensänderungsverfahren durchzuführen, hebt die Bnachteiligung der Frau durch § 1355 BGB nicht auf. Ebensowenig schafft § 1355 Satz 2 BGB, wonach die Ehefrau das Recht hat, dem neuen Familiennamen ihren Mädchennamen anzuhängen, einen Ausgleich, da weder ihr Mann noch ihre Kinder diesen Doppelnamen erhalten.

[150] Dieses Einverständnis beruht auf Gewöhnung und der Macht des Rechts, das seit Generationen der Ehefrau in Deutschland keine andere Wahl gibt. Auch der Umstand, daß nur sehr wenige Ehefrauen von dem Recht Gebrauch machen, gemäß § 1355 Satz 2 BGB ihren Mädchennamen dem neuen Namen anzuhängen (z. B. waren es in Osnabrück lt. Auskunft des Standesamtes vom 2. 5. 1966 bei 1306 Eheschließungen im Jahre 1965 nur 3 Frauen, die den Doppelnamen wählten), kann nicht so ausgelegt werden, als bestände somit erst recht kein Interesse an einer Weiterführung des Mädchennamens als einzigen Familiennamen, denn die Frauen wissen gar nicht von der Möglichkeit des § 1355 Satz 2 BGB und werden weder bei der Aufgebotsverhandlung noch bei der Eheschließung darauf hingewiesen (lt. obiger Auskunft). Außerdem ist die Führung eines Doppelnamens lästig.

[151] Siehe S. 30.

[152] Aber auch andere Rechtfertigungsversuche müssen scheitern. So beruft sich der BGH (BGHZ 25, 163) darauf, daß der Familienname des Mannes bevorzugt werden müsse, da der Mann „vornehmlich die Familiengemeinschaft nach außen" vertrete; dabei geschieht dies — soweit rechtsgeschäftliches Handeln in Frage kommt — meistens durch die Ehefrau, wie bei den Einkäufen des täglichen Lebens (vgl. RGRK, § 1355, Anm. 2). Im übrigen ist die Vorrangstellung des Ehemannes im Zeitalter des Doppelverdienens und der Partnerschaftsehe im Schwinden begriffen und kein Differenzierungsmerkmal. Eben-

c) *Bezugnahme auf ein Geschlecht aus verwaltungstechnischen Gründen*

Differenzierungen zwischen Mann und Frau werden gelegentlich auch damit begründet, daß eine Durchführung von Regelungen ohne die Unterscheidung nach dem Geschlecht unverhältnismäßig hohe verwaltungstechnische Schwierigkeiten und Kosten verursachen würde. Das Ziel, Verwaltungsarbeit zu erleichtern und Ausgaben einzusparen, darf aber nicht zu Lasten nur eines Geschlechtes durchgeführt werden. Die Forderung der materiellen Gerechtigkeit in Form der verfassungsrechtlich

---

sowenig rechtfertigen die Einheit der Familie (siehe S. 56 Fußn. 109) noch die Tradition (siehe S. 33) die Ungleichbehandlung von Mann und Frau in § 1355 BGB. Daher wird § 1355 BGB in seiner jetzigen Fassung von einem Großteil der Literatur als unvereinbar mit Art. 3 Abs. 2 und 3 GG angesehen.

Gegen seine Verfassungsmäßigkeit: *Gernhuber*, S. 132 ff. und 487; *Lange*, JZ 1965, 426; *Scheffler*, GR IV/1, S. 289, dies., 38. DJT 1950, S. B 29; *Krüger*, AcP 156, 255 f.; dies., KBN, Einl. Rdnr. 235 ff. und § 1355 BGB, Rdnr. 1 ff.; *Ramm*, FamRZ 1962, 281 und 286; ders., FamRZ 1963, 337 ff.; RGRK, § 1355 BGB, Anm. 2; auch SPD-Vorschlag im Entwurf eines Gleichberechtigungsgesetzes v. 13. 1. 1954 (Drucks. Nr. 178 der II. Wahlperiode des Deutschen Bundestages); VerwG Frankfurt, FamRZ 1955, 361.

Für seine Verfassungsmäßigkeit: BGHZ 25, 163; BVerwG NJW 1960, 449; BayObLG, FamRZ 1955, 22; *Bosch*, FamRZ 1957, 193; *v. Bernsdorff*, FamRZ 1963, 110; *Finke*, MDR 1957, 450; *Eisser*, FamRZ 1959, 186; *Müller-Freienfels*, JZ 1957, 696; *Paulick*, FamRZ 1958, 2; *Schwarzhaupt*, FamRZ 1957, 36; *Ulmer*, 38. DJT 1950, S. B 39 ff.; *Palandt-Lauterbach*, § 1355 BGB, Vorbem., mit weiteren Hinweisen.

Die Frage offen läßt: BVerfGE 17, 168/171 f. Es ist nicht richtig, die Ungleichbehandlung in § 1355 BGB als „unlösbares Problem" (so *Müller-Freienfels*, JZ 1957, 696) hinzunehmen. Eine mit dem Gebot der Gleichberechtigung übereinstimmende und praktikable Lösung des Namensproblems besteht in einem Wahlrecht der Ehegatten, die vor dem Standesbeamten in unwiderruflicher Weise entweder den Namen des Mannes oder den der Frau als neuen Familiennamen wählen. Die Forderung nach einer Verbindung beider Namen mit Bindestrich (*Krüger*, AcP 156, 255; *Scheffler*, 38. DJT 1950, S. B 29) oder einer Zusammensetzung zu einem neuen Namen ist indiskutabel, da diese Lösungen unzuträglich für die Namensklarheit und -fortführung sind. Die Wahl des Familiennamens in der vorgeschlagenen Form läßt die Einheit des Familiennamens bestehen und bringt auch kein unerkennbares und damit traditionsloses Namensdunkel, denn der Stammbaum von Männern, die mit Eheschließung den Namen wechseln, wird genausogut zurückverfolgt werden können, wie bislang der Stammbaum von Ehefrauen. Gegen die Wählbarkeit des Ehemannes kann auch nicht vorgebracht werden, sie wirke nachteilig auf die Ehe, da die Verlobten in Schwierigkeiten über eine Einigung kommen könnten. Der Gesetzgeber hat sich auch sonst nicht gescheut, den Ehegatten von Gesetzes wegen manche Entscheidung aufzuerlegen, so z. B. über die religiöse Erziehung ihrer Kinder (nach dem entsprechenden Gesetz v. 15. Juli 1921) oder über die Kindererziehung überhaupt (§ 1626 BGB). Ein solches Namenswahlrecht gibt es schon in mehreren Ländern, so auch in der DDR nach dem Familiengesetzbuch der Deutschen Demokratischen Republik v. 20. Dez. 1965, das am 1. April 1966 in Kraft getreten ist. § 7 des Gesetzes lautet in Abs. 1: „Die Ehegatten führen einen gemeinsamen Familiennamen. Sie können den Namen des Mannes oder der Frau wählen. Die Kinder erhalten den gemeinsamen Familiennamen" und in Abs. 2: „Die Entscheidung der Ehegatten über ihren Familiennamen ist bei der festgelegten Gleichberechtigung ist so stark, daß deren Durchsetzung verwaltungstechnische Überlegungen nicht hindern dürfen[153]. Somit ist z. B. die Argumentation des BSG[154] unrichtig, das die ungleichen Voraussetzungen für Witwer und Witwen bei der Gewährung von Hinterbliebenenrente nach dem Bundesversorgungsgesetz damit rechtfertigt, daß sie nicht wegen des Geschlechtes, sondern aus verwaltungstechnischen Gründen erfolge. Ebenso begründet das BAG[155] die Ungleichbehandlung bei der betrieblichen Witwerrente; im Grunde sei die Gewährung der Rente gleichmäßig an die Voraussetzung geknüpft, daß der Verstorbene den überlebenden Ehepartner überwiegend unterhalten habe, daß aber diese Voraussetzung — weil üblicherweise gegeben — bei der Witwe nicht noch extra nachgeprüft werden müsse, um der Buchhaltung des Arbeitgebers Arbeit zu ersparen. Hier werden fälschlicherweise verwaltungstechnische Schwierigkeiten als Differenzierungsgrund anerkannt, und es wird nicht klargestellt, daß Differenzierungen wie in obigen Fällen nur bei funktional bedingter unterschiedlicher erwerbswirtschaftlicher Situation von Mann und Frau[156] zulässig sein dürfen[157].

Es ist festzuhalten, daß verwaltungstechnische Schwierigkeiten als solche in keinem Fall eine Ungleichbehandlung von Mann und Frau zulassen[158].

Weitere über die erörterten Differenzierungsmerkmale hinausgehende Gründe, die Differenzierungen zwischen den Geschlechtern rechtfertigen, sind nicht ersichtlich.

Abschließend läßt sich also sagen, daß normativ geregelte oder von einer „sozialen Macht“ einzelvertraglich vorgenommene Differenzierungen zwischen Mann und Frau nur zulässig sind, wenn eines der Differen-

---

Eheschließung zu erklären und in das Ehebuch einzutragen. Die Erklärung ist unwiderruflich.“ (Abgedruckt in *Palandt*, S. 2116). Ob man hierüber hinaus noch die Möglichkeit gibt, daß der Ehegatte, dessen Name nicht gewählt wird, diesen als Zweitnamen dem neuen Familiennamen hinzufügt (wie dies nach § 1355 Satz 2 BGB heute nur für die Ehefrau erlaubt ist) oder nicht, entspricht — solange dies einheitlich für beide Ehegatten geregelt wird — dem Gleichberechtigungsgrundsatz.

[153] Vgl. *Wertenbruch*, AP Nr. 40 Bl. 6v und Nr. 72 Bl. 5 f. zu Art. 3 GG; BVerfG AP Nr. 79 Bl. 5v zu Art. 3 GG.

[154] BSG AP Nr. 40 Bl. 5 zu Art. 3 GG.

[155] BAG AP Nr. 39 zu Art. 3 GG.

[156] Siehe dazu I. Teil: B. V.

[157] Im einzelnen zur betrieblichen Witwerrente: S. 105 ff.

[158] So müssen auch verwaltungstechnische Schwierigkeiten bei der Feststellung und Bewertung der Leistungen der Frau als Mutter, Hausfrau und Mithelfende zurücktreten gegenüber der sich aus dem Grundsatz der Gleichberechtigung ergebenden Forderung, diese Leistungen als geldwerten Unterhaltsbeitrag der Frau bei der Berechnung der Witwerrente im Sozialversicherungsrecht zu berücksichtigen (BVerfG AP Nr. 79 Bl. 5v zu Art. 3 GG).

zierungsmerkmale vorliegt und — wie anfangs erörtert[159] — entweder dessen Nichtbeachtung willkürlich ist oder der zu vergleichende Sachverhalt zwischen Mann und Frau dadurch nicht mehr essentiell vergleichbar ist.

2. Atypische Folgen

Es fragt sich aber nun, ob dann, wenn eine Differenzierung, obschon sie auf einem Differenzierungsmerkmal beruht, im Einzelfall zu einem ungerechten Ergebnis führt, dies an der Verfassungsmäßigkeit der generellen Differenzierung etwas ändert. Bei generellen Differenzierungen nach den Differenzierungsmerkmalen handelt es sich letztlich um typisierende Regelungen, da mit Ausnahme der eingeschlechtlichen Merkmale alle übrigen Differenzierungsmerkmale auch — wenn auch höchst selten — im anderen Geschlecht auftauchen können. Typisierungen sind aber bei der Aufstellung von generellen Regelungen unvermeidbar und als verfassungsrechtlich unbedenklich anerkannt[160]. Führt eine solche Regelung im Einzelfall zu Ungerechtigkeiten, so bleibt sie mit Art. 3 Abs. 2 und 3 GG vereinbar, wenn der Ausnahmefall als ungewollte Nebenfolge einer für den typischen Fall verfassungsgerechten Regelung um seiner vergleichsweisen Unbeträchtlichkeit in Kauf genommen werden kann[161]. Nur der Normalfall und nicht der als ungewollte Nebenfolge, als Grenzsituation, zulässigerweise vom Gesetzgeber akzeptierte Ausnahmetatbestand ist geeignet, an Art. 3 Abs. 2 und 3 GG gemessen zu werden[162]. Die Grenze der zulässigen Typisierung tut sich also da auf, wo die Nebenfolgen der Typisierung nicht mehr hingenommen werden können, wo sie nicht mehr vergleichsweise unbeträchtlich sind. Dabei ist die Gestaltungsfreiheit des Gesetzsgebers bei bevorzugender Typisierung weiter gespannt als bei benachteiligender[163], denn es ist bei einer an der Gerechtigkeit im allgemeinen und an den Wertentscheidungen des Grundgesetzes im besonderen orientierten Betrachtung leichter erträglich, ungerechtfertigte Vorteile, die die untypische Folge einer Normierung sind, als ungerechtfertigte Nachteile zu akzeptieren[164].

Der Umstand, daß bei einer differenzierenden generellen Regelung auch einmal eine vom Gesetzgeber nicht beabsichtigte atypische Nebenfolge eintreten kann, berührt die Verfassungsmäßigkeit der gesamten Regelung nicht.

---

[159] Siehe S. 32.

[160] BVerfGE 9, 20/32; 11, 50/60; 11, 245/253; 17, 1/23 f.; 17, 38/58.

[161] BVerfGE 6, 77; 10, 59/78; 11, 58 ff.; 12, 166/168 f.; 13, 341; 19, 177/183.

[162] BAG AP Nr. 39 Bl. 2v und Nr. 72 Bl. 4v zu Art. 3 GG.

[163] BVerfGE 11, 50; 17, 1/23 f.; vgl. auch BVerfGE 17, 221.

[164] BVerfGE 17, 1/24.

Zweiter Teil

Die Bedeutung des Art. 3 Abs. 2 und 3 GG speziell im Arbeitsrecht

A. Gleiche rechtliche Chancen für die Teilnahme am Erwerbsleben

Der Grundsatz der Gleichberechtigung gilt auch im Arbeitsrecht[1]. Mann und Frau stehen also im Erwerbsleben gleichberechtigt nebeneinander. Die Gleichberechtigung gibt der Frau rechtlich die Möglichkeit, „mit gleichen rechtlichen Chancen marktwirtschaftliches Einkommen zu erzielen, wie jeder männliche Staatsbürger"[2]. Voraussetzung hierfür ist, daß ihr auch die gleichen rechtlichen Startbedingungen für das Erwerbsleben wie dem Mann zukommen. Steht der Frau wie dem Mann ein Recht auf Berufsausbildung und -ausübung zu, und hat sie wie der Mann zu allen Berufen Zugang? Es stellt sich also zunächst die Frage nach den rechtlichen Chancen der Frau, am Erwerbsleben überhaupt teilzunehmen.

I. Gleiches Recht der Frau auf Ausbildung[3]

Eltern sind ihren Kindern zum Unterhalt verpflichtet (§ 1601 BGB); sie haben somit auch die Kosten für eine Ausbildung zu tragen (§ 1610 Abs. 2 BGB). Genauso wie den Söhnen, so steht auch den Töchtern ein Anspruch gegen ihre Eltern auf Gewährung eines angemessenen Unterhalts für eine ihren Anlagen und Interessen entsprechende Berufsausbildung zu. Sogar was die Höhe des Unterhalts anbetrifft, sind die Kinder verschiedenen Geschlechts gleichgestellt, da — bei Bejahung der absoluten Wirkung des Art. 3 Abs. 2 und 3 GG — die Eltern zwischen ihnen nicht wegen des Geschlechts differenzieren dürfen. Die Eltern sind hierbei an Art. 3 GG gebunden, da ihnen in ihrer Eigenschaft als Erziehungsberechtigte und Unterhaltsverpflichtete „soziale Macht" über die Kinder

[1] Siehe I. Teil: A. I.

[2] BVerfGE 6, 55/82.

[3] Vgl. zur heutigen Aus- und Fortbildung der Frau: *Elsner*, InfdF 1966, 13 - 18; Frauenenquête, S. 76 (ein weit geringerer Anteil der erwerbstätigen Frauen als der Männer ist durch eine qualifizierte Ausbildung auf den Beruf vorbereitet).

zukommt, welche ihnen untergeordnet und von ihnen abhängig sind. Dürfen also Töchter nicht „wegen des Geschlechtes" weniger Ausbildungsunterhalt erhalten als Söhne, so sind doch Unterscheidungen zwischen den Kindern auf Grund anderer sachgerechter Gründe, die auf beide Geschlechter zutreffen könnten, möglich. Argumente wie, Mädchen brauchen keine umfangreiche Ausbildung, da sie doch heiraten, Kinder bekommen und nicht auf einen Beruf angewiesen sind, bieten aber keine Rechtfertigung für Differenzierungen zwischen Söhnen und Töchtern. Abgesehen davon, daß immer die Möglichkeit besteht, daß Töchter nicht heiraten oder trotz Heirat in finanzielle Not geraten, sie also mit ihrem Beruf genau wie der Mann den Lebensunterhalt selbst verdienen müssen, entwickelt sich die Tendenz, daß verheiratete Frauen zumindest bis zur Geburt des ersten Kindes weiter arbeiten und, nachdem die Kinder die Schulzeit beendet haben, wieder in das Berufsleben zurückkehren; den Frauen kann also auch später eine gute Ausbildung sehr nützlich sein, um in einem ihnen entsprechenden Beruf Befriedigung und einen lohnenden Verdienst zu erlangen. Im übrigen erweist sich eine gute berufliche Ausbildung der Mutter auf jeden Fall als äußerst wertvoll, da eine solche sich immer auch auf die Erziehung und Bildung der Kinder und so letztlich günstig auf das ganze Volk auswirkt[4].

Für die Gleichbehandlung der Söhne und Töchter spricht auch die Tatsache, daß letzteren kein Anspruch auf Aussteuer mehr zusteht. Der Aussteueranspruch (§ 1620 a. F. BGB) ist gemäß dem Gleichberechtigungsgesetz ersatzlos gestrichen worden.

Die generelle Bevorzugung z. B. des Sohnes steht der grundsätzlichen Gleichberechtigung der Söhne und Töchter nur dann nicht entgegen, wenn die Eltern eine angemessene Ausbildung aller Kinder nicht tragen können und auch sonst keine Möglichkeit für eine gleiche Ausbildung der Kinder, z. B. durch aufgeteilte elterliche Zuschüsse und staatliche Stipendien etc., gegeben ist, so daß eine Entscheidung zugunsten nur eines Kindes unumgänglich ist. Hier ist die soziale Macht der Eltern so gering, daß ihre persönliche Entscheidungsfreiheit den Vorrang vor der Gleichberechtigung der Kinder haben muß.

II. Gleiches Recht der Frau auf Erwerbstätigkeit und § 1356 BGB

Aus dem allgemeinen Persönlichkeitsrecht (Art. 2 GG) ergibt sich das Recht eines jeden einzelnen — so auch der Frau und Ehefrau —, erwerbs-

[4] Je gebildeter die Frauen eines Landes sind, desto eher werden schon die Kleinkinder gefördert und desto mehr können sie später für ihr Heimatland leisten. Der schlagende Gegenbeweis sind die unterentwickelten Länder mit ihren un- oder wenig geschulten Müttern.

tätig zu sein[5]. Art. 12 Abs. 1 GG setzt dieses Recht voraus und bezieht sich nur auf die Freiheit der Berufswahl und -ausbildung. Nach dem durch das Gleichberechtigungsgesetz vom 18. 6. 1957 neugefaßten § 1356 Abs. 1 Satz 2 BGB hat die Ehefrau jedoch nur in dem Umfang die Berechtigung, erwerbstätig zu sein, „soweit dies mit ihren Pflichten in Ehe und Familie vereinbar ist"[6]. Die Führung des Haushalts wird ihr zur vorrangigen Pflicht gemacht[7]. § 1356 Abs. 1 Satz 1 BGB schränkt somit das Recht der Ehefrau auf Erwerbstätigkeit indirekt ein, denn danach kann der Ehemann seiner Ehefrau die Berufstätigkeit, soweit eine solche mit ihren Pflichten in Ehe und Familie nicht vereinbar ist, untersagen und seine Ehefrau gegebenenfalls mittels einer Klage zur Aufgabe ihrer Berufstätigkeit zwingen[8]. § 1356 BGB erlaubt einem Ehemann zum Beispiel, seine Ehefrau, die auf ihre Karriere als Opernsängerin — womit häufige Reisen verbunden sind — nicht verzichten will, auf ihre Pflichten gegenüber den Kindern und im Haushalt zu verweisen und im Falle ihrer Weigerung, sie sogar mit Hilfe des Gerichts zur Aufgabe ihres Berufes zu zwingen. Geht man von dem gesetzlich festgelegten Familienleitbild der haushaltführenden Ehefrau aus, so wird die Ehefrau in derartigen Streitfällen von vornherein ins Unrecht gesetzt, was sich auch in einem Scheidungsverfahren nur ungünstig für sie auswirken kann[9]. Eine Ehefrau kann noch nicht einmal, selbst wenn sie die Kosten für eine Haushaltshilfe trägt, gegen den Willen ihres Ehemannes sich von ihrer Haushaltsführungs-„pflicht" „loskaufen"[10]. Damit zwingt man die Ehefrau geradezu in eine persönliche und wirtschaftliche Abhängigkeit vom Mann[11].

---

[5] *Erman-Bartholomeyczik*, § 1356 BGB, Anm. 4; *Eißer*, FamRZ 1959, 180; *Nipperdey*, GR II, S. 40 ff.; *Soergel-Siebert-Vogel*, § 1356 BGB, Rdnr. 16.

[6] Vgl. BVerfGE AP Nr. 79 Bl. 7 zu Art. 3 GG; BAG AP Nr. 72 Bl. 2v zu Art. 3 GG; BGH FamRZ 1959, 203; *Dölle*, S. 413; *Erman-Bartholomeyczik*, § 1356 BGB, Anm. 3; *Palandt-Lauterbach*, § 1356 BGB, Anm. 1 und 2.

[7] Auch wenn diese Regelung nicht zwingender Natur sein sollte (so *Krüger*, KBN, § 1356, Rdnr. 3; *Scheffler*, RGRK, § 1356 BGB, Anm. 3; *Soergel-Siebert-Vogel*, § 1356 BGB, Rdnr. 1; a. A. *Dölle*, S. 426; *Palandt-Lauterbach*, § 1356 BGB, Anm. 1), so ändert dies nichts an dem grundsätzlichen, zwischen Mann und Frau differenzierenden Inhalt dieser Vorschrift (vgl. *Ramm*, JZ 1968, 45).

[8] Zwar ist das frühere Recht des Ehemannes zur fristlosen Kündigung des Arbeitsverhältnisses seiner Ehefrau (§ 1358 a. F. BGB) gemäß dem Gleichberechtigungsgesetz ersatzlos gestrichen, die Bestimmung des § 1356 Abs. 1 Satz 2 BGB aber eingeführt worden, um doch wieder klarzustellen, daß es die „Hauptaufgabe" der Ehefrau sei, „ihre Pflichten als Hausfrau und Mutter zu erfüllen" und daß die Erfüllung dieser Hauptaufgabe der Frau „durch außerhäusliche Berufstätigkeit nicht gefährdet" werden dürfe (vgl. Begründung zum Entwurf des Gleichberechtigungsgesetzes, *Massfeller-Reinicke*, § 1356 BGB, E S. 432).

[9] Vgl. *Gernhuber*, S. 160; *Lange*, JZ 1965, 426; *Scheffler*, 38. DJT 1950, S. B 5.

[10] BGH NJW 1957, 537 und BGH NJW 1959, 987 = FamRZ 1959, 203; BVerfGE 17, 1/20.

[11] *v. Caemmerer*, AöR 76, 158.

Wählt eine Frau die Ehe, so liegt darin aber nicht gleichzeitig die Wahl der Küche als Arbeitsplatz. Man könnte zwar meinen, daß in der Notwendigkeit, Hausarbeit zu tun, eine Berechtigung liegt, einen der Ehegatten um des reibungslosen, guten Ehe- und Familienlebens willen gesetzlich zu dieser Arbeit zu verpflichten, denn sonst würde sich keiner für die Hausarbeit verantwortlich fühlen. Es gibt jedoch viele Dinge, die die Ehepartner untereinander regeln müssen, ohne daß das Gesetz Vorschriften aufstellt. Der Gesetzgeber kann genau wie bei dem elterlichen Entscheidungsrecht über die Kindererziehung darauf bauen, daß sich die Eheleute „auf Grund der eigenen Einsicht und der Macht der täglichen Notwendigkeiten"[12] auch über die Verteilung der Hausarbeit einigen. Daß eine solche Einigung aus dem Geist „der Pflicht zur Verständigung und Treue gegenüber der Gemeinschaft"[13] fast immer herbeigeführt werden kann, ergibt die geringe Zahl von Fällen, in denen zur Entscheidung von Erziehungsfragen das Vormundschaftsgericht angerufen wird[14].

Wer eine Ehe eingeht und sich an Kindern erfreuen möchte, muß auch zu Opfern bereit sein. Diese Verpflichtung trifft aber den Vater wie die Mutter in gleicher Weise. Es ist Sache der Eltern, wie sie diese Pflichten im familiären Raum aufteilen. Der Einwand, das Recht auf Erwerbstätigkeit der Ehefrau widerspreche dem Ehe- und Familienleitbild des Grundgesetzes, ist unzutreffend, denn Art. 6 Abs. 1 GG enthält keine Vorschrift einer bestimmten Form und Gestaltung der Ehe in der Privatsphäre[15]. Es ist nicht Aufgabe des Gesetzgebers, eine eheliche Arbeitsteilung als Regelfall positiv-rechtlich festzulegen. Zum Schutz der Ehe und Familie genügt es, eine gesetzliche Unterhaltspflicht beider Ehegatten für einander (so § 1360 Satz 1 BGB) und für die Kinder (so § 1601 BGB) aufzustellen. Die Art und Weise, wie diese zu erfüllen ist, ist — wie die Lebensgestaltung als solche — dem einzelnen „im Rahmen des abendländischen Kulturbewußtseins anheimgegeben"[16]. Es darf auf die erwerbstätige Ehefrau kein sogenannter Edukationseffekt ausgeübt werden, um sie in das Haus zurückzuführen[17]. Die in § 1356 Abs. 1 BGB festgelegte eheliche Arbeitsteilung ist daher gemäß Art. 6 Abs. 1 GG verfassungswidrig[18].

Man kann die Vorschrift auch nicht damit aufrecht erhalten, daß man sie — wie es in der Literatur versucht wird[19] — „verfassungskonform"

---

[12] BVerfGE 10, 55/81.

[13] BVerfGE 10, 55/82.

[14] BVerfGE 10, 55/82.

[15] BVerfGE 6, 55/81; 10, 59/67 ff.; siehe I. Teil: B. VI. 1.

[16] *Redmann*, FamRZ 1961, 416.

[17] Siehe I. Teil: B. Fußn. 110.

[18] Gegen die gesetzlich festgelegte Arbeitsteilung in § 1356 Abs. 1 BGB auch: *Brühl*, FamRZ 1959, 504; *Krüger*, KBN, § 1356 BGB, Rdnr. 3; *Müller-Freienfels*, JZ 1960, 373; *Ramm*, JZ 1968, 44 ff.; *Scheffler*, GR IV, S. 290 ff.

[19] *Redmann*, FamRZ 1961, 416 f.

auslegt, indem man die Erwerbstätigkeit der kinderlosen Ehefrau grundsätzlich und die der Mutter nur unter Umständen als vereinbar mit ihrer Hausarbeit ansieht. Damit würde man zumindest im Grundsatz die vorrangige Pflicht der Mutter zur Haushaltstätigkeit bejahen. Dieses verstößt aber gegen Art. 6 Abs. 1 GG, der eben keinen Eingriff des Gesetzgebers in die Gestaltung des Ehe- und Familienlebens im Innenbereich erlaubt[20].

Daß eine Regelung der ehelichen Unterhaltspflicht ohne Pflichtenverteilung und in geschlechtsneutraler Fassung möglich ist, zeigen entsprechende Bestimmungen in ausländischen Gesetzen, wie Kap. V § 2 des schwedischen Ehegesetzes: „Die Eheleute sind, ein jeder nach seinem Vermögen, verpflichtet, durch Geldbeträge, Tätigkeit im Haushalt oder in anderer Weise dazu beizutragen, daß die Familie so unterhalten wird, wie es nach dem Stande der Ehegatten erforderlich ist . . .[21]."

Erst wenn § 1356 BGB so oder ähnlich abgeändert oder gänzlich aufgehoben worden ist, entfällt die letzte indirekte Beschränkung des Rechts der Frau auf Berufstätigkeit und ist die Frau auch in dieser Hinsicht dem Mann gleichgestellt.

III. Gleichberechtigung im Zugang zu den Berufen

Aus der Gleichberechtigung von Mann und Frau folgt grundsätzlich das gleiche Recht auf Zugang zu allen Berufen, denn wenn es zur Gleichberechtigung der Frau gehört, „daß sie die Möglichkeit hat, mit gleichen rechtlichen Chancen marktwirtschaftliches Einkommen zu erzielen wie jeder männliche Staatsbürger"[22], so muß sie auch die gleiche rechtliche Möglichkeit haben wie der Mann, jede berufliche Tätigkeit ergreifen zu können. Ausgenommen sind solche Berufe und Beschäftigungen, die Frauen auf Grund ihrer biologischen Andersartigkeit auf die Dauer nicht ohne gesundheitliche Schäden ausüben können. Die Hinderung der Frau an der Ausübung solcher Berufe ist auf Grund der biologischen Differenzierungsmerkmale zum Schutze der Frau mit Art. 3 Abs. 2 und 3 GG vereinbar[23].

---

[20] Zulässig hingegen wäre — bei gleichrangiger Verpflichtung beider Ehegatten zur Erwerbstätigkeit — eine gesetzliche *Berechtigung* der Mütter zur Nur-Hausfrauenehe (siehe I. Teil: B. Fußn. 120).

[21] Ähnlich §§ 41 ff. des finnischen Ehegesetzes; § 7 des jugoslawischen Ehegrundgesetzes; § 19 des tschechoslowakischen Gesetzes über das Familienrecht; §§ 25, 29 des rumänischen Familiengesetzes; Art. 18 des polnischen Familiengesetzbuches; Art. 325, 568 Ziff. 1 des Entwurfs des Code Civil (zit. bei *Müller-Freienfels*, JZ 1960, 373).

[22] BVerfGE 6, 55/82.

[23] Im einzelnen zu den Beschäftigungsverboten siehe II. Teil: C. I.

Außer diesen aus arbeitsschutzrechtlichen Gründen für Frauen verbotenen Tätigkeiten gibt es jedoch noch weitere Berufe, die als typisch männlich oder weiblich angesehen werden und dem jeweils anderen Geschlecht verschlossen oder jedoch erschwert zugänglich sind, wie der Beruf des Verkehrspolizisten oder des Verkehrspiloten für Frauen und der Beruf der Hebamme für Männer. Es handelt sich hierbei um Berufe, die über eine lange Zeit hindurch nur von Männern oder Frauen ausgeübt wurden und daher heute noch das jeweils andere Geschlecht davon auf Grund von Anordnungen, Bestimmungen des Arbeitgebers oder auf Grund von Gewohnheit ganz oder so gut wie ganz ausgeschlossen ist[24].

Soweit die Arbeitsteilung zwischen Mann und Frau im außerhäuslichen Bereich — sogenannte außerhäusliche Arbeitsteilung — über die biologisch bedingte Notwendigkeit hinaus besteht, ist sie nur kulturell determiniert, traditionsbedingt und somit wandelbar[25] und kann nicht die Grundlage zu Differenzierungen zwischen Mann und Frau im Zugang zu diesen Berufen darstellen.

Soweit eine tatsächliche Arbeitsteilung lediglich auf der freien Entscheidung der am Arbeitsprozeß Beteiligten beruht, können dagegen keine rechtlichen Bedenken vorgebracht werden. Erst die rechtliche Ver- oder Behinderung einer Frau oder eines Mannes, einen traditionsgemäß „geschlechtsuntypischen" Beruf zu ergreifen, verstößt gegen Art. 3 Abs. 2 und 3 GG.

Nach Art. 12 GG besteht das Recht auf freie Berufswahl und -ausübung. Ist aber der Zugang zu einem Beruf — nicht nur zu einer einzelnen Stelle[26] — von vornherein versperrt, so kann dieser Beruf nicht ausgeübt werden. Dann ist das Recht aus Art. 12 GG eingeschränkt. Eine Beschränkung der Berufsausübung durch objektive Zulassungsvoraussetzungen — wie das Erfordernis eines bestimmten Geschlechtes — wirkt auf die Berufswahl zurück. Eine Beschränkung der Berufswahl ist jedoch nur erlaubt zum Schutz überragend wichtiger Gemeinschaftsgüter, wie zur Gesunderhaltung der Frauen allgemein, nicht aber zur Aufrechterhaltung nur einer Tradition. Die Ausübung bestimmter Berufe kann von einem besonderen subjektiven Maßstab, wie von der Befähigung abhängig gemacht werden; dieser Maßstab muß aber für Mann und Frau gleich sein[27]. Liegen gleiche Voraussetzungen vor, so muß auch gleicher Zugang

[24] Überblick über geschlechtstypische Berufe, *Molitor*, AcP 151, 393 ff.

[25] Vgl. *Schelsky*, Soziologie der Sexualität, S. 18 ff.; ders., Die skeptische Generation, S. 324; *Hofstätter*, S. 267; *Buytendijk*, S. 52.

[26] Mit der Gewährleistung freier Berufswahl ist nicht die rechtliche Möglichkeit der wirklichen Betätigung in dem frei gewählten Beruf zugesichert (vgl. BVerfGE 8, 170, in der ein Rechtsanspruch auf Aufnahme in die Fakultät einer Hochschule als Privatdozent verneint wurde); so auch *von Mangoldt-Klein*, Art. 12 GG, Anm. II 3 b; *Hamann*, Art. 12 GG, Anm. C 4.

[27] Vgl. *Beitzke*, GR II, S. 217.

zu den Berufen unabhängig vom Geschlecht gegeben werden. Anordnungen und Vorschriften, die insoweit ein Geschlecht benachteiligen, sind verfassungswidrig.

Auf keinen Fall rechtfertigen jahrzehnte- oder jahrhundertelange Gepflogenheiten die Benachteiligung eines Geschlechts, wie die, bei der Polizei keine Frauen als Verkehrspolizistinnen einzustellen. Da die Polizei für diesen Beruf ein Monopol hat und so eine „soziale Macht" darstellt, ist sie an Art. 3 Abs. 2 und 3 GG gebunden und darf der Frau den Zugang zu diesem Beruf nicht völlig verschließen. Frauen sind sehr wohl zur Verkehrspolizistin befähigt und geeignet. Mit den Hostessen, die Polizeiaufgaben wahrnehmen — wie die Erteilung gebührenpflichtiger Verwarnungen —, ist ein Anfang in dieser Richtung gemacht. Auch Frauen können den Verkehr beobachten, Ampeln betätigen, Unfallskizzen zeichnen, Kraftwagen kontrollieren etc. Soweit z. B. durch die Verkehrsregelung mit Handzeichen eine zu große gesundheitliche Belastung der Frau gegeben wäre, genügte ein Beschäftigungsverbot für diese spezielle Tätigkeit. Ihr generell gewohnheitsrechtlich den Zugang zu diesem Beruf zu versperren, ist unvereinbar mit Art. 3 Abs. 2 und 3 GG und auch mit Art. 12 Abs. 1 GG.

Ebenso sind Frauen als Flugpiloten für die modernen Verkehrsmaschinen geeignet. Ein durch die einzige deutsche Luftfahrtgesellschaft praktizierter gewohnheitsmäßiger Ausschluß der Frauen von diesem Beruf — es wird insoweit soziale Macht ausgeübt — hindert ohne überragend wichtigen Grund die Frau, einen solchen Beruf zu ergreifen, und verstößt somit gegen Art. 12 Abs. 1 GG und Art. 3 Abs. 2 und 3 GG. Der Frau, die sogar als Kosmonautin ihre Fähigkeit unter Beweis gestellt hat, darf nicht wegen ihres Geschlechtes generell der Zugang zu dem Beruf der Verkehrsmaschinenpilotin verwehrt werden[28].

Andererseits müssen aber auch Männer zum Beispiel zu dem Beruf der Hebamme zugelassen werden; sie sind dieser anstrengenden Tätigkeit körperlich sogar besser gewachsen als Frauen und sind im Kreißsaal als Geburtshelfer genausowenig wie ein männlicher Arzt fehl am Platze.

Wenn kirchliche Gemeinschaften es Frauen nicht gestatten, den Beruf des Pfarrers oder Priesters zu ergreifen, so ist ihnen dies als autonome Gesetzgeber möglich (Art. 140 GG). Solche Regelungen gehören dem jeweiligen Kirchenrecht an und sind nicht an Art. 3 Abs. 2 und 3 GG zu messen[29].

---

[28] In der Praxis scheint sich das Tor zu diesem Beruf für Frauen zwar noch nicht zu öffnen, immerhin ist es aber schon seit kurzem möglich, daß sich Frauen als Flugzeugmechanikerinnen bei der Lufthansa ausbilden lassen können und es auch tun (vgl. Stern-Illustrierte, 1967, Nr. 26, S. 66, „Frauen erobern die Welt der Männer").

[29] Vgl. *Beitzke*, GR II, S. 212 f.

IV. Gleichberechtigung bei der Einstellung

In der Regel besteht für den Arbeitgeber kein Einstellungsgebot, kein Abschlußzwang, kein Kontrahierungszwang, folglich für den Arbeitnehmer kein Anspruch auf Einstellung. Es liegt in der freien Entscheidung des Arbeitgebers, welchem Arbeitsplatzbewerber — dem männlichen oder weiblichen — er den Vorzug gibt[30]. Dabei sind die Chancen der Frau als Arbeitsuchende meistens schlechter als die des Mannes, da gewöhnlich der Arbeitgeber ihrer Einstellung mit mehr Skepsis entgegensieht. Diese Tatsache beruht auf den zugunsten der Frau festgesetzten, den Betrieb belastenden Sonderbestimmungen (Arbeitsschutz, Mutterschutz, Hausarbeitstag etc.) und den negativen Erfahrungen, die häufig mit weiblichen Arbeitnehmern auf Grund ihrer Doppelbelastung mit häuslichen Pflichten gemacht werden. Ein Arbeitgeber, der zwischen einem Mann und einer Frau wählen kann, wird aus obigen Gründen in der Regel den Mann vorziehen.

Daß der Arbeitgeber bereits bei der Einstellung von Arbeitnehmern den Grundsatz der Gleichberechtigung beachten sollte, läßt sich schon aus § 61 Abs. 3 lit. c BetrVG entnehmen. Danach kann der Betriebsrat die Zustimmung zu einer Einstellung verweigern, wenn „der durch bestimmte Tatsachen begründete Verdacht besteht, daß die Einstellung erfolgt, um andere geeignete Arbeitnehmer oder Bewerber aus Gründen ... des Geschlechtes zu benachteiligen". Obschon der Arbeitgeber vom Betriebsrat nicht gezwungen werden kann, den abgelehnten Bewerber einzustellen[31], ist der Arbeitgeber dennoch dadurch, daß der Betriebsrat eine in der Absicht der Benachteiligung erfolgte Einstellung durch Verweigerung der Zustimmung zunichte machen kann, gehalten, bei jeder geplanten Einstellung Benachteiligungen wegen des Geschlechtes zu vermeiden. Ein direktes Gebot an den Arbeitgeber, den Grundsatz der Gleichberechtigung bei der Einstellung von Arbeitnehmern zu beachten, enthält das Betriebsverfassungsgesetz jedoch nicht[32].

---

[30] Wird ein männlicher Bewerber angenommen, so kann eine zurückgewiesene Bewerberin einen Anspruch auf Einstellung nicht aus dem arbeitsrechtlichen Gleichbehandlungsgrundsatz herleiten. Dieser Grundsatz gilt erst dann, wenn eine Macht über „Unterworfene" ausgeübt wird, was bei Arbeitsplatzbewerberinnen noch nicht der Fall ist — vgl. ausführlich *Frey*, BB 1963, 1139 ff.

[31] *Hueck*, Hueck-Nipperdey, I, S. 179; *Nikisch*, I, S. 127; *Schnorr v. Carolsfeld*, S. 127.

[32] Nach § 51 BetrVG hat der Arbeitgeber darüber zu wachen, daß bei allen „im Betrieb tätigen Personen" — nicht aber bei den Stellungsuchenden — jede unterschiedliche Behandlung wegen des Geschlechtes unterbleibt (*Galperin-Siebert*, § 51 BetrVG, Rdnr. 1; *Fitting-Kraegeloh-Auffahrth*, § 51 BetrVG, Rdnr. 18; a. A. *Dietz*, § 51 BetrVG, Rdnr. 10).

Der Grundsatz der Gleichberechtigung der Geschlechter gibt dem Arbeitsplatzbewerber wie der -bewerberin zwar kein Recht auf Einstellung, wohl aber darauf, nicht wegen des Geschlechtes benachteiligt zu werden. Dem steht das Recht des Arbeitgebers auf Vertragsfreiheit gegenüber, das aber immer dann zurücktritt, wenn der Arbeitgeber „soziale Macht“ ausübt[33]. So können daher z. B. Monopolbetriebe weibliche Bewerber „wegen ihres Geschlechtes“ nicht ablehnen[34].

In den meisten Fällen geht die Vertragsfreiheit des Arbeitgebers jedoch vor, was dann — wie oben erwähnt — der Frau zum Nachteil gereicht.

Die Frau sollte aber so wenig wie möglich die beruflichen Nachteile ihres „Frauseins“ zu spüren bekommen, da sie als Arbeitnehmerin durch Befolgung der arbeitsschutzrechtlichen Bestimmungen und als Mutter durch die Wahrnehmung ihrer häuslichen Aufgaben letztlich für das Allgemeinwohl wirkt. Wenn sie die Arbeitsschutzbestimmungen befolgt, schützt sie ihre eigene und gegebenenfalls ihrer Kinder Gesundheit und dient damit der Volksgesundheit; wenn sie häusliche Aufgaben neben dem Beruf erfüllt, nimmt sie so ihrem Ehemann die Sorge für das persönliche Wohl und das der Familie ab, erhält dadurch seine volle berufliche Einsatzfähigkeit und überläßt somit nicht die Aufgabe der Kinderbetreuung und -erziehung staatlichen Institutionen.

Läßt sich aber durch rechtliche Maßnahmen die tatsächliche Ungleichbehandlung von Mann und Frau bei der Einstellung ändern?

Um die Wettbewerbschancen der Frau zu heben, könnte durch Gesetz eine Pflicht des Arbeitgebers festgesetzt werden, wonach er einen gewissen Prozentsatz von Arbeitnehmerinnen zu beschäftigen hätte, wie dies für Schwerbeschädigte sowie für Witwen und Ehefrauen der Kriegs- und Arbeitsopfer geschehen ist[35]. Eine solche Einstellungspflicht des Arbeitgebers ließe sich trotz der großen Zahl von weiblichen Arbeitskräften verwirklichen[36], aber es fehlte wohl die Berechtigung zu einer so

---

[33] Siehe I. Teil: A. II. 2.

[34] Vom Monopolbetrieb zu unterscheiden sind Tendenzbetriebe, die in ihrem Gewerbezweig in der Regel keine beherrschende Stellung besitzen, also keine „soziale Macht“ im obigen Sinn ausüben. Es ist daher bis zum Nachweis des Gegenteils erträglich, daß sie Unterordnung unter ihre Tendenz verlangen und so Arbeitsplatzbewerber z. B. wegen des Geschlechtes oder wegen der Religion bevorzugen oder benachteiligen. Differenzierungen sind nicht mehr zulässig, sobald das Tendenzunternehmen zur sozialen Macht aufsteigt. Ein konfessionell gebundenes Krankenhaus, das eine Alleinstellung und somit soziale Macht erlangt, muß daher „Abstriche von der Tendenz dulden“ (*Gamillscheg*, AcP 164, 415; weitergehend zur Unterwerfung unter die Tendenz *Frey*, Gutachten, S. 159 ff.).

[35] Vgl. §§ 1, 2, 8 Schwerbeschädigtengesetz.

[36] Zweifelnd: *Molitor*, AcP 151, 415.

schwerwiegenden Maßnahme. Bei Arbeitskräftemangel werden Frauen sowieso eingestellt. Bei Arbeitskräfteüberschuß jedoch verringern sich zuerst die Chancen der verheirateten Frauen und Mütter, weil bei ihnen die Vermutung besteht, daß sie durch häusliche Aufgaben belastet sind und eventuell bezahlte Hausarbeitstage und Mutterschutz in Anspruch nehmen, wodurch dem Arbeitgeber erhöhte Unkosten entstehen. Wäre der Arbeitgeber verpflichtet, einen gewissen Prozentsatz dieser Frauen einzustellen, würde den dadurch zurückgesetzten Männern, besonders den Familienvätern, ein unverhältnismäßiger Nachteil entstehen, da sie nicht wie die meisten Ehefrauen durch den Verdienst des anderen Ehepartners einen gewissen finanziellen Halt haben. Diese Nachteile sind mit der begrüßenswerten Absicht der Gleichstellung von Mann und Frau als Arbeitsplatzsuchende nicht zu rechtfertigen und lassen — abgesehen von anderen Gründen — eine gesetzliche Verpflichtung des Arbeitgebers zur Einstellung eines bestimmten Prozentsatzes von Frauen als unzulässig erscheinen.

Die einzige Möglichkeit, die Chancen der Frau im Kampf um den Arbeitsplatz zu bessern, ist, dem Arbeitgeber die finanzielle Belastung, die speziell bei Beschäftigung von Frauen durch die arbeitsrechtlichen Schutznormen entsteht, soweit wie möglich zu nehmen, so daß der Arbeitgeber wenigstens in dieser Hinsicht bei der Einstellung von Frauen keine besonderen Nachteile befürchten muß. Sonst stellt sich zu Recht die Frage, ob man überhaupt einem Schwächeren hilft, wenn man ihm schützende Vorteile und den gleichen Lohn gewährt, dadurch aber seine Wettbewerbschancen mindert[37].

Die Beachtung der Schutzvorschriften für Frauen bringt für den Arbeitgeber besonders dann eine finanzielle Mehrbelastung mit sich, wenn damit eine Freistellung der Frauen von der Arbeit verbunden ist, ohne daß sich dies auf den Lohn auswirkt. Hat der Arbeitgeber seinen weiblichen Arbeitnehmern Freizeiten von nur kurzer Dauer zu gewähren — wie Ruhepausen, Arbeitszeitverkürzungen vor Sonn- und Feiertagen, Freizeit für Untersuchungen bei Schwangerschaft —, so ist der dadurch bedingte Arbeitsausfall nicht so erheblich, daß die Weiterzahlung des Lohnes für den Arbeitgeber bereits eine wesentliche Belastung darstellt. Folglich werden sich solche Regelungen auf die Chancengleichheit der Frauen — wenn überhaupt — nur geringfügig auswirken.

Eine echte finanzielle Belastung des Arbeitgebers ist aber dann gegeben, wenn Frauen auf Grund von Arbeitsschutzvorschriften für längere Zeit von der Arbeit ohne Lohnausfall freigestellt werden müssen. Nachdem die Weiterzahlung des Nettoarbeitsentgeltes während der Mutter-

---

[37] So *Stree*, Dissertation, S. 142.

schutzfristen dem Arbeitgeber zum größten Teil nicht mehr obliegt[38], stellt insbesondere noch die Vergütung an Hausarbeitstagen eine bedeutende finanzielle Belastung des Arbeitgebers dar, die der Frau zum Nachteil gereichen kann. Schon um diese Folge zu vermeiden, sollte dem Arbeitgeber diese Zahlungspflicht abgenommen werden[39]. Nur in diesem Sinn kann rechtlich noch für die Chancengleichheit der Frau als Arbeitsplatzbewerberin gewirkt werden.

B. Ausgestaltung des Arbeitsverhältnisses unter Berücksichtigung des Art. 3 Abs. 2 und 3 GG

Grundsätzlich wird das Arbeitsverhältnis bei Männern und Frauen gleich ausgestaltet; so erhalten Männer wie Frauen z. B. die gleiche Urlaubszeit[1]. Es finden sich jedoch einige unterschiedliche Regelungen für männliche und weibliche Arbeitnehmer. Sie sollen im folgenden auf ihre Vereinbarkeit mit Art. 3 Abs. 2 und 3 GG überprüft werden.

I. Entlohnung

Besonders große Bedeutung kommt im Arbeitsrecht dem Grundsatz der Gleichberechtigung bei der Frage der Entlohnung zu. Erhält die körperlich schwächere, durch Hausarbeit belastete und durch Arbeitsschutzbestimmungen begünstigte Frau genau den gleichen Lohn wie der körperlich stärkere und mit Hausarbeit weniger belastete Mann?

1. Der Grundsatz der Lohngleichheit

Es ist allgemein anerkannt, daß Art. 3 Abs. 2 und 3 GG den Grundsatz der Lohngleichheit als geltendes Verfassungsrecht enthält[2]. Als Teil des Gleichberechtigungsgrundsatzes hat auch das Lohngleichheitsprinzip

---

[38] Gemäß §§ 12, 13 a. F. MuSchG hatte der Arbeitgeber für das Wochengeld der nichtpflichtversicherten Arbeitnehmerinnen aufzukommen. Jetzt geht gem. § 13 n. F. MuSchG das Mutterschaftsgeld zu Lasten des Bundes mit der Ausnahme, daß nach § 13 a Abs. 1 MuSchG der Arbeitgeber einen Zuschuß zum Mutterschaftsgeld zu zahlen hat und zwar in der Höhe, in der das durchschnittliche kalendertägliche Nettoarbeitsentgelt der Arbeitnehmerin im Berechnungszeitraum den Betrag von DM 25,— übersteigt.

[39] Näheres bei den Ausführungen zur Verfassungsmäßigkeit des bezahlten Hausarbeitstages siehe II. Teil: C. V. 4.

[1] Vgl. weitere Beispiele: Frauenenquête, S. 97 ff.

[2] Vgl. *Nipperdey*, RdA 1949, 216, RdA 1950, 123; ders., Gutachten (1951), S. 4 ff. mit zahlreichen Angaben; BAG AP Nr. 4 (Bl. 2 ff. mit weiteren Angaben), Nr. 6, 7, 16 bis 18, 68 bis 70 zu Art. 3 GG.

Ein Bekenntnis zum Grundsatz der Lohngleichheit hat die BRD auch damit abgelegt, daß sie das Übereinkommen Nr. 100 der Internationalen Arbeitsunmittelbare Bedeutung nicht nur für den Gesetzgeber, die Tarifpartner etc., sondern auch für Privatpersonen untereinander[3].

In Art. 3 Abs. 2 und 3 GG ist das Prinzip der Lohngleichheit verankert; daraus läßt sich aber noch nicht dessen präziser Inhalt entnehmen. Lohngleichheit wird schlagwortartig mit „gleicher Lohn für gleiche Arbeit" definiert[4]. Wann aber liegt „gleiche Arbeit" vor?

a) Gleiche, gleichartige, gleichwertige Arbeit

Unter den Begriff „gleiche Arbeit" im Sinne der Lohngleichheit fällt zuerst einmal die identisch gleiche Arbeit. Diese ist durch eine Gegenüberstellung der tatsächlichen Gegebenheiten der zu vergleichenden Arbeitsvorgänge zu ermitteln. Sie ist gegeben, wenn bei gleichen Arbeitsumständen, dem gleichen Arbeitsablauf, der Verwendung des gleichen Materials und gleicher Werkzeuge auch unter Berücksichtigung der Umgebungseinflüsse bei Ausführung der Tätigkeit das gleiche Arbeitsvermögen und die gleiche körperliche, nervliche Inanspruchnahme erforderlich ist[5]. Andere Faktoren, die die Festsetzung des Lohnes beeinflussen können, wie Dienstalter, Familienstand etc., finden in der Regel nicht im Grundlohn, sondern im zusätzlichen Soziallohn Berücksichtigung[6].

---

organisation über die Gleichheit der Entgelte männlicher und weiblicher Arbeitskräfte für gleichwertige Arbeit vom 29. 4. 1951 (BGBl. 1956 II, S. 23), den Vertrag zur Gründung der EWG vom 25. 3. 1957 mit seinem Art. 119 über das gleiche Entgelt für Männer und Frauen bei gleicher Arbeit (BGBl. 1957 II, S. 766, abgedruckt in Nipperdey, AR-Textsammlung, Nr. 1092) und die Europäische Sozialcharta vom 19. 9. 1964 mit ihrem Teil II, Art. 4 Ziff. 3 (abgedruckt in Nipperdey, AR-Textsammlung, Nr. 1095) ratifizierte und somit die Lohngleichheit auch durch diese Abkommen in der BRD als geltendes Recht anerkannte.

[3] Zur absoluten Wirkung des Art. 3 Abs. 2 und 3 GG siehe I. Teil: A. II. 1. Gegen die unmittelbare Wirkung des Lohngleichheitssatzes u. a.: *Bötticher,* RdA 1953, 168; *Hueck,* Hueck-Nipperdey, I, S. 285; *Nikisch,* I, S. 41 f.; *Schnorr v. Carolsfeld,* S. 179; *Vielhaber,* DB 1950, 205.

[4] Soweit Länderverfassungen den Grundsatz der Lohngleichheit enthalten, heißt es, „gleicher Lohn für gleiche Arbeit" (Art. 168 I Bay. Verf., Art. 53 Bremer Verf.) oder „gleicher Lohn für gleiche Tätigkeit und gleiche Leistung" (Art. 33 Hess. Verf., Art. 24 Nordrh.-westfäl. Verf., Art. 56 Rheinl.-pfälz. Verf., Art. 47 Saarl. Verf.). Diese Bestimmungen bleiben in Kraft, da sie mit Art. 3 GG übereinstimmen — Art. 142 GG; vgl. *Nipperdey,* RdA 1951, 127. Daß gleiche „Leistung" — gleich Arbeitsaufwand — jedoch nicht erforderlich ist, hat das BAG (AP Nr. 7 Bl. 4 zu Art. 3 GG) in bezug auf ein früheres Urteil, in dem es hieß, ein Anspruch auf gleichen Lohn bestehe nur, wenn die Frau die gleiche Arbeit wie der Mann „leistet" (BAG AP Nr. 4 Bl. 4v zu Art. 3 GG), klargestellt und ausgeführt, daß es genausogut „die gleiche Arbeit verrichten" heißen könnte. Bei der Formulierung „gleiche Arbeit und Leistung" handele es sich um eine Tautologie.

[5] *Gaul,* AR-Blattei, Lohn X A (B) III 1.

[6] Ders., RdA 1956, 257.

Häufig wird es an der vollständigen Identität der zu vergleichenden Arbeiten fehlen. Weisen aber Arbeiten eine solche äußerliche Ähnlichkeit und Gleichartigkeit auf, daß sie praktisch gleich sind, dann dürfen sie auch lohnmäßig gleichgesetzt werden. Die Gleichstellung ist sogar erforderlich, da es gar nicht so viel Lohnhöhen wie verschiedene, aber gleichartige Tätigkeiten gibt. Sie ist auch gerecht, da wirklich gleichartige Arbeiten auch gleichwertig sind[7].

Besteht bei Gleichwertigkeit gleichartiger Arbeiten Anspruch auf gleichen Lohn, so muß, da auch ungleiche Arbeiten „gleichwertig" sein können, folgerichtig auch bei solchen ungleichen, aber gleichwertigen Tätigkeiten gleicher Lohn bezahlt werden. In Diskussionen über die Lohngleichheit wird aber immer wieder gefordert, nur die gleiche bzw. gleichartige Arbeit in Lohnvergleich zu bringen, nicht aber auf die „stets offene Frage der Gleichwertigkeit abzugleiten"[8].

Mit der Frage der Gleichwertigkeit taucht nämlich das Problem der Arbeitsbewertung auf. Kann man bei gleichartiger Tätigkeit noch von einer Gleichwertigkeit ausgehen, so ist das nicht der Fall bei ungleicher Arbeit. Die arbeitstechnische Schwierigkeit, die einzelnen Anforderungen, die an eine Arbeit gestellt werden, objektiv zu bewerten, läßt die Feststellung einer Gleichwertigkeit von ungleichen Arbeiten unmöglich erscheinen, denn es gibt keine für die Bewertung der Arbeit einwandfreie und allgemein anerkannte arbeitswissenschaftliche Methode[9]. Die Eingruppierung der Tätigkeiten in verschiedene Lohnklassen erforderte jedoch immer schon eine vergleichende Betrachtung und Bewertung der Arbeiten, damit diese in einem lohnmäßig möglichst gerechten Verhältnis zueinander stehen. Tätigkeiten, die in einer Lohngruppe zusammengefaßt sind, wurden damit als gleichartig „bewertet". Eine Bewertung ist bei der Aufstellung von Lohngruppen also immer getroffen worden und somit möglich. Auch wenn die Bewertungsmethoden nicht vollkommen sind und sein können, lassen sie jedoch eine gewisse objektive Bewertung zu. Technische Schwierigkeiten, die das Problem der Arbeitsbewertung stellt, können die praktische Durchführung der Bewertung erschweren, nicht aber die rechtliche Feststellung hindern, daß das Gebot der Lohngleichheit ohne gleiche Entlohnung gleichwertiger Arbeit von Mann und

---

[7] Vgl. BAG AP Nr. 7 Bl. 5v zu Art. 3 GG.

[8] So *Knolle*, AR-Blattei, Lohn X (D) II 2; auch der Deutsche Arbeitgeberverband plädierte dafür, daß nur gleiche und gleichartige Arbeit gleich entlohnt werden dürfe, was sich auch aus Art. 119 EWG-Vertrag ergebe, da dabei die Vertragspartner den Begriff der Gleichwertigkeit bewußt vermieden hätten (Berichte, RdA 1961, 395). Dies ist jedoch kein Beweis, da wiederum andere Verträge die Formulierung „gleichwertige Arbeit" ausdrücklich enthalten, wie die Europäische Sozialcharta v. 19. 9. 1964 in Teil II, Art. 4 Ziff. 3 (abgedruckt in *Nipperdey*, AR-Sammlung, Nr. 1095).

[9] Vgl. *Schwarzbauer*, SozFort 1965, 35.

Frau als nicht voll erfüllt angesehen werden muß. Denn sonst wäre es möglich, ungleiche aber gleichwertige Tätigkeiten in verschiedene Lohngruppen einzustufen und somit eine gleichwertige Tätigkeit, die z. B. vorwiegend von Frauen ausgeführt wird, als ungleiche Arbeit geringer zu entlohnen[10].

Der Grundsatz der Lohngleichheit – „gleicher Lohn bei gleicher Arbeit" – verbürgt daher einen Anspruch auf gleichen Lohn bei identisch gleichen sowie bei gleichartigen und ungleichen Arbeiten, die gleichwertig sind[11].

b) Gleicher Lohn

Die Entlohnung umfaßt den üblichen Grund- oder Mindestlohn (bzw. Gehalt) sowie alle zusätzlichen Vergütungen in Geld oder Naturalien, die der Arbeitnehmer unmittelbar oder mittelbar von seinem Arbeitgeber erhält und die ihm aus dem Beschäftigungsverhältnis zufließen[12].

Die Lohnbemessung geschieht beim Grundlohn entweder nach Zeiteinheiten, in denen der Arbeitnehmer eine bestimmte Art von Arbeit verrichtet, oder bei erfolgsbedingtem Lohn nach dem Arbeitsergebnis. Es wird so zwischen Zeit und Akkordlohn unterschieden[13]. Soll beiden Lohnformen Rechnung getragen werden, so kann dies durch den sogenannten „gemischten Lohn" geschehen, der sich aus Lohn für den Arbeitserfolg und für die geopferte Arbeitszeit zusammensetzt[14].

Wird aber nicht die Arbeitnehmerin, die z. B. auf Grund ihrer schwächeren Körperkonstitution zu einem geringeren Arbeitsergebnis als der Mann kommt, durch den Akkordlohn in unzulässiger Weise benachteiligt, und gereicht der Zeitlohn dem Mann nicht zum Nachteil, wenn der Mann auf Grund seiner größeren körperlichen Leistungsfähigkeit in einer Zeiteinheit mehr schafft als die Frau und dennoch den gleichen Zeitlohn erhält?

Frauen erreichen bei einer ihrer körperlichen Konstitution entsprechenden Arbeit das gleiche Arbeitsergebnis wie Männer. Erzielen sie bei manchen Arbeiten jedoch geringere Arbeitsergebnisse und damit nur

---

[10] Siehe zur Arbeitsbewertung II. Teil: B. I. 2. b).

[11] So auch: Übereinkommen Nr. 100 der Internationalen Arbeitsorganisation vom 29. 6. 1951 über die Gleichheit des Entgelts männlicher und weiblicher Arbeitskräfte für gleichwertige Arbeit; Europäische Sozialcharta vom 19. 9. 1964 in Teil II, Art. 4 Ziff. 3; vgl. BAG AP Nr. 7 Bl. 5v und Nr. 16 Bl. 3 zu Art. 3 GG.

[12] So Art. 1 der Konvention über gleiche Entlohnung von 1951 (BABl. 1951, S. 440).

[13] BAG AP Nr. 4 Bl. 4v, 5v, Nr. 6 Bl. 2, Nr. 16 Bl. 3 f. zu Art. 3 GG.

[14] *Hueck*, Hueck-Nipperdey, I, S. 137; *Nikisch*, I, S. 377.

die von diesen abhängige geringere Vergütung, so können sich solche Unterschiede auch unter männlichen Arbeitnehmern im Hinblick auf eine bei diesen gegebene körperlich bedingte unterschiedliche Leistungsfähigkeit ergeben; die unterschiedliche Entlohnung beruht daher „nicht auf einer ungleichen Behandlung der weiblichen Arbeitnehmer aus allein mit ihrem Geschlecht zusammenhängenden Gründen“[15]. Auch der Zeitlohn benachteiligt nicht den männlichen Arbeitnehmer, der im Zeitlohn trotz körperlich größerer Leistungsfähigkeit nicht mehr verdient als eine schwächere Frau. Abgesehen davon, daß ein solcher Unterschied z. B. bei geistiger Tätigkeit gar nicht zum Tragen kommt, ist es auch technisch nicht möglich, den Grad des persönlichen Einsatzes jedes Arbeitnehmers in jeder Zeiteinheit zu bemessen. Der Arbeitnehmer wird im Zeitlohn dafür entlohnt, daß er während einer bestimmten Zeit seine ihm eigene Arbeitskraft für den Arbeitgeber einsetzt. Männliche Arbeitnehmer geben insoweit dem Arbeitgeber nicht mehr als weibliche Arbeitnehmer[16]. Besondere körperliche Leistungsfähigkeit, Einsatzfreudigkeit, Tüchtigkeit manifestieren sich — anstatt im Zeitlohn selbst — in besseren Aufstiegschancen oder gefestigten Positionen. Auch der Zeitlohn führt somit nicht zu Ungerechtigkeiten gegenüber einem Geschlecht.

2. Differenzierungen im Grundlohn

Obschon der Grundsatz der Lohngleichheit zur Zahlung von gleichem Lohn bei gleicher Arbeit verpflichtet, wurde und wird der Versuch gemacht, Frauen trotz gleicher Arbeit schon im Grundlohn niedriger zu entlohnen als Männer. Man sieht Frauenarbeit als wirtschaftlich geringerwertig an und belegt sie entweder mit generellen Lohnabschlagsklauseln oder stellt zwar für Mann und Frau einheitlich geltende Lohngruppen auf, stuft jedoch die für Frauen typischen Arbeiten von vornherein im Lohn niedriger ein.

a) Geringerer wirtschaftlicher Wert von Frauenarbeit und Lohnabschlagsklauseln

In der Literatur zur Lohngleichheit findet sich die Auffassung, daß ungeachtet eines gleichen Arbeitsvorganges bei Mann und Frau die Arbeit der Frau minder entlohnt werden dürfe, da diese Arbeit einen geringeren wirtschaftlichen Wert für den Arbeitgeber wegen der bei Frauenarbeit entstehenden zusätzlichen Belastungen habe. Die Nachteile

---

[15] BAG AP Nr. 16 Bl. 3v zu Art. 3 GG.

[16] BAG AP Nr. 16 Bl. 4 zu Art. 3 GG.

für den Arbeitgeber lägen in den größeren Fehlzeiten der Frau, dem häufigeren Arbeitsplatzwechsel und früheren Ausscheiden aus dem Beruf und damit der geringeren Rentabilität des Anlernens. Dem Arbeitgeber entständen durch die Frauenarbeitsschutzbestimmungen finanzielle Belastungen, auch könne er die Frau wegen ihres Arbeitsschutzes nur beschränkt einsetzen und verwenden[17].

Eine Minderbezahlung der Frauen, die gleiche Arbeit wie Männer verrichten, kann aber schon dann nicht mit dem Grundsatz der Lohngleichheit vereinbar sein, wenn die oben genannten angeblichen Unterschiede zwischen männlichen und weiblichen Arbeitnehmern nur auf einen geringen Teil der Frauen zutreffen. Die angeblich wertmindernden Umstände liegen nämlich im großen und ganzen bei den Frauen nicht vor, die höhere Stellungen erreicht haben, auf Arbeitsverdienst angewiesen und ohne Fremdbelastung sind. Schlüsselt man die Fehlzeiten[18] zwischen ledigen Frauen, die sich selbst ernähren müssen, und verheirateten Frauen mit Kindern auf, so ergibt sich, daß zwischen dem Krankenstand der Männer und Frauen, die auf Arbeitsverdienst angewiesen und keinen Fremdbelastungen ausgesetzt sind, kein merklicher Unterschied besteht[19]. Ist also der Wert der Arbeit bei einer nicht geringen Anzahl von Frauen mit dem von Männern gleich, so enthielte eine generelle Minderbewertung der Frauenarbeit eine grundlose Benachteiligung gerade dieser Frauen und wäre schon deshalb unzulässig.

Soweit tatsächlich Frauen häufiger fehlen, den Arbeitsplatz wechseln und eher aus dem Berufsleben ausscheiden, ist dies noch kein Beweis dafür, daß Frauenarbeit geringerwertig ist. Zum einen üben solche Frauen häufig nur untergeordnete Tätigkeiten aus[20], in denen sie leichter ersetzbar sind, zum anderen würden sich für diese Art von Arbeit schwerlich Männer finden lassen, die kontinuierlicher tätig wären. In solchen untergeordneten Arbeitsbereichen ist die Bindung an den Betrieb generell geringer. Bei Männern würde eine ähnliche Fluktuation zu verzeichnen sein, zumal sie sich mit einer niedrigen Stellung schon aus finanziellen Gründen auf die Dauer nicht zufrieden gäben.

Soweit sich die Arbeitgeber darauf berufen, eine betriebliche Ausbildung würde sich bei Frauen nicht voll amortisieren, ihre Arbeitskraft sei daher geringerwertig als die des Mannes, muß dieser Argumentation folgendes entgegengehalten werden: Frauen bekommen oft von

---

[17] *Beitzke*, RdA 1951, 40; vgl. *Dietz*, Gutachten, S. 32 ff.; *Klein*, Gutachten über Lohngleichheit, S. 38; *Molitor*, RdA 1951, 91; ders., AcP 151, 404; *Stree*, Diss., S. 141 ff.; vgl. auch Kurzübersicht bei *Knolle*, AR-Blattei, Lohn X B I 2.

[18] Krankenkassen-Statistiken und Betriebsuntersuchungen zeigen, daß 1,5 bis 2 % mehr Arbeitnehmerinnen als Arbeitnehmer erkranken (vgl. *Hofmann-Kersten*, S. 75).

[19] *Bräutigam*, ZBlAWi 1962, 127.

[20] Vgl. Frauenenquête, S. 78.

vornherein nur solche Tätigkeiten zugewiesen, die nur geringe Anlernzeiten nötig machen, oder man setzt sie gänzlich ohne betriebliche Förderung sofort entsprechend ihrer außerbetrieblichen Ausbildung ein. Da die Frau also häufig eine betriebliche Ausbildung gar nicht durchläuft, führt die geringere durchschnittliche Betriebszugehörigkeit der Frau generell auch nicht dazu, daß dadurch eine betriebliche Ausbildung nicht voll amortisiert werden kann.

Was die Belastung des Arbeitgebers auf Grund von Frauenarbeitsschutzbestimmungen angeht, so kann sie ihn rein organisatorisch treffen, wenn er die Frau während einer bestimmten Zeit bzw. zu einer bestimmten Arbeit nicht einsetzen kann, oder auch finanziell, wenn er die Frau trotz ihres Arbeitsausfalles bzw. ihrer nur beschränkten Verwendungsfähigkeit voll entlohnen muß.

In den Fällen, in denen die Frau dem Arbeitgeber zeitweise nicht zur Verfügung steht, da sie in den Genuß einer Schutzfrist kommt, ist es nur eine Frage der Organisation, wie der Arbeitgeber diesem Engpaß begegnet. Ein Arbeitgeber, der Frauen beschäftigt, muß von vornherein den Umstand, daß in einer gewissen Regelmäßigkeit Frauen zum Beispiel wegen Schwangerschaft bei der Arbeit fehlen, mit einplanen. Da er für diese Frauen, die Mutterschaftsgeld während der Schutzfristen bekommen, den Lohn einspart[21], ergibt sich für ihn keine finanzielle Mehrbelastung. Auch daß Frauen z. B. gemäß § 19 AZO für Nachtarbeiten nicht verwendet werden können, macht die Arbeit der Frau für den Arbeitgeber nicht weniger wert, da er sich schon bei der Arbeitsplatzverteilung an weibliche Arbeitnehmer darauf einstellen kann. Für die Tätigkeiten, im Rahmen derer eventuell Nachtarbeit anfällt, muß er eben Männer engagieren.

Von einer zusätzlichen finanziellen Belastung des Arbeitgebers kann auch dann nicht die Rede sein, wenn er seinen weiblichen Arbeitnehmern entsprechend § 18 AZO Ruhepausen gewährt. Bei Akkordarbeit verringert sich durch die besonderen Ruhepausen für Frauen ihr Arbeitsergebnis, so daß der Arbeitgeber sowieso weniger Lohn zu zahlen hat. Bei Zeitlohn wird nicht so unter Druck gearbeitet, daß eine kurze Arbeitsunterbrechung sich auf das erzielte Arbeitsergebnis merklich auswirkt. Dem Arbeitgeber entsteht also dadurch gar kein Schaden.

Anders ist es beim Hausarbeitstag, den weibliche Arbeitnehmer mit eigenem Hausstand unter besonderen Voraussetzungen einmal im Monat erhalten[22]. Solange der Arbeitgeber trotz des Arbeitsausfalls den Frauen

---

[21] Ausnahme § 13a MuSchG, siehe II. Teil: A. Fußn. 38.

[22] Siehe Näheres II. Teil: C. V.

den Durchschnittsverdienst für diesen Tag bezahlen muß, kann in der Tat von einem geringeren Wert solcher Arbeitskräfte für ihn gesprochen werden. Dieser Umstand darf aber nicht im Lohn der Frauen seinen Niederschlag finden, da sonst die schützenden Hausarbeitstagsbestimmungen zu Lasten der Frauen gingen. Schon um solchen möglichen negativen Folgen für die Frau zu begegnen, sollte diese finanzielle Belastung dem Arbeitgeber abgenommen werden[23].

Das BAG[24] stellt grundsätzlich fest, daß auch solche Frauenarbeit, deren wirtschaftlicher Wert tatsächlich geringer ist, nicht geringer entlohnt werden darf. Da der Verfassungsgeber trotz der biologischen und funktionalen Besonderheiten, die der Frau im Arbeitsleben nachteilig sind, das Lohngleichheitsprinzip zugunsten der arbeitenden Frauen festgelegen hat, so ist es auch im Hinblick auf die Prinzipien des sozialen Rechtsstaates (Art. 20, 28 GG) ausgeschlossen, den Grundsatz unter Hinweis auf die geringere Wertigkeit der Frauenarbeit abzuschwächen oder gar auszuhöhlen. Ziel des Verfassungsgebers war es nicht, Frauen- und Männerlöhne in ein richtiges Verhältnis zu ihrem wirtschaftlichen Wert für den Arbeitgeber zu bringen[25], sondern die Ungleichheit in der Belohnung bei gleicher Arbeit völlig zu beseitigen[26]. Die Zulässigkeit einer Minderbewertung von Frauenarbeit würde auch leicht zu Mißbräuchen und Willkür führen[27].

Die herrschende Meinung sieht somit in einer schematischen Minderentlohnung der weiblichen Arbeitnehmer einen Verstoß gegen das Prinzip der Lohngleichheit. Für Lohnabzüge, wodurch generell und schematisch weibliche Arbeitskräfte nur einen bestimmten Hundertsatz des männlichen Verdienstes erhalten — sogenannte Lohnabschlagsklauseln —, gibt es angesichts des Lohngleichheitsgrundsatzes keine Rechtfertigung. Das BAG[28] hat wiederholt solche Lohnabschlagsklauseln für verfassungswidrig erklärt. Der Lohn darf also nur nach der zu verrichtenden Tätigkeit ohne Rücksicht darauf bestimmt werden, ob sie von einem Mann oder einer Frau ausgeübt wird[29].

b) *Arbeitsbewertung im Sinne des Lohngleichheitsgrundsatzes*

Zur vollständigen Durchführung des Grundsatzes der Lohngleichheit zwischen Mann und Frau bedarf es aber nicht nur der Aufstellung von

[23] Siehe II. Teil: C. V. 4.
[24] BAG AP Nr. 4 Bl. 4 zu Art. 3 GG.
[25] So *Dietz*, Gutachten, S. 40.
[26] *Nikisch*, I, S. 355 f.
[27] BAG AP Nr. 4 Bl. 5v zu Art. 3 GG.
[28] BAG AP Nr. 4, 6, 7, 17, 70 zu Art. 3 GG.
[29] BAG AP Nr. 4 Bl. 4v, Nr. 6 Bl. 2 zu Art. 3 GG.

Lohngruppen unabhängig vom Geschlecht, sondern auch einer objektiven Bewertung der verschiedenen Arbeitsarten. Die Festlegung, wann gleichwertige Arbeit gegeben ist, erfordert eine möglichst detaillierte Aufgliederung der einzelnen Arbeiten nicht nur in Tätigkeitsmerkmale, sondern auch in Merkmale des Arbeitsvermögens und der Arbeitsbeanspruchung[30]. Hierzu ist eine Bewertung der einzelnen Merkmale notwendig. Diese hat rein sachbezogen zu erfolgen, d. h. unabhängig davon, welches Geschlecht bestimmte Merkmale in der Regel erfüllt. Mit Hilfe der Bewertung könnte sich sonst eine Ungleichbehandlung der Geschlechter einschleichen, indem an sich geschlechtsneutrale Merkmale deshalb anders bewertet werden, weil sie auf ein Geschlecht überwiegend zutreffen. Werden zum Beispiel Tätigkeitsmerkmale, die vorwiegend Frauen betreffen, im Lohn niedriger eingestuft als wertmäßig gleiche „männliche" Tätigkeitsmerkmale, so beruhen solche Lohnunterschiede letztlich doch auf dem Geschlecht, auch wenn hierauf in der Lohngruppe nicht ausdrücklich Bezug genommen wird.

Wie auf dem Umweg über die Bewertung der Arbeit versucht wird, die Frauen niedriger zu entlohnen, zeigt sich besonders deutlich bei den sogenannten Leichtarbeitslohngruppen, den vor- oder nachgeschalteten Lohngruppen, die praktisch so gut wie nur auf Frauen zutreffen. Zwar gibt es heute, seitdem Lohnabschlagsklauseln für verfassungswidrig erklärt worden sind[31], keine tariflichen Frauenlöhne mehr, die wie damals weniger als 65 % des Hilfsarbeiterlohnes betragen; doch liegt die Höhe mancher der obigen Lohngruppen noch bei 80 bis 90 % des Hilfsarbeiterlohnes[32]. Daran erkennt man, wie gering Frauenarbeit eingeschätzt wird. Gegner dieser Lohngruppen sehen in ihnen „getarnte" oder „verschleierte Frauenlohngruppen" und bezeichnen sie als unvereinbar mit Art. 3 Abs. 2 und 3 GG[33]. Sie seien anstelle der Lohnabschlagsklauseln ausschließlich für Frauen geschaffen; die Tätigkeitsmerkmale seien von vornherein sehr niedrig bewertet und so abgegrenzt, daß sie praktisch nur für Frauen Geltung hätten; dadurch würden Frauen schlechter entlohnt als Männer, die gleichwertige Arbeiten nach einer anderen Lohngruppe verrichteten[34]. Hier zeigt sich das hinter der Forderung nach Lohngleichheit heute noch stehende Problem der Arbeitsbewertung. Es liegt kein Verstoß gegen den Gleichberechtigungsgrundsatz darin, daß unter bestimmte geschlechtsneutral gehaltene Lohngruppen nur Frauen-

---

[30] *Gaul*, AR-Blattei, Lohn X (C) I; *Radke-Rathert*, S. 25 ff., 71.

[31] Siehe II. Teil: B. Fußn. 28.

[32] Berichte, RdA 1961, 396 f.

[33] So der Deutsche Gewerkschaftsbund in Berichte, RdA 1961, 396 f.; vgl. auch *Schwarzbauer*, SozFort 1965, 34.

[34] IG-Metall-Frauenkonferenz, ArbGeb 1964, 461.

arbeit fällt, sondern darin, daß diese Gruppen unterbewertet sind und folglich sich ein besonders niedriger Lohn für Frauen ergibt.

Der Sinn des Lohngleichheitsgrundsatzes geht aber gerade dahin, der Unterbewertung von Frauenarbeit ein Ende zu setzen[35]. Die sogenannte Frauenarbeit muß daher hoch genug eingestuft und mit der vom Mann noch häufiger gleichgesetzt werden. Körperlich leichte Arbeit bedeutet nämlich nicht unbedingt einfache und folglich schlecht entlohnte Arbeit und körperlich schwere nicht unbedingt qualifizierte und hoch bezahlte Arbeit. Daß die Auslegung der Begriffe „körperlich leichte und schwere Arbeit" umstritten ist, zeigt sich z. B. darin, daß in Bayern von der IG Metall die tarifliche Schiedsstelle angerufen wurde, da nach gewerkschaftlicher Auffassung die Belastung der Sinne und Nerven ebenfalls als körperliche Belastung anzusehen ist, wogegen die Arbeitgeber nur die Muskelbelastung als ausschlaggebend für die „schwere Arbeit" gelten lassen wollen[36].

Eine Diskriminierung von Frauenarbeit liegt auch darin, typische Fähigkeiten der Frau, wie z. B. Geschicklichkeit, bei der Arbeitsbewertung außer acht zu lassen und lohnmäßig nicht in Ansatz zu bringen[37]. So ist z. B. der Lohn für Mädchen verhältnismäßig niedrig, die mit dem Wickeln von kleinen Ankern in der Elektro-Industrie beschäftigt werden, obschon die Erfahrung zeigt, daß diese Arbeit besondere Geschicklichkeit erfordert, welche Frauen eher als Männer besitzen[38]. Typische Fähigkeiten der Frau werden einfach geringer bewertet; dabei ist eine „männliche" Arbeit, die z. B. technisches Verständnis erfordert, nicht ohne weiteres mehr wert als eine „weibliche" Tätigkeit, die Einfühlungsvermögen verlangt. Man muß den speziellen Fähigkeiten der Frau den ihnen eigenen Wert zusprechen und Frauenarbeit nicht nur unter dem Aspekt „Männerersatzarbeit" sehen. Bei „typischen" Männerarbeiten leistet die Frau oft naturgemäß vergleichsweise weniger als der Mann; bei für die Frau typischen Arbeiten würde jedoch auch der Mann als „Frauenersatz" mit seiner Leistung häufig nicht an das von Frauen gewohnte Maß heranreichen[39].

---

[35] BAG AP Nr. 7 Bl. 4v zu Art. 3 GG.

[36] *Radke-Rathert*, S. 22.

[37] So sind die verhältnismäßig niedrigen Löhne der Frau in der Textilwirtschaft nur möglich, weil Frauen den größten Teil der Arbeitnehmer stellen. Gegen diese Geringschätzung der von Frauen verrichteten Tätigkeiten durch die Unternehmer wandte sich kürzlich erst das Hauptvorstandsmitglied der Gewerkschaft Textil-Bekleidung, *Martin Lange*, auf der Frauenkonferenz der Gewerkschaft (SZ Nr. 283 vom 27. 11. 1967, „Frauen wollen bessere Stellung").

[38] *Radke-Rathert*, S. 105.

[39] Frauenenquête, S. 80.

Um den Lohngleichheitssatz voll durchzusetzen, muß die Lohnfestsetzung schon im Ansatz bei der Arbeitsbewertung im Sinne der Lohngleichheit erfolgen. Arbeitswissenschaftler, Arbeitsforschungsingenieure und Arbeitstechniker müssen die Arbeitsbewertung unter Berücksichtigung des Verbots der Diskriminierung von Frauenarbeit vornehmen. Soweit möglich sollten auch weibliche Fachleute an der vergleichenden und wertenden Tätigkeit teilhaben. Da die Sozialpartner die Lohngruppen, die auf der Arbeitsbewertung aufbauen, beschließen, akzeptieren sie gleichzeitig auch die Arbeitsbewertung in den einzelnen Fällen. Somit sind sie letztlich auch dafür verantwortlich, daß schon bei der Arbeitsbewertung dem Lohngleichheitsgrundsatz für Mann und Frau verfassungstreu Rechnung getragen wird[40]. Die Durchsetzung der Lohngleichheit ist aber erst dann voll garantiert, wenn die Arbeitsbewertung, wie sie in den Lohngruppen zum Ausdruck kommt, auch gerichtlich nachprüfbar ist. Zuständig sind die Arbeitsgerichte. Das BAG hat wiederholt ausgesprochen, daß die Arbeitsgerichte befugt sind, nachzuprüfen, ob die Sozialpartner mit der Festsetzung der Lohngruppen — dazu gehört auch die Akzeptierung der Arbeitsbewertung — gegen Art. 3 Abs. 2 und 3 GG verstoßen haben[41]. Der gerichtlichen Nachprüfung steht die Tarifautonomie der Tarifvertragsparteien nicht entgegen. Die Vertragsfreiheit der Tarifvertragsparteien findet ihre Grenze in der verfassungsmäßigen Ordnung und damit auch im Gleichberechtigungsgrundsatz. Der den Tarifvertragsparteien bei der Ausgestaltung tariflicher Regelungen zustehende Ermessensspielraum endet da, wo zwingenge Normen der Verfassung wie Art. 3 Abs. 2 und 3 GG verletzt werden[42]. Die von Galperin als „beklemmend" bezeichnete Frage, wer dann „in Deutschland die Löhne regelt, die Sozialpartner oder die Gerichte"[43], stellt sich überhaupt nicht, da nicht die Arbeitsbewertung generell, sondern nur eine durch deren Akzeptierung hervorgerufene Verletzung von Verfassungsnormen nachprüfbar ist.

3. Differenzierungen bei zusätzlichen Vergütungen

Zu den zusätzlichen Vergütungen gehören[44]: Feiertagszuschläge, Mehrarbeitsvergütungen, Prämien für besondere Leistung (wie Güte oder

---

[40] Vgl. auch Art. 3 des Übereinkommens Nr. 100 der Internationalen Arbeitsorganisation über die Gleichheit der Entgelte männlicher und weiblicher Arbeitskräfte vom 29. 4. 1951; BAG AP Nr. 7 Bl. 5v zu Art. 3 GG.

[41] BAG AP Nr. 4, 6, 7, 16, 18 zu Art. 3 GG.

[42] BAG AP Nr. 4 Bl. 5 f. zu Art. 3 GG mit Anmerkung von *Beitzke*, Bl. 8v; BAG AP Nr. 16 Bl. 9 zu Art. 3 GG.

[43] *Galperin*, JZ 1956, 108.

[44] Vgl. *Hueck*, Hueck-Nipperdey, I, § 40; *Nikisch*, I, S. 339 ff.; *Knolle*, AR-Blattei, Lohn VII, Lohnzuschläge und Lohn III, Soziallohn.

Umfang der Leistung), Ausgleichsgeld für besondere Erschwerung der Arbeit (Schmutzzulagen, Hitzezulagen), Trennungsentschädigung, Wegegelder, Ausgleich für Teuerung, Ortszulagen, Wohnungsbeihilfen oder zur Verfügungstellung von Wohnungen, sonstige Naturalleistungen, Soziallohn (im Hinblick auf Lebens-, Dienstalter, Verheiratung, Kinderzahl des Arbeitnehmers) und Gratifikationen. Ob ein Anspruch auf Zulagen besteht, hängt von den entsprechenden einzel- oder kollektivrechtlichen Abmachungen mit dem Arbeitgeber, von der allgemeinen betrieblichen Ordnung, der betrieblichen Übung ab; eventuell ergibt sich ein Anspruch auf Zulagen auch aus dem Grundsatz der Gleichbehandlung der Arbeitnehmer.

Da diese zusätzlichen Vergütungen Bestandteil des Lohnes sind, finden auch auf sie die Grundsätze der Lohngleichheit und der Gleichberechtigung Anwendung[45]. Die Zulagen werden für die konkrete Arbeit aus besonderem Anlaß gewährt. Eine Gleichbehandlung der Geschlechter kann also nur dann verlangt werden, wenn bei den zu vergleichenden männlichen und weiblichen Arbeitnehmern außer der gleichen Arbeit die besonderen Gegebenheiten (z. B. Wohnung) oder die besonderen Verdienste (z. B. geringe Fehlzeiten) vorliegen. Steht eine Alterszulage dem älteren Arbeitnehmer zu, so muß das gleiche für die Arbeitnehmerin im selben Alter gelten; denn nur dann, wenn der Lohn in vollem Umfang dem männlichen wie weiblichen Arbeitnehmer zukommt, ist eine gleiche Entlohnung von Mann und Frau verwirklicht[46].

a) Lohnbenachteiligungen von Arbeitnehmerinnen wegen Fehlens bei der Arbeit auf Grund von Arbeitsschutzbestimmungen

Dürfen Lohnzulagen — wie Anwesenheitsprämien oder Weihnachtsgratifikationen — für Arbeitnehmerinnen verweigert oder gekürzt werden, wenn diese auf Grund von Frauenarbeitsschutzbestimmungen zeit-

[45] Vgl. *Nipperdey*, RdA 1950, 128; *Molitor*, AcP 151, 408; *Beitzke*, RdA 1953, 284.

[46] Auch die volle Durchsetzung des Lohngleichheitsprinzips kann allerdings nicht verhindern, daß der Durchschnittsverdienst der Arbeitnehmerin — er liegt z. B. in den industriellen Betrieben zum Teil bis zu 30 % unter dem der Männer (*Schwarzbauer*, SozFort 1965, 35) — immer geringer als der des Mannes bleiben wird. Diese Tatsache beruht — soweit die Arbeitsbewertung verfassungsgemäß vorgenommen worden ist (siehe II. Teil: B. I. 2. b)) — nicht auf rechtlichen, sondern auf biologischen und soziologischen Faktoren. Die Frauen können, da sie eine schwächere Konstitution haben, nicht gut bezahlte Schwerstarbeit verrichten. Die Mehrzahl der Frauen gehört mangels genügender Ausbildung nicht den qualifizierten und daher besser bezahlten Leistungsgruppen an (Frauenenquête, S. 376 ff. und 785). Am beruflichen Aufstieg und Mehrverdienst hindern die Frau häufig familiäre Pflichten, wie Geburt und Kinderpflege, auf die sich Männer nicht einzustellen brauchen, sowie generelle Vorurteile gegen Frauenerwerbsarbeit auf Seiten der Arbeitgeber und Arbeitskollegen wie auf Seiten der Frauen selbst (Frauenenquête, S. 80).

weilig keine Arbeit für den Arbeitgeber leisten, so z. B. während der Mutterschutzfristen oder der Hausarbeitstage? Bei solchen Kürzungen wären die Arbeitnehmerinnen schlechter gestellt als ihre männlichen Kollegen, die die Lohnzulagen ungeschmälert erhalten. Dies ist jedoch kein Problem der Gleichberechtigung. Die Arbeitnehmerinnen können sich hier nicht auf den Lohngleichheitssatz berufen, da gleicher Lohn und gleiche Lohnzulagen nur für gleiche Arbeit gefordert werden kann, die Frauen infolge der Fehlzeiten aber weniger Arbeit als die männlichen Arbeitnehmer verrichten. Da aber der Frauenarbeitsschutz entwertet würde, wenn er Lohnbenachteiligungen für Frauen zur Folge hätte, müssen die Frauen die gleichen Lohnzulagen wie Männer erhalten. So hat das BAG[47] entschieden, daß Anwesenheitsprämien den Frauen nicht abgesprochen werden dürfen, die während des Hausarbeitstages bei der Arbeit fehlen und dadurch eigentlich nicht die erforderliche Mindestanwesenheit für die Gewährung solcher Prämien erfüllen. Eine solche Abmachung ist gemäß § 134 BGB rechtsunwirksam, da sie durch das Mittel des Anreizes einer Prämienzahlung auf ein „Abkaufen" des Hausarbeitstages zielt, damit dem Schutzcharakter des Hausarbeitstagsgesetzes widerspricht und auf Umgehung dieses Gesetzes gerichtet ist; die Vertragsfreiheit ist insoweit eingeschränkt, als auf diese Weise soziale Schutzvorschriften umgangen werden.

b) Lohnbenachteiligung verheirateter Arbeitnehmerinnen

Es kommt vor, daß bei doppelverdienenden Ehepaaren nur den verheirateten männlichen Arbeitnehmern höhere Lohnzulagen gewährt werden. Die darin liegende Benachteiligung der verheirateten Frauen wird damit begründet, daß der Ehemann Hauptemährer der Familie sei.

Grundsätzlich darf das Einkommen der Ehefrau nicht von dem des Ehemannes abhängig gemacht werden. Dies ergibt sich schon aus dem Lohngleichheitssatz und aus dem Recht der Ehefrau, wie der Mann eigene Einkünfte zu erzielen[48].

Der Arbeitgeber kann aber z. B. bei Gratifikationen aus sozialen Gründen verheiratete Arbeitnehmer, die Haupternährer der Familie sind, bevorzugen. Es fragt sich jedoch, ob heutzutage bei der hohen Anzahl berufstätiger Frauen immer noch der Ehemann generell als solcher anzusehen ist, zumal sich die Unterhaltsleistung der Ehefrauen dadurch

---

[47] BAG AP Nr. 24 zu § 1 HATG NRW.

[48] BAG AP Nr. 69 Bl. 3v zu Art. 3 GG; vgl. BVerwG NJW 1964, 1194 (Nichtigerklärung des § 14 Abs. 1 Satz 3 Hebammengesetz, wonach das Familieneinkommen auf den Verdienst der Hebamme angerechnet werden sollte); vgl. auch BVerfGE 6, 55/56 und 82.

erhöht, daß die zusätzliche Haushaltstätigkeit der berufstätigen Ehefrau als geldwerte Leistung angerechnet werden muß[49].

Haupternährer der Familie[50] ist derjenige Ehepartner, mit dessen Verdienst der Unterhalt der Familie überwiegend bestritten wird. Die überwiegende Unterhaltsleistung stammt dann von der berufstätigen Ehefrau, wenn die Summe ihrer geldwerten Unterhaltsleistungen aus Erwerbs- und Hausarbeit die des Mannes übersteigt. Die außerhäuslich, ganztags erwerbstätige Frau erreicht bei Betreuung eines Vierpersonenhaushalts eine Wochenarbeitszeit von 80 Stunden und mehr[51]. Mit welchem Wert die häusliche Arbeit veranschlagt werden soll, ist noch nicht endgültig festgestellt[52]. Legt man einen Stundenlohn einer Raumpflegerin von DM 4,— zugrunde, also das mindeste, was einer Mutter und Hausfrau zusteht, und geht man von 40 Stunden Erwerbstätigkeit und 40 Stunden Hausarbeit in der Woche aus, so kommt man allein für Hausarbeit auf einen Monatslohn von DM 640,—. Rechnet man nur diesen Betrag dem Arbeitslohn der berufstätigen Ehefrau hinzu, so ist die Endsumme häufig höher als der Verdienst des Mannes. Unter diesen Umständen kann nicht mehr davon ausgegangen werden, daß der Ehemann generell Haupternährer der Familie ist. Die generelle Bevorzugung des Mannes geschieht „wegen des Geschlechtes“ und ist daher unzulässig.

Das BAG[53] hat, ohne sich mit dem behaupteten Erfahrungssatz, daß der Mann im Regelfall Haupternährer der Familie sei, zu beschäftigen, eine darauf beruhende, zwischen Mann und Frau differenzierende Gratifikationsregelung für unzulässig angesehen; der Verfassungsgesetzgeber habe die Entscheidung, ob ein Verstoß gegen Art. 3 Abs. 2 und 3 GG gegeben ist, nicht davon abhängig gemacht, ob die Differenzierung zwischen Männern und Frauen durch besondere sachliche Gründe gerechtfertigt werden kann oder nicht[54].

Wenn beide Ehegatten in einem Arbeitsverhältnis stehen, ergeben sich häufig auch Schwierigkeiten bei der Zuteilung von zweckgebundenen Zulagen wie z. B. Verheirateten- oder Kinderzulage.

---

[49] Art. 3 Abs. 2 und 3 GG gebietet, die Arbeit der Frau als Mutter, Hausfrau und Mithelfende mit ihrem tatsächlichen Wert als Unterhaltsleistung zu berücksichtigen (BVerfGE 17, 1/12; 17, 38/50; 17, 86/93; so schon zuerst BVerfGE 3, 225/245 f.; BGH NJW 1957, 537).

[50] Davon zu unterscheiden ist die Bezeichnung „Haushalts- oder Familienvorstand“, der allerdings keine juristische Bedeutung zukommt. Als solcher gilt weiterhin der Ehemann, die Ehefrau nur, wenn der Ehemann fehlt (Frauenenquête, S. 7 Fußn. 6).

[51] Frauenenquête, S. 25 Fußn. 75.

[52] Frauenenquête, S. 26 f.

[53] BAG AP Nr. 69 Bl. 4 zu Art. 3 GG.

[54] So auch BVerfGE 3, 225/241 und 10, 59/72.

Vorschriften, wonach zweckgebundene Zulagen pro Ehepaar nur einmal gewährt werden, verletzen den Gleichberechtigungsgrundsatz nicht, denn sie treffen beide Ehegatten gleichmäßig[55]. Aber den weiblichen Arbeitnehmern den Zuschlag grundsätzlich abzusprechen, obschon bei ihnen die gleichen Voraussetzungen wie beim Mann vorliegen, das verstößt als Benachteiligung der Frau wegen des Geschlechtes gegen Art. 3 Abs. 2 und 3 GG. So ist z. B. eine Tarifbestimmung verfassungswidrig, die nur männlichen verheirateten Angestellten ein Hausstandsgeld gewährt[56]. Ebenso darf einer berufstätigen Ehefrau der Verheiratetenzuschlag nicht abgesprochen werden, da sie genauso wie der Ehemann verpflichtet ist, zum Familienunterhalt beizutragen (§ 1360 Satz 1 BGB).

Aus dem gleichen Grund ist es mit dem Gebot der Gleichberechtigung unvereinbar, die Entstehung des Anspruchs auf Zulagen nur bei Frauen von erschwerenden Voraussetzungen abhängig zu machen, wie z. B. überwiegende Unterhaltsleistung der Frau[57], nicht ausreichende Leistungsfähigkeit des Mannes[58] oder von einem Antrag[59].

Dies hat ebenfalls zu gelten bei der Gewährung einer Kinderzulage für ein nichteheliches Kind. Vater und Mutter sind gleichrangig unterhaltsverpflichtet, auch wenn die Mutter dieser Verpflichtung in der Regel durch Pflege und Erziehung des Kindes nachkommt (§§ 1705, 1606 BGB). Dadurch fällt ihr mindestens die gleiche finanzielle Belastung wie dem Mann zu. Die Zahlungen des Erzeugers decken bestenfalls die finanziellen Mehrkosten, die ein Kind in einem ohnehin geführten Haushalt verursacht, nicht aber die unentgeltlich geleistete Betreuung des Kindes durch die Mutter. Auch diese Leistung stellt eine geldwerte Leistung dar[60]. Es ist somit kein Grund ersichtlich, daß hinsichtlich des Kinderzuschlags zwischen ihnen differenziert werden darf.

Verwaltungstechnische Erwägungen können bei der Gewährung zweckgebundener Zulagen ebenfalls nicht die Bezugnahme auf ein Geschlecht rechtfertigen[61]. Dies hat das BAG[62] hinsichtlich der Kinderzulage ausdrücklich betont und festgestellt, daß die Verwaltungsvereinfachung im Lohnbüro des Arbeitgebers es nicht zulasse, die Entstehung des Anspruchs auf Kinderzulage bei der Arbeitnehmerin an erschwerende Vor-

---

[55] Vgl. BGH AP Nr. 9 Bl. 3 zu Art. 3 GG.

[56] BAG AP Nr. 68 zu Art. 3 GG; vgl. zum Wohnungsgeld — BAG AP Nr. 2 zu § 1 TVG.

[57] Vgl. BAG AP Nr. 35 Bl. 1v zu Art. 3 GG (Kinderzuschlag für uneheliche Kinder).

[58] Vgl. BGH AP Nr. 9 zu Art. 3 GG (Kinderzuschlag nach dem RBesoldG).

[59] Vgl. BAG AP Nr. 87 zu Art. 3 GG (Kinderzulage).

[60] BGHZ 8, 374; BSG 6, 197; BAG AP Nr. 35 Bl. 2v zu Art. 3 GG.

[61] Siehe I. Teil: B. VII. 1. c).

[62] BAG AP Nr. 87 Bl. 3 zu Art. 3 GG.

aussetzungen zu knüpfen. Auch wenn lediglich die Auszahlung der Zulage, nicht aber die Entstehung des Anspruchs aus verwaltungstechnischen Gründen zwischen Mann und Frau unterschiedlich geregelt ist, so kann auch eine solche Differenzierung nicht hingenommen werden. Als Beispiel sei aus dem Bayerischen Besoldungsgesetz Art. 19 genannt, wonach beiden Elternteilen, wenn sie Angestellte des öffentlichen Dienstes sind, der Anspruch auf Kindergeld zwar zusteht, dieses Geld jedoch grundsätzlich dem Vater und nur auf Antrag jedem Ehegatten zur Hälfte ausgezahlt wird. Eine solche Regelung wird als mit Art. 3 Abs. 2 und 3 GG vereinbar angesehen, da sie keine echte Benachteiligung der Frau enthalte, sondern nur darauf hinziele, einen gleichrangigen Anspruch verwaltungsmäßig möglichst einfach zu erfüllen[63]. Die Mutter ist aber schon dadurch im Nachteil, daß sie immer nur den halben Kinderzuschlag erhalten kann und nicht wie der Mann den ganzen, obschon gerade sie häufig auf den Kinderzuschlag angewiesen ist, da die Kinder in der Regel von ihr versorgt werden. Andererseits ist mit der Gleichberechtigung nicht vereinbar, der Arbeitnehmerin allein auf ihren Antrag hin die volle Kinderzulage auszuzahlen, denn damit würde dem Ehemann gegen seinen Willen auch die halbe Kinderzulage genommen, die ihm als Lohn zusteht.

Obwohl die Notwendigkeit der Typisierung in den hier in Frage stehenden Fällen anerkannt werden muß, so kann doch die Bezugsberechtigung nicht von einem bestimmten Geschlecht abhängig gemacht werden, da kein Differenzierungsmerkmal dies hier erlaubt. Es lassen sich sehr wohl geschlechtsneutrale Lösungsmöglichkeiten finden. So kann z. B., wenn die Eheleute bei demselben Arbeitgeber beschäftigt sind und beiden im Grunde die gleiche Zulage zustehen würde, darauf abgestellt werden, welchen die beiden Ehepartner zum Bezugsberechtigter der ganzen Zulage bestimmen. Unter den gleichen Voraussetzungen könnte — falls es zu einer solchen Bestimmung durch die Ehegatten nicht kommt — demjenigen die Zulage gegeben werden, der überwiegend für den Unterhalt der Familie aufkommt[64]. In allen anderen Fällen müßte den Ehegatten die Zulage je zur Hälfte zustehen und gewährt werden. Um dabei eine Schlechterstellung derjenigen Ehepaare zu verhindern, bei denen die Gesamtzulage eines Ehegatten höher wäre als die Summe der „halbierten" Zulagen beider Ehegatten, sollten die auszuzahlenden Beträge die Summe erreichen, die der Ehegatte mit der höheren Zulage als Alleinanspruchsberechtigter erhalten würde. Um dies zu erreichen, müssen die „halbierten" Zulagen beider Ehegatten entsprechend aufgestockt werden.

---

[63] *Pätz*, SozBA 1964, 42.

[64] In Anlehnung an § 3 Abs. 3 Bundeskindergeldgesetz vom 14. 4. 1964 (abgedruckt in *Nipperdey*, AR-Textsammlung, Nr. 130).

II. Beendigung des Arbeitsverhältnisses durch Kündigung

Art. 3 Abs. 2 und 3 GG wirft in bezug auf die Kündigung zwei Problemkreise auf, zum einen, ob ein Arbeitgeber mit seinen weiblichen Arbeitnehmern besondere Kündigungsgründe vereinbaren kann, und zum anderen, ob er ihnen unter anderen Voraussetzungen als den männlichen Arbeitnehmern kündigen darf. Letztere Frage hat in größeren Betrieben durch das Kündigungsschutzgesetz[65] an Bedeutung verloren, weil danach jede Kündigung schon auf ihre Sozialgerechtigkeit gemäß § 1 KSchG überprüft werden kann. Dies gilt jedoch nicht für die kleineren Betriebe, die die große Masse der handwerklichen und kaufmännischen Betriebe darstellen[66]. Besonders hier hängt der Schutz der Arbeitnehmer davon ab, ob der Arbeitgeber gewisse Grundrechte — insbesondere Art. 3 Abs. 2 und 3 GG — zu beachten hat. Da der Arbeitgeber grundsätzlich bei Kündigungen soziale Macht ausübt[67], ist er — bei Bejahung der absoluten Wirkung der Grundrechte — auch hinsichtlich der Ausübung seines Kündigungsrechts an den Gleichberechtigungsgrundsatz gebunden.

1. Auflösung des Arbeitsverhältnisses wegen Eheschließung der Arbeitnehmerin (Zölibatsklausel)

Die Eheschließung einer Arbeitnehmerin wird gern zum Anlaß genommen, ihr zu kündigen, da gerade bei ihr durch die Verheiratung nachteilige Auswirkungen auf den Beruf befürchtet werden. Eine Kündigung aus diesem Grunde ist aber nicht möglich, da die Eheschließung einer Arbeitnehmerin wie die eines Arbeitnehmers dem Arbeitgeber weder einen ordentlichen noch außerordentlichen Grund zur Kündigung gibt. Die tatsächliche und rechtliche Lage einer Arbeitnehmerin nach der Eheschließung ist die gleiche wie die eines verheirateten Arbeitnehmers[68], so daß diese Tatsache keine Rechtfertigung für Differenzierungen darstellt. Selbst besondere betriebliche Verhältnisse und Erfordernisse erlauben keine diesbezügliche Differenzierung zwischen den Geschlechtern. So bringt die Eheschließung sogar für Bardamen, Mannequins, Flugstewardessen keine solche Veränderung mit sich, daß die Fortsetzung des Arbeitsverhältnisses damit nicht vereinbar wäre. Die Ortsgebundenheit der Ehefrau an den Mann ist nicht größer als umgekehrt die des Mannes an die Frau. Wie die Männer als Piloten, Seeleute,

---

[65] Inkraftgetreten am 14. 8. 1951.

[66] Gemäß § 21 KSchG gilt § 1 des Gesetzes „nicht für Betriebe und Verwaltungen, in denen in der Regel 5 oder weniger Arbeitnehmer ausschließlich der Lehrlinge beschäftigt sind". Zweifel daran, ob es richtig war, die Kleinbetriebe aus dem Kündigungsschutzgesetz herauszunehmen, hegen u. a. *Hueck*, Hueck-Nipperdey, I, S. 631 und *Gamillscheg*, AcP 164, 397.

[67] Siehe S. 19.

[68] Siehe I. Teil: B. IV. 4. b).

Vertreter haben auch die Frauen das Recht, auf Grund ihres Berufs für einige Zeit von ihrem Mann getrennt zu sein. Nicht der Ehestand, sondern höchstens das jeweilige Verhalten der im Arbeitsverhältnis stehenden Ehefrau könnte zu einer besonderen, für den Betrieb möglicherweise nicht tragbaren Situation führen. Die bloße Befürchtung solcher Folgen genügt als Kündigungsgrund nicht. Die hohe Zahl der beschäftigten Ehefrauen zeigt, daß diese in der Regel sehr wohl in der Lage sind, ihr privates Leben mit ihren beruflichen Pflichten in Einklang zu bringen.

Wie aber steht es um die Pflicht der Arbeitnehmerin zur Beendigung des Arbeitsverhältnisses dann, wenn sie bei der Einstellung einer sogenannten Zölibatsklausel zugestimmt hat? Es handelt sich dabei um eine Vertragsklausel, die ein Kündigungsrecht des Arbeitgebers oder eine auflösende Bedingung zum Inhalt hat, daß für den Fall der Verheiratung der Arbeitnehmerin das Arbeitsverhältnis zu einem bestimmten Zeitpunkt gekündigt werden könne oder selbständig ende.

Unterlag die Arbeitnehmerin bei der Einstellung einer „sozialen Macht" – z. B. bei der Einstellung in einem Monopolbetrieb –, so war der Arbeitgeber an Art. 3 Abs. 2 und 3 GG gebunden. Die Abmachung ist wegen Verstoßes gegen den Gleichberechtigungsgrundsatz nichtig. Stellt dagegen der Arbeitgeber bei Vertragsabschluß keine soziale Macht dar, so könnte die einzelvertragliche Zölibatsklausel auf Grund der Vertragsfreiheit zulässig sein, wenn nicht eine Verletzung des Art. 1 Abs. 1 GG vorläge. Verlangt der Arbeitgeber von einer Arbeitnehmerin bei ihrer Einstellung die Einwilligung dazu, mit Eheschließung den Betrieb zu verlassen, so mißachtet er damit ihre Würde, so daß eine solche Vertragsklausel gemäß Art. 1 Abs. 1 GG unzulässig ist[69]. Stellt er zudem dieses Verlangen nur an Frauen, so mißbraucht er seine Vertragsfreiheit und verstößt somit auch gegen Art. 3 Abs. 2 und 3 GG[70].

Da also auch die einzelvertraglich vereinbarte Zölibatsklausel verfassungswidrig ist, kann der Arbeitgeber die Arbeitnehmerin nicht zwingen, bei Eheschließung aus dem Arbeitsverhältnis auszuscheiden.

2. Kündigung von versorgten Ehefrauen bei doppelverdienenden Ehepaaren

Es hat sich die Praxis herausgebildet, bei Arbeitskräfteüberschuß in einem Betrieb zuerst den weiblichen Arbeitnehmern, deren Ehemänner

---

[69] BAG AP Nr. 1 Bl. 4 zu Art. 6 Abs. 1 GG Ehe und Familie; vgl. auch *Nipperdey*, GR II, S. 36; ebenso liegt in einer solchen privatrechtlichen Vertragsklausel ein Verstoß gegen Art. 6 Abs. 1 GG (BAG, a.a.O., Bl. 3; a. A. *Giese-Schunck*, Art. 6 GG, Anm. II 1; *Dürig*, FS für Nawiasky, S. 156 ff.).

[70] Siehe S. 22. In einer solchen einzelvertraglichen Zölibatsklausel sieht auch das BAG (a.a.O., Bl. 5v) einen Verstoß gegen Art. 3 Abs. 2 und 3 GG.

in Arbeit und Verdienst stehen, zu kündigen, da diese Frauen in der Regel schon durch den Verdienst ihrer Ehemänner versorgt seien.

Die Berufstätigkeit des Ehemannes darf aber nicht grundsätzlich als wichtiger und vorrangig angesehen werden[71]. Die Ehefrau hat ein Recht auf ihren Arbeitsplatz wie der Mann auf den seinen. Sie ist wie der Mann berechtigt, erwerbstätig zu sein und wie er verpflichtet, zum Familienunterhalt beizutragen. Entgegen früheren Entscheidungen[72] hat sich daher die Auffassung durchgesetzt, daß Maßnahmen des Arbeitgebers gegen Doppelverdiener, die einseitig auf die Entlassung der Frau ausgerichtet sind, eine Benachteiligung der Frau im Sinne des Art. 3 Abs. 2 und 3 GG darstellen[73].

In größeren Betrieben ist eine Kündigung speziell der Ehefrau wegen Doppelverdienstes schon gemäß § 1 KschG rechtsunwirksam. Ausreichender Verdienst des anderen Ehegatten stellt keinen Kündigungsgrund dar, da der Verdienst des Ehegatten weder ein „in der Person" noch „in dem Verhalten" der Arbeitnehmerin liegender Grund ist[74]. Werden auf Grund dringender betrieblicher Erfordernisse, die einer Weiterbeschäftigung eines Teils der Arbeitnehmer in diesem Betrieb entgegenstehen (§ 1 Abs. 2 KSchG), Ehefrauen entlassen, so verstößt dies dann nicht gegen Art. 3 Abs. 2 und 3 GG, wenn — wie § 1 Abs. 3 KSchG es vorsieht — die Auswahl der zu Entlassenden unter Berücksichtigung sozialer Gesichtspunkte, die unabhängig vom Geschlecht der Arbeitnehmer auf alle gleich angewandt werden, geschieht[75]. Im Rahmen der sozialen Gesichtspunkte sind z. B. das Lebensalter des Arbeitnehmers, gesetzliche Unterhaltspflichten, Zahl der mitverdienenden Familienmitglieder und sonstiges Einkommen zu beachten[76] und somit in diesem Rahmen auch Doppelverdienst bei berufstätigen Ehepaaren[77]. Steht bei männlichen wie weiblichen Arbeitnehmern das ganze Familieneinkommen in Vergleich, so kann Doppelverdienst nicht mehr einseitig nur Ehefrauen angelastet werden[78].

Gehören beide Ehepartner zu denjenigen, die entlassen werden können, so darf die Wahl nicht automatisch zuungunsten der Ehefrau aus-

---

[71] a. A. *Stree*, Diss., S. 156.

[72] z. B. ArbG Köln, RdA 1950, 435.

[73] *v. Caemmerer*, AöR 176, 155 ff.; *Citak*, Diss., S. 150; *Krüger*, NJW 1953, 1776; *Nikisch*, I, S. 41; *Nipperdey*, RdA 1950, 197 f.; *Scheffler*, RdA 1951, 138; *Wernicke*, Bonner Kommentar, Art. 3 GG, Anm. II, 13.

[74] *Herschel-Steinmann*, § 1 KSchG, Rdnr. 40a; *Hueck*, § 1 KSchG, Rdnr. 34d.

[75] Vgl. LAG Mainz, AP Nr. 12 Bl. 1v und 2 zu Art. 3 GG.

[76] *Hueck*, a.a.O., Rdnr. 39 a.

[77] *Beitzke*, GR II, S. 222; ders., RdA 1953, 283; *Grüll*, S. 25; *Herschel-Steinmann*, a.a.O., Rdnr. 46 c; BAG AP Nr. 26 zu § 1 KSchG.

[78] Vgl. *Scheffler*, 38. DJT 1950, S. B 14.

fallen, sondern die Entscheidung, welcher der beiden aus dem Betrieb ausscheidet, muß dem Ehepaar selbst überlassen werden[79].

3. Abfindung nur der Ehefrau bei Ausscheiden

Manche Tarif- oder Dienstordnungen enthalten in Verbindung mit oder entsprechend § 152 BBG eine Regelung über die Abfindung der aus dem Dienst ausscheidenden weiblichen Angestellten, während für männliche Angestellte keine Abfindung vorgesehen ist. In § 152 BBG heißt es: „Eine verheiratete Beamtin ..., die auf Antrag entlassen wird, erhält auf Antrag eine Abfindung." Über die Verfassungsmäßigkeit solcher Regelungen gehen im Schrifttum die Meinungen auseinander[80]. Das BAG[81] sieht in einer solchen Abfindungsregelung keinen Verstoß gegen Art. 3 Abs. 2 und 3 GG.

Der Abfindungsanspruch ist geschaffen worden als Maßnahme der Fürsorge für die aus dem Beschäftigungsverhältnis ausscheidenden verheirateten Frauen, da diese sich in der Regel von dem Beruf trennen, um sich der Familie und dem Haushalt zu widmen, wogegen Männer kündigen, um sich einer Aufgabe mit wesentlich günstigeren wirtschaftlichen Erfolg zuzuwenden[82]. Der Frau soll außerdem ein Anreiz gegeben werden, die Doppeltätigkeit in Beruf und Haushalt zugunsten des Haushalts aufzugeben. Diese letzte Argumentation reicht jedoch nicht aus, um eine Differenzierung zwischen Mann und Frau zu rechtfertigen, da dieser sogenannte Edukationseffekt gegen Art. 6 Abs. 1 GG in Verbindung mit Art. 3 Abs. 2 und 3 GG verstößt[83]. Die Ungleichbehandlung kann vielmehr nur auf die unterschiedliche familiäre Aufgabenverteilung zwischen Mann und Frau, d. h. auf das funktionale Differenzierungsmerkmal, gegründet werden. Erkennt man jedoch einen funktionalen Unterschied nur zwischen Müttern und Vätern an, wie hier vertreten wird[84], so sind Abfindungsregelungen mit dem Gleichberechtigungsgrundsatz nur insoweit vereinbar, als die Abfindung Müttern bzw. werdenden Mütter ge-

---

[79] *Wernicke*, Bonner Kommentar, Art. 3 GG, Anm. II 3 c; *Bergsträsser*, zit. bei Hedemann, S. 61 Fußn. 58.

[80] *Für* die Verfassungsmäßigkeit der Abfindungsvorschrift: *Plog-Wiedow-Beck*, § 152 BBG, Erl. 1.

Gegen deren Verfassungsmäßigkeit: *Fischbach*, § 152 BBG, Fußn. 1; *Grabendorff*, § 152 BBG, Erl. 1. Das Übergangsgeld, das nach dem Bundesangestelltentarifvertrag beim Ausscheiden einer Frau wegen Verheiratung gezahlt wurde, ist bereits weggefallen (vgl. *Pätz*, SozBA 1964, 73).

[81] BAG AP Nr. 72 zu Art. 3 GG mit zustimmender Anm. von *Wertenbruch*.

[82] Vgl. Begründung des Beamtenrechtsausschusses, zit. in BAG AP Nr. 72 Bl. 2v und 3 zu Art. 3 GG.

[83] Siehe I. Teil: B. Fußn. 110.

[84] Siehe I. Teil: B. IV.

währt wird, denn für diese allein besteht in der Regel ein Zwang, die Berufstätigkeit zu beenden bzw. einzuschränken, um sich ihren Kindern zu widmen. Eine Ehefrau ohne Kinder ist nicht gezwungen, den Arbeitsplatz aufzugeben. Tut sie es dennoch, so geschieht dies, um sich und dem Ehemann ein bequemeres Leben zu gestalten. Es besteht keine Veranlassung, diesen freiwilligen Schritt einer kinderlosen Ehefrau aus dem Erwerbsleben in die Privatsphäre mit einer Abfindung zu „versüßen".

Das BAG[85] spricht jedoch der Ehefrau — ob mit oder ohne Kinder — eine Schutzbedürftigkeit zu, denn sie habe auf Grund der überlieferten und noch heute geltenden Arbeitsteilung die Aufgabe, den Haushalt zu führen, räumt aber ein, daß die verfassungsrechtliche Beurteilung der Abfindungsregelung eventuell geändert werden müsse, „wenn es etwa mehr oder weniger zur Regel werden sollte, daß auch die verheiratete Frau ihren Beruf beibehält"[86]. Dieser Sachverhalt ist für die verheiratete Frau ohne Kind bereits eingetreten[87].

Gelten Abfindungsregelungen nur für Mütter und werdende Mütter und scheidet eine solche ausnahmsweise nicht der Familie wegen aus, sondern um einen anderen Beruf zu ergreifen, so handelt es sich hierbei um eine höchst seltene Gegebenheit, die als atypischer Fall dennoch nach der Abfindungsregelung behandelt werden darf[88]. Gegebenenfalls bliebe zu prüfen, ob nicht etwa die Arbeitnehmerin, die in einem solchen Fall eine Abfindung begehrt, rechtsmißbräuchlich handelt[89].

III. Betriebliche Alters- und Hinterbliebenenversorgung

Betriebliche Alters- und Hinterbliebenenrenten werden zumeist in größeren Betrieben gewährt, und zwar an einzelne Arbeitnehmer oder an Gruppen von Arbeitnehmern und an deren Hinterbliebene auf Grund von Einzelverträgen, kollektiven Vereinbarungen, betrieblicher Übung oder auf Grund des Gleichbehandlungsgrundsatzes[90]. Diese betrieblichen Renten bilden neben den öffentlichrechtlichen Sozialversicherungsrenten eine zusätzliche Versorgung.

Eine gesetzlich festgelegte Pflicht des Arbeitgebers zur Gewährung von Ruhegeld besteht nicht[91]. Verpflichtet sich der Arbeitgeber jedoch,

---

[85] BAG AP Nr. 72 Bl. 2v zu Art. 3 GG.
[86] BAG, a.a.O.
[87] Siehe I. Teil: B. IV. 4. b).
[88] Vgl. BAG AP Nr. 72 Bl. 4v zu Art. 3 GG; siehe dazu auch I. Teil: B. VII. 2.
[89] BAG a.a.O.
[90] *Hueck*, Hueck-Nipperdey, I, § 52 III; *Nikisch*, I, § 41 II; *Heissmann*, S. 59 ff.
[91] *Hueck*, a.a.O., § 52 I; *Nikisch*, I, § 41 I.

Ruhegeld zu zahlen, so stellt sich das Problem, ob und inwieweit er hierbei männliche und weibliche Arbeitnehmer unterschiedlich behandeln darf. Dürfen verheiratete weibliche Arbeitnehmer von einer eigenen Altersrente generell oder zumindest für den Fall ausgeschlossen werden, daß ihr Lebensunterhalt durch den Verdienst des Ehemannes oder durch dessen Rente gesichert ist? Und ist es zulässig, daß für Hinterbliebene weiblicher Arbeitnehmer im Gegensatz zu denen männlicher Arbeitnehmer gar keine bzw. nur unter ganz besonderen Voraussetzungen eine Versorgung vorgesehen ist? Um diese Probleme zu lösen, ist es erforderlich, zuerst auf die Rechtsnatur des Ruhegeldes und dann auf die einzelnen Arten der Alters- und Hinterbliebenenversorgung einzugehen.

1. Rechtsnatur des Ruhegeldes

Wenn es sich bei der betrieblichen Altersversorgung um ein nach Beendigung des Arbeitsverhältnisses zu zahlenden Teil des Lohnes handeln würde, so müßten männliche und weibliche Arbeitnehmer schon auf Grund des Lohngleichheitsgrundsatzes gleichgestellt sein. Die gleiche Arbeit müßte bei gleicher Betriebszugehörigkeit auch zum gleichen Ruhegeld führen, und es dürfte nicht auf lohnfremde Momente abgestellt werden. Der Anspruch auf den aufgespeicherten Lohn würde beim Ableben des Arbeitnehmers in voller Höhe auf seine Hinterbliebenen kraft Erbrechts übergehen, gleichgültig, ob der Erblasser ein Mann oder eine Frau wäre.

Daß der Arbeitgeber grundsätzlich nicht verpflichtet ist, Ruhegeld zu gewähren, spricht nicht gegen den Lohncharakter. Auch freiwillige zusätzliche Leistungen wie Kinderzulagen oder Gratifikationen, die der Arbeitgeber für eine einen längeren Zeitraum hindurch verrichtete Arbeit aus besonderen Anlaß gewährt, stellen Lohn dar. Doch schon der Umstand, daß das Ruhegeld nicht vererblich ist und an die Hinterbliebenen regelmäßig nur ein gewisser Prozentsatz des Ruhegeldes gezahlt wird, läßt an dem Lohncharakter des Ruhegeldes starke Zweifel aufkommen. Würde es sich um einen aufgespeicherten Lohn handeln, dann bräuchte der Arbeitgeber auch nur solange Ruhegeld zu zahlen, bis dieser aufgespeicherte Lohn verbraucht wäre; in Wirklichkeit wird Ruhegeld aber bis zum Tode des früheren Arbeitnehmers bezahlt, unabhängig davon also, ob er noch lang oder nur kurz nach seiner Pensionierung lebt.

Entgegen früheren Auffassungen, wonach Ruhegeld nachträgliches Arbeitsentgelt darstellte[92], sieht die heute wohl herrschende Meinung in

---

[92] Vgl. bei *Nikisch*, I, § 41 Fußn. 5; so noch *Schnorr v. Carolsfeld*, § 7 III 6 a - c.

der Zahlung von Ruhegeld einen Ausfluß der Fürsorgepflicht des Arbeitgebers[93].

Die allgemeine Fürsorgepflicht des Arbeitgebers zwingt ihn zwar nicht, für seine altgedienten Arbeitnehmer und deren Hinterbliebenen zu sorgen, aus dem Fürsorgegedanken heraus fühlt er sich aber in zunehmenden Maße dazu verpflichtet. Diese soziale Verpflichtung erwächst dem Arbeitgeber aus der auf Treu und Fürsorge begründeten personenrechtlichen Bindung zwischen ihm und seinen Arbeitnehmern.

Das Ruhegeld ist aber auch eine Art Gegenleistung — nicht jedoch im Sinne von §§ 320 ff. BGB — für die gesamten in der Vergangenheit geleisteten Dienste des Arbeitnehmers; es wird um dieser Verdienste willen bezahlt[94]. Daher wird zum Teil vertreten, das Ruhegeld habe Mischcharakter, da es in wechselnd starkem Maße Entgelt- und Versorgungscharakter in sich vereine[95]. Der Entgeltcharakter stehe im Vordergrund, wenn die Rente z. B. gegen Lohnkürzungen ausgehandelt, der Versorgungscharakter, wenn das Ruhegeld erst nach Beendigung des Arbeitsverhältnisses versprochen werde[96]. Ist man bereit, dieser Auffassung zu folgen, so ist doch der Entgeltcharakter nicht so dominierend, daß dadurch Grundsätze der Fürsorge des Arbeitgebers für seine Arbeitnehmer völlig verdrängt werden.

Auch das BAG hat sich in einer Entscheidung dahingehend geäußert, es spreche viel dafür, daß das Ruhegeld noch eine unmittelbare Beziehung als Gegenleistung zu den früheren Diensten des Arbeitnehmers in sich trage[97]. In einem Fall hat es die „eigenverdiente Altersrente“ sogar ausdrücklich als Lohn bewertet[98], in einem anderen Fall die betriebliche Hinterbliebenenversorgung aber als reine Maßnahme der Arbeitgeberfürsorge bezeichnet[99]. Eine abschließende Stellungnahme des BAG ist noch nicht erfolgt. Erst in einer neueren Entscheidung[100] hat es wieder die Frage, ob das Ruhegeld „in erster Linie als Versorgungsleistung“ oder als „eine besondere Form des Lohnes“ anzusehen ist, offen gelassen.

---

[93] Bahnbrechende Entscheidung des LAG Dortmund ArbRSamml. 30, 44; ferner RAG 37, 399; 40, 321; 43, 148; BAG AP Nr. 8 und Nr. 15 zu § 242 BGB Ruhegehalt; *Hueck*, Hueck-Nipperdey, I, § 52 I; *Nikisch*, I, § 41 I 2; *Kaskel-Dersch*, S. 160 f.

[94] *Hueck*, Hueck-Nipperdey, I, § 52 I; *Nikisch*, I, § 41 I 2; *Staudinger-Nipperdey-Neumann*, § 611 BGB, Rdnr. 209.

[95] *Heissmann*, S. 58; *Hilger*, S. 20 ff.; *Dieterich*, AR-Blattei, Ruhegeld I, Übersicht A II 2.

[96] So *Hilger*, S. 30 ff.

[97] BAG AP Nr. 8 Bl. 1v zu § 242 BGB Ruhegehalt.

[98] BAG AP Nr. 28 Bl. 3 zu Art. 3 GG.

[99] BAG AP Nr. 39 Bl. 2 zu Art. 3 GG.

[100] BAG AP Nr. 99 Bl. 2v zu § 242 BGB Ruhegehalt.

Auch wenn das Ruhegeld Lohnelemente in sich trägt, letztlich ist es aber doch eine Maßnahme der Fürsorge des Arbeitgebers. Daher kann der Lohngleichheitsgrundsatz allein nicht herangezogen werden, um die Forderung nach gleicher Alters- und Hinterbliebenenversorgung für Männer und Frauen durchzusetzen.

Es bleibt jedoch der Grundsatz der Gleichberechtigung der Geschlechter, der den Arbeitgeber veranlassen könnte, auch bei Fürsorgemaßnahmen nicht zwischen Mann und Frau wegen des Geschlechtes zu unterscheiden. An Art. 3 Abs. 2 und 3 GG ist er dann gebunden, wenn er generelle Rentenregelungen trifft oder wenn er bei Einzelabmachungen soziale Macht ausübt[101]. Es unterliegt zwar dem freien Entschluß des Arbeitgebers, ob er überhaupt eine Ruhegeldversorgung ins Leben ruft; wenn er es aber tut, so hat er die allgemeinen Gesetze, insbesondere die Differenzierungsverbote des Grundgesetzes zu beachten[102].

Erfüllt der Arbeitgeber seine Fürsorgeaufgabe mittels einer betrieblichen Pensions- oder einer Unterstützungskasse[103], so muß auch hier der Grundsatz der Gleichberechtigung der Geschlechter beachtet werden. Diese Kassen sind nur „Werkzeug“[104], dessen sich der Arbeitgeber bedient, um seiner Fürsorgeaufgabe nachzukommen. Die Form, in der die Arbeitgeberfürsorge durchgeführt wird, darf nicht zur Umgehung der Grundsätze führen, die der Arbeitgeber zu befolgen hat[105].

Unterliegen somit die betrieblichen Rentenregelungen dem Grundsatz der Gleichberechtigung der Geschlechter, so sind Differenzierungen nach dem Geschlecht nur zulässig, wenn ein Differenzierungsmerkmal sie rechtfertigt.

2. Die verschiedenen Renten

Im Rahmen der betrieblichen Alters- und Hinterbliebenenversorgung ist zwischen der eigenen Altersrente des Arbeitnehmers, der Rente für den hinterbliebenen Ehepartner, der Rente für die hinterbliebenen Kinder und der Rente für Abhängige zu unterscheiden.

---

[101] Zur Bindung an Art. 3 Abs. 2 und 3 GG im einzelnen siehe S. 19.

[102] BAG AP Nr. 28 Bl. 2v zu Art. 3 GG.

[103] Zu den verschiedenen Formen der betrieblichen Ruhegeldgewährung vgl. *Hueck*, Hueck-Nipperdey, I, § 52 II; *Nikisch*, I, § 41 III.

[104] BGH AP Nr. 25 zu § 242 BGB Ruhegehalt.

[105] So gilt auch der Grundsatz der arbeitsrechtlichen Gleichbehandlung, den der Arbeitgeber bei Ruhegeldgewährungen im Verhältnis zu den Arbeitnehmern zu beachten hat, in den Fällen, in denen Kassen die Ruhegeldzahlungen übernehmen (*Hueck*, a.a.O., § 52 IX; *Nikisch*, I, § 41 III, 4).

a) Altersrente

Bei betrieblichen Altersrenten werden in den meisten Fällen heute noch Mann und Frau unterschiedlich behandelt. Die Arbeitnehmerin erhält zwar in der Regel wie ihr männlicher Kollege eine Altersrente, diese ist aber bei ihr zumeist niedriger. Häufig steht ihr ein Anspruch auf Rente aber auch schon zu einem früheren Zeitpunkt zu.

aa) Anspruch auf Altersrente unabhängig vom Geschlecht

Auch wenn die Altersrente keine Gegenleistung für die verrichtete Arbeit im streng rechtlichen Sinne der §§ 320 ff. BGB ist, so wird sie doch mit Rücksicht auf die geleisteten Dienste des Arbeitnehmers gewährt, ist also von ihm „erdient“[106]. Diese Voraussetzung erfüllt eine Arbeitnehmerin wie ein männlicher Arbeitnehmer. Der Arbeitgeber ist also den Arbeitnehmern in gleicher Stellung und Lage unabhängig vom Geschlecht zu gleicher Fürsorge verpflichtet. Nimmt der Arbeitgeber die weiblichen Arbeitnehmer von einer betrieblichen Altersversorgung aus, so verstößt er damit gegen Art. 3 Abs. 2 und 3 GG.

Der Arbeitgeber kann seine weiblichen Arbeitnehmer auch nicht in Anbetracht der Tatsache, daß sie häufig durch den Ehemann versorgt sind, von der eigenen Altersrente ausschließen. Die Arbeitgeberfürsorge läßt sich nicht mit der staatlichen Fürsorge vergleichen, wo auf das Bedürfnis abgestellt wird. Der Arbeitgeber ist seinem Arbeitnehmer nicht ausschließlich aus sozialen Motiven, sondern auch deshalb verpflichtet, weil der Arbeitnehmer seine Arbeitskraft für ihn eingesetzt hat. Die Altersrente ist eine Art „verdienter Dank“ für den Arbeitnehmer. Es darf daher ebensowenig auf den Verdienst des Ehepartners wie auf die private Vermögenslage des Arbeitnehmers, die sich z. B. durch Leistungen aus einer freiwillig abgeschlossenen Versicherung oder durch erneute Erwerbstätigkeit verbessern kann, abgestellt werden[107].

bb) Unterschiedliche Mindestaltersgrenze

Auch in der Festsetzung der Mindestaltersgrenze, mit deren Erreichung der Arbeitnehmer Ruhegeld beanspruchen kann, wird zum Teil zwischen den Geschlechtern unterschieden. Der häufigste Fall dieser Ungleichbehandlung ist der, daß den Frauen, wenn sie nicht mehr berufstätig sein wollen, schon mit Vollendung des 60. Lebensjahres — den Männern

---

[106] RAG 45, 13.

[107] Vgl. BAG AP Nr. 2 Bl. 2 zu § 242 BGB Ruhegehalt und BAG AP Nr. 2 zu § 57 BetrVG.

hingegen erst mit Vollendung des 65. — ein Anspruch auf betriebliche Altersversorgung zugestanden wird. Eine solche Regelung könnte nur dann mit Art. 3 Abs. 2 und 3 GG vereinbar sein, wenn ein Differenzierungsmerkmal eine derartige Ungleichbehandlung rechtfertigt.

Als Differenzierungsmerkmal kommt die biologische Andersartigkeit von Mann und Frau in Betracht. Wenn bei der Rentenversicherung die in § 1248 Abs. 3 RVO enthaltene Bevorzugung der Arbeiterinnen damit begründet wird, daß langjährige körperliche Arbeit die Erwerbsfähigkeit von Frauen im allgemeinen schneller als die von Männern mindere[108], so kann diese Begründung auch für die Festsetzung unterschiedlicher Mindestaltersgrenzen von Arbeitern im Rahmen einer betrieblichen Altersversorgung herangezogen werden. Bei körperlich arbeitenden Personen besteht insofern tatsächlich ein grundsätzlicher Unterschied zwischen Mann und Frau. Differenzierungen in der Altersgrenze von Arbeitern und Arbeiterinnen, die dieser Tatsache Rechnung tragen, sind daher zulässig.

Nicht zu vereinbaren mit Art. 3 Abs. 2 und 3 GG ist es aber, daß auch weibliche Angestellte vorzeitig in den Genuß einer betrieblichen Altersrente gelangen können, während männliche Angestellte davon ausgeschlossen werden[109]. Daß geistige Arbeit Frauen mehr belastet als Männer und deshalb ihre Erwerbstätigkeit schneller nachläßt, müßte erst noch nachgewiesen werden. Allein der Umstand, daß die Frühinvaliditätsquote der Frauen auch bei Angestellten größer ist als die der Männer[110], ist noch kein Beweis dafür. Die Erwerbsfähigkeit der nicht körperlich arbeitenden Frau stellt sich schon dann wesentlich günstiger dar, wenn man die geringere Invaliditätsquote der weiblichen Angestellten gegenüber der der weiblichen Arbeiter berücksichtigt[111]. Außerdem können gerade bei Frauen auch andere als biologische Gründe letzte Ursache für die Frühinvalidität sein[112]. Im übrigen muß bei der Feststellung der Leistungsfähigkeit der 60- bis 65jährigen in Betracht gezogen werden, daß in dieser Altersspanne prozentual mehr Männer als Frauen sterben[113], ein Umstand, der nicht gerade für eine größere Leistungsfähigkeit

[108] Vgl. *Dersch-Brockhoff*, § 1248 RVO, Bem. 3.

[109] So jedoch auch die Regelung in der Angestelltenversicherung (§ 25 Abs. 3 AVG).

[110] Vgl. *Kindel-Scheckow*, S. 51, nach der dort angegebenen Tabelle ist die Zahl der frühinvaliden weiblichen Angestellten im Alter von 60 - 65 Jahren ca. 3mal größer als die der Männer.

[111] Die Invaliditätsquote bei Arbeiterinnen ist um ca. 5 1/2, bei weiblichen Angestellten nur um ca. 3mal größer als bei ihren männlichen Kollegen (vgl. *Kindel-Scheckow*, S. 51).

[112] Frauenenquête, S. 278.

[113] Die Lebenserwartung für Männer liegt bei 66 Jahren und 10 Monaten, für Frauen hingegen bei 72 Jahren und 5 Monaten (Frauenenquête, S. 275).

der Männer in diesem Alter spricht. Im Gegenteil, die höhere Lebenserwartung der Frau[114] läßt den Schluß zu, daß die Frau im Alter noch eher erwerbsfähig ist als der Mann. Interessant ist, daß es im Beamtenrecht eine besondere Mindestaltersgrenze für Frauen nicht gibt[115]. Warum dann für geistig arbeitenden Frauen in Betrieben etwas anderes gelten soll, ist nicht einzusehen.

cc) Unterschiedliche Höhe der Altersrente

Was die Höhe der Altersrente anbetrifft, so erhält die Frau in der Regel eine niedrigere Rente[116]. Dies wird zum Teil mit der frühzeitigen Pensionierung der weiblichen Arbeitnehmer und bei Bestehen einer Pensionskasse damit begründet, daß die Frau insgesamt weniger Beiträge leistet. Dem muß entgegengehalten werden, daß es sich beim Ruhegeld um eine Maßnahme der Fürsorge des Arbeitgebers handelt, folglich nicht das Alter des Arbeitnehmers zum Zeitpunkt der Pensionierung und auch nicht die Summe der geleisteten Beiträge, sondern die Dauer der Betriebszugehörigkeit und die Stellung des Arbeitnehmers für die Höhe der Rente maßgebend sein muß. Ob ein Arbeitnehmer dem Arbeitgeber zum Beispiel vom 30. bis zum 60. Lebensjahr oder vom 35. bis zum 65. Lebensjahr in gleicher Stellung gedient hat, der Umfang der Arbeitgeberfürsorge sollte in beiden Fällen gleich sein.

Außerdem wird die geringere Rente der Frau damit zu rechtfertigen gesucht, daß sich die Rentenzahlungen für pensionierte Arbeitnehmerinnen gewöhnlich auf eine längere Zeit als bei Männern erstrecken, da Frauen eine höhere Lebenserwartung haben. Abgesehen von der Frage, ob dies im selben Umfang auch für voll berufstätige Frauen, die der gleichen Belastung wie Männer ausgesetzt sind, gilt[117], entspricht es nicht dem Arbeitgeberfürsorgeprinzip, deswegen die Rente zu kürzen. Die Arbeitgeberfürsorge richtet sich nach dem Arbeitsverhältnis und nicht nach der für jeden Arbeitnehmer individuell verschiedenen restlichen Lebenszeit. Auch männlichen Arbeitnehmern, die sehr alt werden, steht eine gegenüber der Altersrente von Frauen höhere Rente zu. Die längere Lebensspanne einiger Frauen rechtfertigt es nicht, die Altersrente aller Frauen niedriger zu halten. Darin liegt eine Benachteiligung

---

[114] Sie hat eine um ca. 6 Jahre größere Lebenserwartung, siehe Fußn. 113.

[115] Vgl. § 41 BBG; so auch die Landesgesetze, z. B. Art. 55 BayBG.

[116] So gewährt z. B. die „Maggi Pensionskasse von 1960“ — ein Versicherungsverein auf Gegenseitigkeit — den weiblichen Mitgliedern eine niedrigere Rente als den männlichen (Art. 4 i. V. m. Anlage I der Versicherungsbestimmungen obiger Kasse).

[117] Leider fehlen Statistiken, die zwischen der Lebenserwartung von voll berufstätigen Frauen und von Nur-Hausfrauen unterscheiden.

der Arbeitnehmerinnen allein wegen ihres Geschlechtes. Muß der Arbeitgeber den Arbeitnehmerinnen ohne Rücksicht auf die Lebenserwartung eine gleiche Rente wie den Arbeitnehmern gewähren, so bleibt diese Fürsorgepflicht auch bestehen, wenn die Renten mittels einer betrieblichen Pensionskasse, die nach versicherungsmathematischen Berechnungen arbeitet, gezahlt werden. Reichen die eingezahlten Beträge für entsprechend hohe Renten bei Männern und Frauen nicht aus, so müssen sämtliche Renten herabgesetzt werden[118].

b) Witwen- und Witwerrente

Bei der betrieblichen Hinterbliebenenversorgung wird fast ausnahmslos zwischen Mann und Frau differenziert; entweder besteht für den Witwer einer Arbeitnehmerin überhaupt kein Anspruch auf eine Rente oder nur unter erschwerenden Voraussetzungen.

aa) Überhaupt keine Witwerrente

Die grundsätzliche Versagung einer Rente an Witwer wird damit begründet, daß die Fälle, in denen Witwer einer Unterstützung durch den Arbeitgeber der verstorbenen Ehefrau bedürfen, nur Ausnahmetatbestände darstellten und daher als atypische Gegebenheiten bei einer generellen Regelung außer acht gelassen werden dürften. Abgesehen von der Frage, ob bei der Hinterbliebenenrente im Gegensatz zur Altersrente auf die Bedürftigkeit abgestellt werden darf[119], spricht gegen die Differenzierung, daß es immer Fälle gibt, in denen Witwer auf eine Rente durch die Ehefrau angewiesen sind. Diese Fälle können nicht als atypisch unbeachtet bleiben, da gerade bei Regelungen, die Begünstigung verwehren — wie die generelle Verweigerung von Witwerrenten —, nicht so großzügig verfahren werden darf wie bei begünstigenden Maßnahmen[120].

Es ist unverständlich, daß sogar Fachleute auf dem Gebiet der Hinterbliebenenversorgung die generelle Versagung der Witwerrente für zulässig erachten[121]. Nach ihrer Auffassung hat der Umstand, daß nach einer allgemeinen Ruhegeldordnung die Witwe eines Arbeitnehmers eine Witwenrente erhält, nicht zur Folge, daß auch eine Witwerrente an den Ehemann einer verstorbenen Arbeitnehmerin gewährt werden muß; der arbeitsrechtliche Gleichbehandlungsgrundsatz verlange dies nicht[122].

---

[118] Siehe S. 101.
[119] Siehe dazu S. 102 und S. 107.
[120] Siehe I. Teil: B. VII. 2.
[121] *Heissmann*, S. 106.
[122] Ders., a.a.O.

Es ist zutreffend, daß der Gleichbehandlungsgrundsatz nur eine Gleichbehandlung bei gleicher Gruppenzugehörigkeit erfordert. Der Arbeitgeber kann besondere Gruppen von Betriebsangehörigen unterschiedlich behandeln und kann auch von sich aus Gruppen bilden. Nur eine willkürliche Gruppeneinteilung ist unzulässig. Werden männliche und weibliche Arbeitnehmer hinsichtlich der Hinterbliebenenversorgung in verschiedene Gruppen eingeteilt, so mag dies im Sinne des arbeitsrechtlichen Gleichbehandlungsgrundsatzes sachlich gerechtfertigt sein, „da im Regelfall des Lebens auch heute noch der Mann dem außerhäuslichen Erwerb nachgeht und die Frau den Haushalt besorgt und ... deshalb in den weitaus meisten Fällen die Frau beim Tode ihres Mannes den Ernährer verliert, was bei dem Ableben einer berufstätigen Frau nicht der Normalfall ist“[123]. Im Sinn des Gleichberechtigungsgrundsatzes jedoch ist diese Einteilung unzulässig, da der über den arbeitsrechtlichen Gleichbehandlungsgrundsatz hinausgehende Gleichberechtigungsgrundsatz Differenzierungen zwischen Mann und Frau nicht schon auf Grund sachlicher Erwägungen erlaubt, sondern erst dann, wenn ein grundsätzlicher Unterschied zwischen Mann und Frau — ein sogenanntes Differenzierungsmerkmal — dazu zwingt. Zur Rechtfertigung der generellen Bevorzugung der Witwe und des generellen Ausschlusses des Witwers von der Hinterbliebenenrente ist jedoch kein Differenzierungsmerkmal ersichtlich. Sie verstößt gegen Art. 3 Abs. 2 und 3 GG[124].

bb) Witwerrente nur unter erschwerenden Voraussetzungen

Es fragt sich aber, ob es zulässig ist, die Witwer zwar nicht in jedem Fall, sondern nur unter besonderen Voraussetzungen — wie überwiegende Unterhaltsleistung der verstorbenen Ehefrau — von der Hinterbliebenenrente auszuschließen, den Witwen hingegen immer Witwenrente zuzusprechen. Bevor die Vereinbarkeit solcher Regelungen mit dem Gleichberechtigungsgrundsatz untersucht wird, muß zunächst festgestellt werden, ob im Rahmen der betrieblichen Hinterbliebenenversorgung Hinterbliebene von Arbeitnehmern überhaupt unterschiedlich behandelt werden dürfen. Dies ist dann erlaubt, wenn der Umfang der Arbeitgeberfürsorge nicht so groß ist, daß jeder hinterbliebene Ehegatte eines Arbeitnehmers davon erfaßt wird, sondern nur derjenige Ehegatte, bei dem besondere Voraussetzungen vorliegen.

Die Fürsorgepflicht des Arbeitgebers besteht gegenüber dem Arbeitnehmer selbst und darüber hinaus auch gegenüber dessen Hinterbliebenen. Diese Ausdehnung der Arbeitgeberfürsorge ist auf die sozial-

---

[123] Ders., S. 78 f.

[124] So u. a. *Beitzke*, GR II, S. 220; *Dapprich*, NJW 1959, 1710; *Hamann*, Art. 3 GG, Anm. B 5 c; *Krüger*, NJW 1957, 1209 ff.; *Scheffler*, 38. DJT, S. B 18.

politische Überlegung zurückzuführen, daß der Unterhalt der Familie weitgehend nur von dem Verdienst des Mannes bestritten wird, seine Familie also von ihm und somit auch von seinem Arbeitgeber abhängig ist. Seitdem aber die Frauen besser bezahlte Stellungen erreichen können und damit in manchen Fällen sogar mehr als ihre Ehemänner verdienen und zum Familienunterhalt beitragen, kann sich auch für Ehemänner eine Abhängigkeit von dem Verdienst ihrer Frauen und von deren Arbeitgeber ergeben. Dieser neuen Situation muß durch eine Rente für hinterbliebene Ehemänner Rechnung getragen werden. Da die Bindung zwischen Arbeitgeber und den Hinterbliebenen des Arbeitnehmers aber weniger eng ist, dürfen an die Arbeitgeberfürsorge gegenüber den Hinterbliebenen auch nur geringere Anforderungen gestellt werden als an diejenige gegenüber den Arbeitnehmern selbst. Andererseits ist der Arbeitgeber dem hinterbliebenen Ehegatten auch nicht nur aus rein fürsorgerechtlichen Erwägungen heraus zur Zahlung einer Rente verpflichtet. In der Regel gebührt dem hinterbliebenen Ehegatten, der gar keinen oder nur einen geringeren Eigenverdienst aus Erwerbstätigkeit als der verstorbene Arbeitnehmer hat, ein gewisser „Dank" von dessen Arbeitgeber; denn es kann in solchen Fällen vermutet werden, daß der hinterbliebene Ehegatte dem Arbeitnehmer häusliche Pflichten abgenommen und ihm so seine Arbeitskraft erhalten hat. Je geringer die eigene Erwerbstätigkeit des Ehegatten ausfällt, desto größer ist in der Regel seine Hilfeleistung für den Arbeitnehmer und desto größer ist die Fürsorgeaufgabe von dessen Arbeitgeber.

Danach braucht die Arbeitgeberfürsorge nur insoweit einzugreifen, als der hinterbliebene Ehegatte während des Bestehens des Arbeitsverhältnisses von dem Verdienst des Arbeitnehmers mitzehrte, da er auch nur insoweit auf den Arbeitgeber angewiesen war. War dagegen der überlebende Ehegatte Hauptverdiener der Familie, so erleidet er durch den Tod des Arbeitnehmers keinen Nachteil in seiner Unterhaltssituation. Folglich ist der Arbeitgeber auch nicht gehalten, für dessen Versorgung aufzukommen. Der Hinterbliebene, der zu Lebzeiten des Arbeitnehmers mehr verdiente als dieser, hätte selbst für eine Altersversorgung sorgen müssen. Er kann nicht später auf den Arbeitgeber seines Ehepartners zurückgreifen.

Da also eine Arbeitgeberfürsorge nur gegenüber solchen hinterbliebenen Ehegatten besteht, die den geringeren Unterhalt aus Erwerbsarbeit für die Familie geleistet haben, darf die Entstehung eines Anspruchs auf Witwerrente von der erschwerenden Voraussetzung der „überwiegenden Unterhaltsleistung des verstorbenen Ehepartners" abhängig gemacht werden. Das gleiche muß umgekehrt auch für die Witwenrente gelten, es sei denn, es ließe sich bei Witwen rechtfertigen, diese Voraussetzung nicht zu fordern.

Wenn den überlebenden Ehefrauen von Arbeitnehmern Witwenrente generell und ohne erschwerende Voraussetzungen zugesprochen wird, so liegt darin eine Bevorzugung derjenigen hinterbliebenen Ehefrauen, die durch eigene Erwerbstätigkeit mehr als der Ehemann verdient haben, ferner eine Bevorzugung der männlichen Arbeitnehmer, die in jedem Fall eine Anwartschaft auf Witwenrente für ihre Ehefrauen erringen können.

Soweit bei betrieblichen Ruhegeldkassen einer Differenzierung zwischen Mann und Frau schon deshalb widersprochen wird, weil die weiblichen Arbeitnehmer gleiche Beitragsleistungen erbringen und folglich für ihre Ehemänner unter den gleichen Voraussetzungen eine Anwartschaft auf Hinterbliebenenrente erringen müßten[125], kann dem nicht zugestimmt werden. Diese Auffassung berücksichtigt nicht, daß es sich bei der betrieblichen Hinterbliebenenversorgung wie bei der betrieblichen Altersversorgung um eine Fürsorgemaßnahme des Arbeitgebers handelt, welche nicht auf dem Prinzip von Leistung und Gegenleistung beruht. Eine Ruhegeldkasse ist nur ein Instrument, dessen sich der Arbeitgeber bedient, um einer bestimmten Fürsorgeaufgabe nachzukommen[126]. Der Fonds, aus dem die Alters- und Hinterbliebenenrenten gezahlt werden, setzt sich zum Teil aus Leistungen des Arbeitgebers, zum Teil aus Beiträgen der Arbeitnehmerschaft zusammen. Die Zahlungen des Arbeitgebers bilden hierbei den Grundstock, während die Beiträge der Arbeitnehmer eine Art Selbstbeteiligung darstellen. Mit seinen Beiträgen erwirbt der Arbeitnehmer nur eine dem Umfang der Arbeitgeberfürsorge entsprechende Anwartschaft auf Ruhegeld. Es besteht somit keine feste Relation zwischen der Hinterbliebenenrente und den vom Arbeitnehmer gezahlten Beiträgen[127]. Da also weder bei männlichen noch weiblichen Arbeitnehmern die betriebliche Hinterbliebenenversorgung eine Gegenleistung für die eingezahlten Beiträge ist, kann nicht aus dem Grundsatz von Leistung und Gegenleistung die Beseitigung der Benachteiligung der Arbeitnehmerin gefordert werden.

Eine unterschiedliche Ausgestaltung der Hinterbliebenenversorgung ist aber dann gerechtfertigt, wenn ein Differenzierungsmerkmal vorliegt. Als ein mögliches Differenzierungsmerkmal kommt hier die unterschiedliche erwerbswirtschaftliche Situation der Witwer und Witwen mit Kindern[128] in Betracht. Bei der hinterbliebenen Mutter kann davon ausgegangen werden, daß sie beim Tod ihres Mannes immer eine finanzielle Einbuße erleidet. Dies gilt auch dann, wenn sie berufstätig war, da sie

---

[125] So u. a. *Krüger*, Urt. Anm. zu BAG AP Nr. 39 Bl. 3 ff. zu Art. 3 GG.

[126] Siehe S. 101.

[127] Vgl. BAG AP Nr. 39 Bl. 2 f. zu Art. 3 GG.

[128] Siehe I. Teil: B. V.

— durch den Haushalt und die Kinderbetreuung gehandikapt — meistens weniger verdient hat als ihr Ehemann. Witwen, die Mütter sind, befinden sich also grundsätzlich in der Lage, für die die Arbeitgeberfürsorge besteht, so daß erschwerende Voraussetzungen für diese Frauen bei der Gewährung einer Witwenrente nicht erforderlich sind.

Dagegen ist die erwerbswirtschaftliche Situation einer berufstätigen kinderlosen Ehefrau eine andere und mit der des Mannes gleichzusetzen. Ihrem vollen beruflichen Einsatz während der Ehe und nach dem Tod des Ehegatten steht grundsätzlich nichts im Wege. Bei der berufstätigen kinderlosen Witwe fehlt es somit an einem naturbedingten erwerbswirtschaftlichen Unterschied im Vergleich zum Witwer[129], so daß an die Erlangung einer solchen Witwenrente die gleichen erschwerenden Anforderungen gestellt werden müssen wie beim Witwer.

An der Notwendigkeit einer Unterscheidung zwischen Witwen mit und ohne Kinder ändert auch die Tatsache nichts, daß im typischen Fall, von dem ja bei generellen Regelungen auszugehen ist, heutzutage noch in der erwerbswirtschaftlichen Lage der Witwen, ob mit oder ohne Kinder, kein großer Unterschied besteht. Ältere Frauen, für die vorwiegend eine betriebliche Witwenrente in Frage kommt, führen — auch wenn sie keine Kinder haben — entweder nur den Haushalt oder verdienen als Erwerbstätige doch weniger als ihr Ehemann. Typisierungen nach dem Geschlecht sind aber nur dann mit Art. 3 Abs. 2 und 3 GG zu vereinbaren, wenn sie auf einem beständigen Unterschied zwischen Mann und Frau beruhen. Ein solcher besteht jedoch auf die Dauer nicht zwischen der kinderlosen Ehefrau und dem Mann.

Die kinderlosen Witwen, die durch den Tod des Ehegatten einen Unterhaltsverlust erleiden, sind auch nicht gegenüber den Witwern benachteiligt, denn ihnen wird nicht generell die Witwenrente abgesprochen; vielmehr sollen sie eine Rente erhalten, wenn sie wie der Witwer den Nachweis führen, daß die erschwerenden Voraussetzungen vorliegen. Es entspricht der Arbeitgeberfürsorge, nicht in jedem Fall, sondern nur dann einzugreifen, wenn der hinterbliebene Ehepartner ohne den Verdienst des verstorbenen Arbeitnehmers schlechter steht.

Es ist also die generelle Besserstellung aller Witwen — unabhängig von ihrer erwerbswirtschaftlichen Situation — und nicht die generelle Schlechterstellung des Witwers, die gegen den Sinn der Arbeitgeberfürsorge und gegen den Art. 3 Abs. 2 und 3 GG verstößt. Nur der Witwe mit Kindern darf ohne Rücksicht darauf, wer den überwiegenden Teil zum Familienunterhalt im Einzelfall erbracht hat, ein Anspruch auf Witwenrente zugesprochen werden.

---

129 Siehe S. 53.

Andere betriebliche Rentenregelungen stellen nicht auf die überwiegende Unterhaltsleistung der verstorbenen Arbeitnehmerin, sondern in Anlehnung an § 132 a. F. Bundesbeamtengesetz darauf ab, ob der Witwer zur Zeit des Todes der Arbeitnehmerin einen „gesetzlichen Unterhaltsanspruch gegen sie" gehabt hat[130].

Eine solche Voraussetzung ist nach der Entscheidung des BVerfG zum Hamburger Beamtengesetz mit Art. 3 Abs. 2 und 3 GG unvereinbar[131]. Dieses Urteil kann aber nicht herangezogen werden, um auch zur Verfassungswidrigkeit derartiger betrieblicher Rentenregelungen zu gelangen. Die Arbeitgeberfürsorge ist nicht mit der „Fürsorge" des Staates gegenüber seinen Beamten zu vergleichen. Da die Bindung des Beamten zum Staat stärker als die des Arbeitnehmers zum Arbeitgeber ist[132], sind an die beamtenrechtliche Fürsorge höhere Anforderungen zu stellen. Bei dieser wird nach dem Alimentationsprinzip Ersatz für die fortgefallene Unterhaltsleistung des Beamten geschaffen. Der Arbeitgeber hingegen erfüllt seine Fürsorgepflicht schon, wenn er dem hinterbliebenen Ehepartner nur dann einen Angleich gewährt, wenn sich dessen Unterhaltssituation durch den Tod des Arbeitnehmers verschlechtert, was nur bei überwiegenden Unterhaltsleistungen des verstorbenen Arbeitnehmers der Fall ist. Nur insoweit darf ein „gesetzlicher Unterhaltsanspruch" des hinterbliebenen Ehegatten im Rahmen der betrieblichen Hinterbliebenenversorgung bejaht werden.

Wäre mit dem Erfordernis des „gesetzlichen Unterhaltsanspruchs" der bürgerlich-rechtliche Unterhaltsanspruch im Sinne des § 1360 Satz 1 BGB gemeint, wonach die Ehegatten einander zum gegenseitigen Unterhalt verpflichtet sind, so entbehrte diese Bezugnahme jeden Sinnes, denn danach hat der Ehemann immer einen gesetzlichen Unterhaltsanspruch gegen seine Ehefrau.

---

[130] *Gegen* die Verfassungsmäßigkeit dieser erschwerenden Voraussetzung: *Beitzke*, GR II, S. 220; *Grabendorff*, § 132 BBG, Erl. 1; *Krüger*, KBN, Schluß-Vorschr 3, Rdnr. 4; *Schmidt* in Hefele-Schmidt, § 145 BayBG, Bem. 1; einschränkend *Dapprich*, NJW 1959, 1711; BVerfGE 21, 329 in bezug auf § 134 des Hamburger Beamtengesetzes v. 22. Juni 1962 (GVBl. S. 139).

Für die Verfassungsmäßigkeit: BVerwG 13, 343 = FamRZ 1962, 150 = NJW 1962, 1456; *Plog-Wiedow-Beck*, § 132 BBG, Rdnr. 1; *Scheffler*, InfdF 1964, Nr. 9, S. 3 ff./6; *Hartmann-Janssen*, Art. 145 BayBG, Erl. 1; *Weiß-Kranz*, Art. 145 BayBG, Erl. 1; *Fischbach*, § 132 BBG, Fußn. 1 (jedoch ohne eigene Begründung und mit unzutreffender Bezugnahme auf Entscheidungen des BAG und BGH, die das Problem des § 132 BBG gar nicht berühren).

[131] BVerfG NJW 1967, 1851 ff. = BVerfGE 21, 329.

[132] Mit der Berufung in das Beamtenverhältnis entsteht die Pflicht des Beamten, seine ganze Persönlichkeit für den Dienstherrn einzusetzen und diesem — grundsätzlich auf Lebenszeit — seine volle Arbeitskraft zur Verfügung zu stellen (vgl. BVerfGE 16, 94/112 f./115; §§ 35, 36 BRRG). Der Arbeitnehmer hingegen braucht nicht seine volle Persönlichkeit, sondern nur seine Arbeitskraft einzusetzen; er verpflichtet sich in der Regel nicht auf Lebenszeit; auch steht ihm das Streikrecht zu (vgl. allgemein hierzu: BVerfG NJW 1967, 1854).

Das BVerwG[133] hat in Anlehnung an die Rechtsprechung des BGH zu § 844 Abs. 2 BGB[134] die Voraussetzung des „gesetzlichen Unterhaltsanspruchs“ bei § 132 a. F. BBG dahingehend ausgelegt, daß es für das Vorliegen eines Unterhaltsanspruchs des Witwers darauf ankomme, ob und in welcher Höhe der gesamte Familienunterhalt nach seiner Gestaltung zum Zeitpunkt des Todes der Beamtin auf ihren Beitrag, der sich aus ihrem Verdienst aus Erwerbstätigkeit und dem Geldwert ihrer Haushaltstätigkeit zusammensetzt, angewiesen war. Dieser Auslegung des „gesetzlichen Unterhaltsanspruchs“ kann im Rahmen der betrieblichen Hinterbliebenenversorgung schon deshalb nicht gefolgt werden, weil danach der Geldwert der von der Ehefrau geleisteten Haushaltstätigkeit angerechnet und vom Arbeitgeber mitersetzt werden muß. Zu der Arbeitgeberfürsorge gehört es aber nicht, einen Ausgleich dafür zu schaffen, daß mit dem Tode der Arbeitnehmerin auch in der Haushaltsführung für die Familie eine Lücke entsteht. Der Arbeitgeber ist nur veranlaßt, für den Unterhaltsbeitrag Rente zu zahlen, den die Verstorbene durch ihre Tätigkeit als seine Arbeitnehmerin erbracht hat. Die Leistung der Frau im Haushalt und in der Familie als wirtschaftlichen Wert in Ansatz zu bringen, ist zwar verfassungsrechtlich geboten, aber nur dort, wo die gesamte Unterhaltsleistung der Ehefrau als Erwerbstätige und Hausfrau berücksichtigt werden muß — wie bei der Feststellung der Unterhaltsleistung der Getöteten nach § 844 Abs. 2 BGB[135], des Kriegsopfers nach § 43 BVersG[136] und der Verstorbenen im Sozialversicherungsrecht nach § 43 AVG[137]. Hingegen kommt es bei der betrieblichen — und auch bei der beamtenrechtlichen — Hinterbliebenenversorgung nur auf die durch die Erwerbsarbeit erdiente Unterhaltsleistung der Verstorbenen an. Wollte man den Wert ihrer Hausarbeit berücksichtigen, so läge darin eine Prämiierung dieser „Nebentätigkeit“. Die Hausarbeit des Mannes, die er bei Berufstätigkeit beider Ehegatten gemäß § 1353 BGB leisten muß und häufig auch leistet, wird ja auch nicht bewertet. Im übrigen verschafft der Ehepartner, der mehr Hausarbeit leistet, dem anderen Partner in vielen Fällen schon dadurch eine bessere eigene Altersversorgung, daß er ihn von Hausarbeit entlastet, ihm damit mehr Zeit für den Beruf gibt und ihm folglich eine finanziell bessere Stellung und bessere eigene Versorgung ermöglicht. So wirkt der Ehepartner, der die häusliche Mehrarbeit verrichtet, letztlich indirekt für die Versorgung des hinterbliebenen Ehegatten.

---

[133] BVerwG 13, 343 = FamRZ 1962, 143 ff.

[134] § 844 Abs. 2 BGB gibt einem Dritten einen Schadensersatzanspruch bei Tötung desjenigen, der ihm gegenüber „kraft Gesetzes unterhaltspflichtig war oder unterhaltspflichtig werden könnte“.

[135] BGH FamRZ 1957, 92 ff.

[136] BVerfG AP Nr. 80 Bl. 5 f. und Nr. 81 Bl. 1v zu Art. 3 GG.

[137] BVerfG AP Nr. 79 Bl. 4 ff. zu Art. 3 GG.

Bei betrieblichen Witwer- und Witwenrenten muß somit die Anspruchsvoraussetzung des „gesetzlichen Unterhaltsanspruchs" arbeitsrechtlich gesehen werden, d. h. nur derjenige Ehegatte hat einen solchen Unterhaltsanspruch, der durch seine Erwerbsarbeit keinen oder den geringeren Teil des Familienunterhalts aufgebracht hat. Das Erfordernis des gesetzlichen Unterhaltsanspruchs des hinterbliebenen Ehepartners bedeutet also dasselbe wie das Erfordernis der überwiegenden Unterhaltsleistung des verstorbenen Arbeitnehmers.

Weitere zusätzliche Erfordernisse — wie Erwerbsunfähigkeit oder gegenwärtige Bedürftigkeit[138] — nur für Witwer aufzustellen, verstößt gegen den Gleichberechtigungsgrundsatz und ebenso gegen den Sinn der Arbeitgeberfürsorge. Danach kommt es nur darauf an, daß der hinterbliebene Ehegatte weniger als der Arbeitnehmer verdiente, also von dessen Verdienst mitzehrte, nicht aber auf die Umstände, warum der Hinterbliebene gar nichts oder weniger verdiente, noch auf die Tatsache, ob er von dessen Mitverdienst letztlich abhängig war. Da sich die Arbeitgeberfürsorge nicht nach der Bedürftigkeit des hinterbliebenen Ehegatten richtet, kann sie auch nicht auf die Dauer der Bedürftigkeit beschränkt noch auf den Zeitpunkt einer späteren Bedürftigkeit des Hinterbliebenen hinausgeschoben werden.

Zusammenfassend läßt sich über die Regelung der betrieblichen Versorgung der hinterbliebenen Ehegatten sagen: Mit dem Sinn der Arbeitgeberfürsorge und mit Art. 3 Abs. 2 und 3 GG ist es vereinbar, daß die verwitwete Mutter immer eine Witwenrente erhält, der Witwer und die kinderlose Witwe aber nur unter der erschwerenden Voraussetzung der „überwiegenden Unterhaltsleistung des verstorbenen Arbeitnehmers" bzw. des „gesetzlichen Unterhaltsanspruchs des überlebenden Ehepartners". Gegen Art. 3 Abs. 2 und 3 GG verstößt also nur die generelle bedingungslose Gewährung einer Witwenrente an Frauen und die generelle gänzliche Versagung einer Witwerrente an hinterbliebene Ehemänner.

c) Waisenrente

In Regelungen betrieblicher Hinterbliebenenversorgung ist meistens eine Waisenrente nur für Kinder männlicher Arbeitnehmer vorgesehen[139]; in seltenen Fällen erhalten Kinder weiblicher Arbeitnehmer eine

[138] So z. B. § 24 Abs. 2 der Versicherungsbedingungen des Beamtenversicherungsvereins des Deutschen Bank- und Bankiergewerbes (a. G.) von 1965 „Hatte die versicherte Ehefrau eines *erwerbsunfähigen* Ehemannes den Lebensunterhalt ihrer Familie ganz oder überwiegend aus ihrem Arbeitsverdienst bestritten, so erhält der Ehemann, *solange er bedürftig ist*, Witwerrente ..."

[139] So z. B. Art. 4 b der Versicherungsbestimmungen der „Maggi-Pensionskasse von 1960". Die Möglichkeit, daß weibliche Mitglieder eine Abhängigen-

Rente, doch dann meist nur unter der Bedingung, daß die Arbeitnehmerin den überwiegenden Unterhalt der Familie geleistet hat[140]. Darin, daß die Arbeitnehmerin durch ihre Erwerbsarbeit — anders als männliche Arbeitnehmer — entweder gar nicht oder nur schwieriger eine Anwartschaft auf Waisenrente erlangen kann, liegt eine Benachteiligung der Frau.

Die Arbeitgeberfürsorge erstreckt sich auf die hinterbliebenen Kinder seiner Arbeitnehmer, da diese in der Regel völlig mittellos und ohne eigenen Verdienst finanziell vom Arbeitnehmer und somit auch vom Arbeitgeber abhängig sind. Da der Arbeitgeber aber nicht nur aus rein fürsorgerechtlichen Erwägungen, sondern im Hinblick auf die ihm vom Arbeitnehmer geleisteten Dienste Waisenrente zahlt, kommt diese Zahlung einer Versorgung sehr nahe. Es soll damit ein gewisser Ausgleich dafür geschaffen werden, daß die Unterhaltsleistung eines Elternteils weggefallen ist. Männliche und weibliche Arbeitnehmer, die also gleiche Dienste verrichten, müssen auch alle eine Anwartschaft auf gleich hohe Waisenrente für ihre Kinder erlangen können.

Die Arbeitgeberfürsorge kann auch nicht dann entfallen, wenn der hinterbliebene Ehegatte durch seinen Verdienst mehr zum Familienunterhalt beigetragen hat. Die größere Unterhaltsleistung des Hinterbliebenen hebt den Vorteil nicht auf, den die Kinder aus der Unterhaltsleistung des verstorbenen Ehegatten — auch wenn diese geringer war — gezogen haben. Anders als bei der gegenseitigen Unterhaltspflicht der Ehegatten untereinander, wo bei Tod des einen normalerweise nur derjenige eine Einbuße erleidet, der den geringeren Teil zum Unterhalt beitrug, entsteht bei dem Nebeneinander der Unterhaltspflichten der Ehegatten gegenüber den Kindern mit Fortfall der Leistung eines Elternteiles immer eine Lücke[141]. Unabhängig also davon, ob der Arbeitnehmer mehr zum Unterhalt beiträgt als dessen Ehegatte, muß der Arbeitgeber den hinterbliebenen Kindern eine Rente entsprechend dem Verdienst seines Arbeitnehmers zahlen.

Es ist somit auch nicht gerechtfertigt, bei der Waisenrente nach dem Geschlecht der Arbeitnehmer zu differenzieren[142].

---

rente für ihre Kinder erreichen können (so gem. Art. 5 b der Versicherungsbestimmungen obiger Kasse), kompensiert nicht den Mangel an Waisenrente, da zur Erlangung einer Abhängigenrente andere, schwerere Voraussetzungen erfüllt werden müssen.

140 So z. B. § 24 Abs. 2 der Versicherungsbedingungen des Beamtenversicherungsvereins des Deutschen Bank- und Bankiergewerbes (a. G.) von 1965.

141 Vgl. BVerfG AP Nr. 79 Bl. 10v und 11 zu Art. 3 GG.

142 Soweit bei der Waisenrente im Sozialversicherungsrecht und im Kriegsopferversorgungsrecht auf die „überwiegende Unterhaltsleistung der Mutter" abgestellt wurde, ist dies für verfassungswidrig erklärt worden. (Zu § 44 Abs. 2 AVG und § 1262 Abs. 5 RVO siehe BVerfG AP Nr. 79 zu Art. 3 GG; zu § 45 Abs. 5 Satz 1 BVersG siehe BVerfG AP Nr. 80 zu Art. 3 GG).

d) Abhängigenrente

Die Fürsorge des Arbeitgebers erstreckt sich normalerweise nur auf den Arbeitnehmer und seine engere Familie. Der Arbeitgeber kann sich aber darüber hinaus verpflichten, an gewisse Personen, die von seinem Arbeitnehmer abhängig sind — wie Pflegekinder, Geschwister, Eltern — eine Abhängigenrente zu zahlen, wobei er ebenso wie bei sonstigen Rentenverpflichtungen den Grundsatz der Gleichberechtigung der männlichen und weiblichen Arbeitnehmer beachten muß. Werden z. B. nur von weiblichen und nicht von männlichen Arbeitnehmern in gleicher Lage zusätzliche Beiträge in eine Ruhegeldkasse für eine Abhängigenrente verlangt[143], so verstößt dies gegen Art. 3 Abs. 2 und 3 GG.

C. Frauenarbeitsschutz

Im Hinblick auf die geringeren körperlichen Kräfte der Frau[1], ihre für die Erhaltung der Nachkommenschaft wichtige biologische Aufgabe, ihre besondere sittliche Gefährdung, der sie auf Grund ihrer biologischen Andersartigkeit ausgesetzt ist[2], und im Hinblick auf ihre zusätzliche Tätigkeit in Haushalt und Familie[3] bedürfen weibliche Arbeitnehmer im Arbeitsleben eines stärkeren Schutzes als männliche, was grundsätzlich mit Art. 3 Abs. 2 und 3 GG vereinbar ist[4]. Diese Erkenntnis über den notwendigen Schutz der Arbeitnehmerin hat zwar nicht im Grundgesetz, so doch in manchen Länderverfassungen eine ausdrückliche Hervorhebung gefunden, so z. B. in Art. 12 Abs. 2 der Berliner Verfassung: „Frauen ... haben Anspruch auf besonderen Schutz im Arbeitsverhältnis[5]."

Zum Schutz der Frau hat der Gesetzgeber und die von ihm z. B. in § 120 e GewO und § 16 Abs. 3 AZO ermächtigten Stellen eine große Anzahl von Rechts- und Verwaltungsvorschriften erlassen[6].

---

[143] So Art. 5 b der Versicherungsbestimmungen der „Maggi-Pensionskasse von 1960": Jedes weibliche Mitglied kann gegen einen zusätzlichen Beitrag (Art. 2 Abs. 2) beim Kassenvorstand eine Abhängigenrente beantragen.

[1] Siehe I. Teil: B. II. 2.

[2] Siehe I. Teil: B. II. 1.

[3] Siehe I. Teil: B. IV.

[4] *Beitzke*, RdA 1953, 281 ff.; ders., GR II, S. 199, 221 mit weiteren Nachweisen in Fußn. 149; *Bulla*, MuSchG und Frauenarbeitsrecht, HAT-Einl. Rdnr. 30; *Molitor*, AcP 151, 385 ff./400; *Schnorr von Carolsfeld*, S. 105 ff./317; *Wernicke*, Bonner Kommentar, Art. 3 GG, Anm. III 9 c; BVerfGE 3, 225/242; 10, 59/74; BAG AP Nr. 19 Bl. 4 f. zu § 1 HATG NRW.

[5] Abgedruckt in *Nipperdey*, AR-Textsammlung, Nr. 53.

[6] Vgl. hierzu die Zusammenstellung bei *Boldt*, Gewerberecht, Teil II, Nr. 12, S. 173 ff., bei *Bulla*, MuSchG und Frauenarbeitsrecht, S. 774 ff./787 und bei *Schulte-Langforth*, Das Arbeitsamt 1964, 6 ff.; siehe hierzu auch *Grüll*, S. 39 f.; Frauenenquête, S. 101 ff.

Durch die Arbeitsschutzbestimmungen für Frauen wird nur die Frau und nicht der Mann in der Ausübung der persönlichen und beruflichen Freiheit beschränkt. Sie darf z. B. bestimmte Berufe nicht ergreifen, gewisse Tätigkeiten nicht verrichten, zu bestimmten Zeiten nicht arbeiten[7], was ihr im Endeffekt häufig sogar geringeren Lohn einbringt. Die Frau kann auch nicht auf den arbeitsrechtlichen Schutz verzichten, um z. B. in dem für Frauen verbotenen Untertagebergbau einen so hohen Lohn wie der Mann zu erzielen, da die Arbeitsschutzbestimmungen zwingenden Charakter haben. Dies ist zulässig, denn der einzelne darf auch gegen seinen Willen geschützt werden, wenn die verfassungsmäßige Ordnung oder das Wohl des Allgemeinheit oder die öffentliche Ordnung oder das Sittengesetz es vordringlich erfordern[8]. Zum Wohl der Allgemeinheit und der Volksgesundheit ist es notwendig und berechtigt, Frauen auf Grund ihrer Andersartigkeit durch besondere Bestimmungen vor Überbelastung zu schützen, um sie gesund zu erhalten. Hätten die Schutzbestimmungen keinen zwingenden Charakter, so würde der notwendige Frauenarbeitsschutz in vielen Fällen von den Frauen mißachtet und bliebe damit ohne die gewünschte Wirkung.

Auch wenn eine kräftige Frau im Einzelfall bei einer für Frauen verbotenen Beschäftigung keine gesundheitlichen Schäden zu befürchten hätte, würden doch die zwingenden Schutzbestimmungen für sie gelten. Es soll ja nicht nur die momentane, sondern auch die dauernde Arbeitsfähigkeit erhalten werden[9]. Außerdem können bei generellen Regelungen solche atypischen Fälle unberücksichtigt bleiben[10].

Vereinbarungen, die über den gesetzlichen Frauenarbeitsschutz hinausgehenden Arbeitsschutz nur für Frauen vorsehen, sind ebenfalls nur insoweit zulässig, als Differenzierungsmerkmale vorliegen.

Im folgenden sollen exemplarisch einige Arbeitsschutzbestimmungen auf ihre Vereinbarkeit mit Art. 3 Abs. 2 und 3 GG überprüft werden.

I. Beschäftigungsverbote und -beschränkungen

Zu den Arbeitsschutzbestimmungen für Frauen gehören u. a. die Beschäftigungsverbote und -beschränkungen, auf Grund deren Frauen von schweren und gesundheitsgefährdenden Arbeiten ferngehalten werden. So dürfen gemäß § 16 AZO und der entsprechenden Ausführungsverordnung zum Beispiel weibliche Arbeitnehmer nicht für Untertagearbeit in

---

[7] Siehe im einzelnen II. Teil: C. I. und II.

[8] Vgl. *Schnorr v. Carolsfeld,* S. 106.

[9] Vgl. *Molitor,* AcP 151, 401.

[10] Siehe I. Teil: B. VII. 2.

Bergwerken, Salinen, Aufbereitungsanstalten und unterirdisch betriebenen Brüchen und Gruben verwendet werden. Ebenso dürfen Frauen nicht in Kokereien und nicht mit den eigentlichen Betriebsarbeiten in Hochofen- und Stahlwerken, Metallhütten und Walz-, Preß- und Hammerwerken für Eisen, Stahl und andere Metalle, in denen diese Stoffe nicht kalt verarbeitet werden, beschäftigt werden.

Zum Schutz der Frau gelten auch die Bestimmungen, die die Verwendung von Frauen unter anderem in Ziegeleien[11] oder bei der Herstellung elektrischer Akkumulatoren[12] untersagen, ebenso § 25 Abs. 7 der ersten Strahlenschutzverordnung vom 24. Juni 1960[13], wonach Frauen unter 45 Jahren mehr als einer bestimmten Dosis radioaktiver Stoffe nur mit Gestattung der Aufsichtsbehörde ausgesetzt werden dürfen. Letztere Bestimmung schützt besonders die Frau als potentielle Mutter und damit die Nachkommenschaft. Werdenden Müttern und Wöchnerinnen sind wegen ihrer besonderen Situation weitere einzelne Tätigkeiten untersagt[14].

Auch die Unfallverhütungsvorschriften[15], die von den Berufsgenossenschaften auf Grund des § 848 a RVO erlassen wurden, enthalten Beschäftigungsverbote bzw. -beschränkungen, so das Verbot für Frauen, als Bagger- oder Kranführerin tätig zu sein, was noch verständlich ist wegen der Schwere dieser Arbeiten, aber auch das Verbot, als Lokomotiv- und Triebwagenführerin eingesetzt zu werden, obschon letztere Tätigkeiten heute an Schaltpulten im Sitzen verrichtet werden können und weniger körperliche als geistige Anstrengung erfordern, für die eine Frau ebenso geeignet ist wie ein Mann. Eine diesbezügliche Differenzierung zwischen Mann und Frau ist daher nicht mehr angebracht.

Das gleiche gilt für das Beschäftigungsverbot gemäß der Anordnung über die Beschäftigung von Frauen auf Fahrzeugen vom 30. Oktober 1940[16], wonach Frauen grundsätzlich nicht als Führerinnen von Schienenbahnen tätig sein dürfen. Daß diese Bestimmung veraltet ist, zeigt sich schon daran, daß es auf Grund von Ausnahmegenehmigungen in der BRD zur Zeit schon ca. 200 Straßenbahnführerinnen gibt[17]. Die Anordnung von 1940 wurde erlassen, als der bauliche Zustand und die Art der Be-

---

[11] Verordnung über die Beschäftigung von Arbeiterinnen und jugendlichen Arbeitern in Ziegeleien und verwandten Betrieben vom 5. 6. 1937 (RGBl. 1937, I S. 620).

[12] Bekanntmachung vom 6. 5. 1908 (RGBl. 1908, S. 172).

[13] Abgedruckt in *Nipperdey*, AR-Textsammlung, Nr. 386.

[14] Vgl. §§ 3 ff. MuSchG.

[15] Siehe *Grüll*, S. 40.

[16] Abgedruckt in *Nipperdey*, AR-Textsammlung, Nr. 403.

[17] Frauenenquête, S. 102.

dienung der Straßenbahn noch nicht den modernen Gegebenheiten entsprachen und man sich noch mehr als heute scheute, Frauen verantwortungsvolle Posten im öffentlichen Verkehr zu übertragen. So sprach man früher der Frau auch die Eignung zum Beruf des Taxifahrers ab[18]. Gegenüber den Männern, die ohne Sondererlaubnis als Straßenbahnführer eingesetzt werden können, stellt für Frauen das generelle Verbot mit dem Erfordernis der Ausnahmegenehmigung eine Benachteiligung dar, die unzulässig ist, da infolge des technischen Fortschritts für die Schienenbahnführung biologische Unterschiede zwischen den Geschlechtern nicht mehr relevant sind. Für eventuell doch noch notwendigen Gesundheitsschutz der Frauen genügen — im Gegensatz zu Berufsverboten — Beschäftigungsbeschränkungen, z. B. für alte Straßenbahnen, die noch im Stehen zu führen sind.

Fraglich ist die Zulässigkeit von Beschäftigungsverboten besonders dann, wenn sie sich nicht nur auf schwere und für Frauen gefährliche Arbeiten beschränken, sondern so allgemein gefaßt sind, daß sie auch Tätigkeiten untersagen, die Frauen gut leisten können. Verständlich ist es, wenn Frauen mit der Beförderung von Roh- und Werkstoffen bei Bauten aller Art gemäß § 16 Abs. 2 AZO nicht befaßt werden dürfen, da das Tragen schwerer Lasten für sie gesundheitsschädlich ist. Dagegen erscheint das weitere Verbot der Beschäftigung mit den eigentlichen Betriebsarbeiten bei Bauten aller Art[19] auf den ersten Blick als unzulässig[20], da damit Frauen praktisch generell die Betätigung auf Bauten verboten wird, obschon es auch hier etliche Beschäftigungen gibt — wie z. B. Steine mauern —, die der Gesundheit der Frau nicht abträglich sind. Dennoch ist in diesem Fall die allgemein gehaltene Beschränkung zulässig, da gerade auf dem Bau, wo überwiegend schwere Arbeiten anfallen, trotz einer Beschäftigung mit leichten Bauarbeiten immer die Gefahr besteht, daß Frauen auch bei schwereren Aufgaben mit anfassen und es so doch zu Gesundheitsschäden kommt.

Bei anderen Beschäftigungen aber, wo im allgemeinen leichtere Arbeiten anfallen und keine erhöhte Gefahr besteht, daß Frauen zu schweren Betätigungen herangezogen werden, erfüllt eine diesbezügliche Beschäftigungsbeschränkung den Schutzzweck genügend, so daß jede weitere Beschränkung einen Verstoß gegen den Grundsatz der Gleichberechtigung beinhaltet. Es muß besonders sorgfältig darauf geachtet werden, daß die Beschäftigungsverbote nicht außer Verhältnis zu den biologischen

---

[18] „Gleiche Eignung" des Mannes und der Frau zum „Autodroschkenlenker" erstmals festgestellt durch den österreichischen VGH im Jahre 1926 (*Beitzke*, GR II, S. 218 Fußn. 115).

[19] Ausführungsverordnung zur AZO, Abschnitt I, 20, (abgedruckt in *Nipperdey*, AR-Textsammlung, Nr. 350).

[20] So *Stree*, Diss., S. 101.

Unterschieden zwischen Mann und Frau stehen, weil die Verbote nicht nur eine Differenzierung zwischen den Geschlechtern, sondern zugleich eine Einschränkung der persönlichen Freiheit der Frau darstellen[21].

II. Arbeitszeitvorschriften

Die menschliche Arbeits- und Leistungsfähigkeit bleibt erhalten und wird geschützt, wenn dem arbeitenden Menschen ausreichend Gelegenheit gegeben wird, sich zu erholen. Diesem Zweck dienen Vorschriften über die Dauer der täglichen Arbeitszeit, Pausenregelungen, Nachtarbeiten etc.[22]. Sie sind für Frauen besonders günstig gestaltet, da mit ihnen der biologischen Andersartigkeit und den speziellen funktionalen Aufgaben der Frau Rechnung getragen wird.

Der Zulässigkeit dieser Arbeitszeitvorschriften steht nicht das Argument entgegen, daß Frauen auf Grund der Beschäftigungsverbote und -beschränkungen sowieso leichtere Arbeit verrichten und daher keiner zusätzlichen, besonderen Regelung der Arbeitszeit bedürften; denn der erhöhte Arbeitszeitschutz für Frauen ist dadurch bedingt, daß auch bei leichterer Arbeit die Leistungsspanne der Frau im Vergleich zu der des Mannes geringer ist, Ermüdungserscheinungen eher eintreten, ihre Kräfte sich schneller aufbrauchen und längere und häufigere Zeiten zu ihrer Erholung nötig sind.

Auf Grund dieser biologischen Unterschiedlichkeiten sind die gesetzlichen Begrenzungen der Höchstarbeits- und Mehrarbeitszeiten, die Mindestanforderungen an Freizeit und Pausenregelungen als Schutz vor Ausbeutung der Arbeitskraft der Frau durch eine zu lange und unzweckmäßige Arbeitszeit mit Art. 3 Abs. 2 und 3 GG vereinbar[23]. Da Frauen ferner wegen ihrer schwächeren Konstitution durch Nachtarbeit mehr belastet sind als Männer, ist auch die Bestimmung des § 19 Abs. 1 AZO, wonach Frauen in der Zeit von 20 bis 6 Uhr nicht beschäftigt werden dürfen[24], verfassungsgemäß.

Werden mit dem Ziel der vollen Ausnutzung der Arbeitskraft über die gesetzlich festgelegten Mindestpausen zusätzlich betrieblich festgesetzte

---

[21] Siehe auch II. Teil: A. III.

[22] So speziell für Frauen: §§ 17 ff. AZO; § 3 Freizeitanordnung vom 22. 10. 1943; § 14 vorläufige Landarbeitsordnung vom 24. 1. 1949; § 93 Seemannsgesetz vom 26. 7. 1957; Abschnitt III. 2 der Anordnung über die Beschäftigung von Frauen auf Fahrzeugen vom 30. 10. 1940; § 13 des Gesetzes über die Arbeitszeit in Bäckereien und Konditoreien i. V. m. §§ 16 - 18 AZO.

[23] Vgl. auch *Grüll*, S. 36 ff.

[24] Gewisse Sonderregelungen sind in mehrschichtigen und einigen sonstigen Betrieben erlaubt (§ 19 Abs. 2, 3 i. V. m. § 17 Abs. 3 AZO); ebenso gibt es Ausnahmen auf Grund behördlicher Genehmigung (§ 20 AZO); vgl. auch *Grüll*, S. 47 ff.

Kurzpausen nur an Frauen und nicht an Männer gewährt, so dient dies der Erhaltung des Leistungsniveaus und der Leistungsstabilität der Frau, damit letztlich auch der Erhaltung ihrer Gesundheit. Gerade die für Frauen in der Industrie typischen Geschicklichkeitsarbeiten beanspruchen die Aufmerksamkeit der Frauen besonders und belasten ihre Nerven so sehr, daß erhöhte Ermüdungserscheinungen auftreten[25], die nur mit zusätzlichen Pausen zum Nutzen der Produktivität der Frau abgefangen werden können. Eine solche zusätzliche arbeitsschutzrechtliche Ungleichbehandlung der Geschlechter ist mit Art. 3 Abs. 2 und 3 GG jedoch nur solange zu vereinbaren, als bei Männern solche biologisch bedingten Erscheinungen nicht auftreten.

Überstunden können grundsätzlich auch weibliche Arbeitnehmer leisten. Werden in einem Betrieb jedoch nur männliche Arbeitnehmer zu abendlichen Überstunden herangezogen, weibliche aber davon ausgenommen, so liegt hierin eine Benachteiligung des Mannes. Biologische Differenzierungsmerkmale können unter Umständen eine solche Ungleichbehandlung rechtfertigen. Wären z. B. infolge verlängerter Arbeitszeit die Arbeitnehmer gezwungen, zu verkehrsarmen Zeiten bei Dunkelheit nach Hause zu gehen, dann wäre dieser durch Überstunden bedingte späte Heimweg für weibliche Arbeitnehmer wegen ihrer biologischen Andersartigkeit mit mehr Gefahren verbunden als für Männer. Unter solchen Umständen kann ein Verlangen des Arbeitgebers an Arbeitnehmerinnen, Überstunden zu machen, sogar sittenwidrig sein[26].

Der funktionalen Verschiedenheit von Mann und Frau tragen zum Beispiel die Vorschriften Rechnung, daß die Arbeitszeit von Frauen an Tagen vor Sonn- und Feiertagen grundsätzlich 8 Stunden nicht überschreiten darf[27] und daß Frauen an diesen Tagen nicht nach 17 Uhr beschäftigt werden dürfen[28]. Infolge des weitverbreiteten arbeitsfreien Samstags bzw. Samstagsfrühschlusses sind diese Bestimmungen von praktischer Bedeutung vorwiegend nur für Werktage vor Feiertagen. Frauen soll die Möglichkeit gegeben werden, ihre häuslichen Wochenend- und Feiertagsvorbereitungen zu treffen und Einkäufe zu erledigen. Damit schützen diese Bestimmungen über Frühschluß und beschränkte Arbeitszeit die berufstätige Frau vor einer Überforderung, tragen somit zu ihrer Gesunderhaltung bei und beinhalten deshalb echtes Arbeitsschutzrecht.

---

[25] *Läge*, ArbSch 1965, 117.

[26] LAG Bremen vom 6. 12. 1950 (zitiert in *Hedemann*, S. 60 Fußn. 57).

[27] § 17 Abs. 2 Satz 2 AZO; Ausnahmen für bestimmte Berufszweige (§ 17 Abs. 3 AZO) und bestimmte Betriebsabteilungen etc. (AusfVO zur AZO, Abschnitt I, Nr. 23).

[28] § 19 Abs. 1 AZO; Ausnahmen gemäß § 19 Abs. 3 i. V. m. § 17 Abs. 3 AZO und AusfVO zur AZO, Abschnitt I, Nr. 23.

Ob jedoch diese Bevorzugung aller Frauen — auch der Junggesellinnen und kinderlosen Ehefrauen — mit Art. 3 Abs. 2 und 3 GG zu vereinbaren ist, obschon nur bei Frauen mit Kindern ein funktionaler Unterschied zum Mann vorliegt, erscheint sehr zweifelhaft. Allerdings hat das BVerfG[29] diese in § 17 Abs. 2 Satz 2 und § 19 Abs. 1 AZO enthaltenen generellen Differenzierungen zwischen den Geschlechtern als mit dem Gleichberechtigungsgrundsatz vereinbar erklärt. In der Literatur hingegen wird zum Teil sogar die Auffassung vertreten, daß alle Frauenarbeitsschutzbestimmungen, mit denen lediglich der funktionalen Verschiedenartigkeit von Mann und Frau Rechnung getragen wird, gegen Art. 3 Abs. 2 und 3 GG verstoßen, da einem Mann, der Hausarbeiten zu erledigen hat, kein Recht auf Freistellung von der Erwerbstätigkeit zusteht[30]. Es ist auch nicht einzusehen, warum die Junggesellin, nicht aber der Junggeselle, der sich selbst versorgt, in den Genuß des Frühschlusses kommen soll. Anders ist es bei Frauen mit Kindern, auf die naturbedingt mehr Hausarbeit entfällt[31].

Da diese Mehrbelastung auf dem funktionalen Unterschied zwischen Mann und Frau beruht, ist es gerechtfertigt, für die Frau mit Kindern eine günstigere Arbeitszeitregelung zu schaffen. Die vorläufige Landarbeitsordnung vom 24. 1. 1919[32] beschränkt den Frühschluß auf solche Frauen, „die ein Hauswesen zu versorgen haben“ (§ 14 LAO). Doch auch diese Einschränkung ist nicht ausreichend, da hiernach auch kinderlos verheirateten Arbeiterinnen, die ein Hauswesen versorgen, ein Anspruch auf Frühschluß zusteht, obwohl bei ihnen kein funktionaler Unterschied zum Mann gegeben ist[33].

Mit Art. 3 Abs. 2 und 3 GG vereinbar sind Ungleichbehandlungen, die auf einem Differenzierungsmerkmal beruhen. Arbeitszeitregelungen, die auf die funktionale Verschiedenheit von Mann und Frau abstellen, können also dann als verfassungsgemäß angesehen werden, wenn sie nur für Frauen mit Kindern gelten und wenn diesen dadurch der für sie notwendige Schutz gewährt wird. Als Beispiel einer verfassungsgemäßen Bevorzugung der Frau sei § 3 Abs. 1 der Freizeitanordnung vom 22. 10. 1952[34] genannt, wonach Frauen, „die Kinder unter 14 Jahren betreuen müssen“, auf ihr Verlangen von Mehrarbeit, Nachtarbeit, Sonn- und Feiertagsarbeit freizustellen sind.

---

[29] BVerfGE 5, 9/11 f.

[30] *Molitor*, LAO, § 14 Anm. 15; ders., AcP 151, 401; *Scheffler*, RdA 1951, 138; *Krüger*, RdA 1953, 350.

[31] Siehe I. Teil: B. IV. 4. c).

[32] Abgedruckt in *Nipperdey*, AR-Textsammlung, Nr. 110.

[33] Siehe I. Teil: B. IV. 4. b).

[34] Abgedruckt, a.a.O., Nr. 404.

III. Mutterschutz

Dem in Art. 6 Abs. 4 GG normierten Anspruch der Mutter auf Schutz und Fürsorge der Gemeinschaft[35] ist u. a. durch das Gesetz zum Schutze der erwerbstätigen Mutter und durch die Verordnung über den Mutterschutz für Beamtinnen entsprochen worden[36]. Die Bestimmungen zugunsten der Mütter gehen über den für Frauen allgemein geltenden Arbeitsschutz hinaus und enthalten weitere Beschäftigungsverbote[37], Arbeitszeitvorschriften[38], besondere Schutzfristen vor und nach einer Niederkunft[39] und sonstige besondere Bestimmungen[40] zum Schutze der erwerbstätigen Mütter bzw. werdenden Mütter und ihrer werdenden Kinder vor gesundheitlichen Schäden, die durch die Erwerbsarbeit während der Schwangerschaft und während einer gewissen Zeit nach der Niederkunft entstehen könnten.

Da die Mutterschutzbestimmungen nur auf Frauen anwendbar sind, beinhalten sie eine Ungleichbehandlung von Männern und Frauen, deren Zulässigkeit an Art. 3 Abs. 2 und 3 GG zu messen ist. Dagegen erklärt das BVerfG[41] den Art. 3 Abs. 2 und 3 GG auf dem Gebiet des Mutterschutzes für überhaupt nicht anwendbar, da es hier an einem vergleichbaren Lebenstatbestand zwischen Mann und Frau fehle. Der Mann könne, da nur die Frau Mutter wird, durch Bestimmungen zum Schutz der Mutter niemals „im Rechtssinn" benachteiligt werden. Der gesamte Mutterschutz enthalte schon deshalb keinen Verstoß gegen den Grundsatz der Gleichberechtigung.

Hiernach würde auch der noch so übertriebene Mutterschutz nicht gegen Art. 3 Abs. 2 und 3 GG verstoßen, weil er erst gar nicht am Gleichberechtigungsprinzip zu messen wäre. Versteht man demgegenüber — wie im ersten Teil der Arbeit erläutert[42] — den Gleichberechtigungs-

---

[35] Siehe Näheres dazu I. Teil: B. VI. 2.

[36] Vgl. *von Mangoldt-Klein*, Art. 6 GG, Anm. V, 1; *Hamann*, Art. 6 GG, Anm. B 8. Die vorgeschlagene Präambel zum MuSchG mit dem ausdrücklichen Hinweis auf Art. 6 Abs. 4 GG wurde jedoch in den Ausschußberatungen gestrichen, „weil sie die Möglichkeit zu einer unerwünschten Ausweitung des Gesetzes gibt" (Bericht über die 180. Sitzung des Bundestages am 12. 12. 1951, zit. in *Bulla*, MuSchG, Einl. Rdnr. 18).

[37] §§ 3, 4, 6 MuSchG; §§ 1, 2, 3 VO über den MuSch für Beamtinnen; § 23 Erste StrahlenschutzVO.

[38] § 8 MuSchG; § 7 VO über den MuSch für Beamtinnen; § 8 VO über den Arbeitsschutz für jugendliche Bundesbeamte.

[39] § 3 Abs. 2 und § 6 Abs. 1 MuSchG; § 1 Abs. 2 und § 3 Abs. 1 VO über den MuSch für Beamtinnen.

[40] z. B. die Gewährung von Stillzeiten (§ 7 MuSchG; § 6 VO über den MuSch für Beamtinnen).

[41] BVerfGE 6, 389/423.

[42] Siehe I. Teil: A. III. 5.

grundsatz umfassend, so muß jegliche Ungleichbehandlung von Männern und Frauen auf ihre Zulässigkeit nach Art. 3 Abs. 2 und 3 GG überprüfbar sein. Eine Benachteiligung oder Bevorzugung ist schon dann gegeben, wenn durch das Recht eine ungleiche Verteilung von Rechten und Pflichten vorgenommen wird, auch wenn dadurch praktisch nur ein Ausgleich für sonstige Nachteile oder Erschwernisse — wie Schwangerschaft — geschaffen werden soll[43]. Letzteres ist dann bei der Frage der Zulässigkeit der Differenzierungen zu berücksichtigen.

Bevorzugungen der Mütter sind nicht allein deshalb gerechtfertigt, weil sie Mütter treffen, sondern erst dann, wenn sie auf der biologischen oder funktionalen Andersartigkeit der Mütter beruhen und die Nichtbeachtung dieses Umstandes willkürlich wäre. Mit dem Gleichberechtigungsgrundsatz soll gerade einem übertriebenen staatlichen Mutterkult entgegengetreten werden können[44]. Art. 3 Abs. 2 und 3 GG und Art. 6 Abs. 4 GG setzen die Grenzen für einen zu stark ausgedehnten Mutterschutz auf der einen und einer überbetonten Gleichstellung auf der anderen Seite[45].

Da die Bestimmungen des Mutterschutzgesetzes und der Verordnung über den Mutterschutz für Beamtinnen nur den für Mütter notwendigsten Schutz enthalten und die Nichtberücksichtigung der ihnen zugrunde liegenden biologischen Differenzierungsmerkmale willkürlich wäre, verstoßen sie nicht gegen den Gleichberechtigungsgrundsatz.

Sollte der häufig geforderte[46] Karenzurlaub bei Mutterschaft eingeführt werden[47], so wäre auch diese Bevorzugung der Arbeitnehmerin, welche auf Verlangen nach der Entbindung einen einjährigen unentgeltlichen Urlaub erhält, mit dem Grundsatz der Gleichberechtigung vereinbar. Der Karenzurlaub gewährt gleichzeitig Schutz für die Mutter und für das Kind. Da das Kind gerade in den ersten Lebensjahren der besonderen Liebe und Fürsorge einer Person bedarf und da die Mutter auf Grund des funktionalen Differenzierungsmerkmals hierzu eher berufen ist als der Vater[48], wäre eine Differenzierung zwischen Mann und Frau auch insoweit zulässig.

---

[43] Siehe I. Teil: A. III. 4. b).

[44] *Krüger*, KBN, Einl., Rdnr. 171.

[45] Zum Verhältnis von Art. 3 Abs. 2 und 3 GG zu Art. 6 Abs. 4 GG siehe I. Teil: B. VI. 2.

[46] *Myrdal-Klein*, S. 211 f.; *Schulte-Langforth*, RdA 1961, 322 ff., S. 317 Fußn. 13 - 15 (weitere Literaturhinweise) und S. 322 ff.

[47] Daß die praktische Durchführung einer solchen Regelung möglich ist, zeigt sich an dem Beispiel der wehrpflichtigen jungen Männer, deren Arbeitsverhältnis für die Dauer der Einberufung ruht (§§ 1 ff. VO zur Abänderung und Ergänzung von Vorschriften auf dem Gebiete des Arbeitsrechts v. 1. 9. 1959 — abgedruckt in *Nipperdey*, AR-Textsammlung, Nr. 158).

[48] Siehe I. Teil: B. IV. 4. c).

IV. Sonderregelungen für weibliche Arbeitnehmer in Gast- und Schankwirtschaften

Gemäß § 17 Abs. 2 des Gaststättengesetzes vom 28. 4. 1930 sind Bestimmungen über die Zulassung, das Verhalten und die Art der Entlohnung weiblicher Arbeitnehmer in Gast- und Schankwirtschaften von der obersten Landesbehörde oder der von ihr bestimmten Behörde zu erlassen. Dieser Verpflichtung[49] sind die Länder gefolgt[50], so daß auf Grund von Rechtsverordnungen für weibliche Arbeitnehmer, nicht aber für männliche Arbeitnehmer Sonderbestimmungen bestehen. Sie enthalten Vorschriften zum Teil zum Schutz der Frau selbst, zum Teil auch zum Schutz des Publikums.

Vorschriften zum persönlichen Schutz der Frau rechtfertigen sich aus dem biologischen Unterschied zum Mann und der daraus folgenden erhöhten Gefährdung der Frau[51]. Gerade in Gast- und Schankwirtschaften, also an Stätten, wo Alkohol ausgeschänkt wird, bestehen erhöhte sittliche Gefahren. Zwar sind in Gaststätten auch sittliche Gefahren für männliche Arbeitnehmer denkbar, sie sind jedoch für Frauen weitaus größer und verbreiteter[52] — gerade auf Grund der biologischen Andersartigkeit der Frau.

Gehen besonders von den weiblichen Arbeitnehmern Gefahren für das Publikum aus, so müssen die weiblichen Arbeitnehmer auch die für sie nachteiligen Bestimmungen, die ausschließlich zum Schutz des Publikums wirken, in Kauf nehmen. Ein Gebot, daß nur weibliche Arbeitnehmer die Gäste nicht zum Trinken anreizen dürfen[53], enthält aber eine ungerechtfertigte Benachteiligung allein der Frauen, da auch von männlichen Arbeitnehmern an Ausschankstätten die gleichen Gefahren ausgehen können, wenn sie zum Trinken anregen und auf das Publikum einwirken. Desgleichen ist die Möglichkeit, nur weibliche Arbeitnehmer wegen ungeziemenden Verhaltens bestrafen zu können[54], mit Art. 3

---

[49] Vgl. *Michel*, § 17 GastG, Bem. III, 2.

[50] Preußische DVO vom 18. 6. 1930 und vom 27. 3. 1933 (z. T. abgedruckt in *Nipperdey*, AR-Textsammlung, Nr. 402), die heute noch in Niedersachsen und Schleswig-Holstein gilt (*Michel*, Anhang B I a 1 - 3); VO über den Betrieb von Gaststätten des Landes Hamburg vom 25. 10. 1957 (abgedruckt in *Nipperdey*, a.a.O., Nr. 402); LVO von Rheinland-Pfalz vom 7. 3. 1963 (abgedruckt in *Nipperdey*, a.a.O., Nr. 402); LVO von Nordrhein-Westfalen vom 13. 5. 1960 (abgedruckt in ArbSch 1960, Nr. 150); LVO von Bremen vom 15. 7. 1964 (abgedruckt im Bremer Gesetzblatt, S. 101); Bayerische Vollzugsordnung vom 12. 9. 1931 (abgedruckt in *Ziegler-Tremel* Nr. 265).

[51] Siehe I. Teil: B. II. 1.

[52] Vgl. *Molitor*, AcP 151, 399.

[53] Preußische DVO vom 18. 6. 1930, Abschnitt III Ziff. 11 b.

[54] Preußische DVO, Abschnitt III Ziff. 11 i. V. m. Ziff. 15.

Abs. 2 und 3 GG unvereinbar, da ungeziemendes Verhalten männlicher Arbeitnehmer genauso verwerflich ist und genauso schlechte Auswirkungen haben kann.

Die meisten Bestimmungen, die auf Grund des § 17 Abs. 2 GastG erlassen wurden, beziehen sich nicht unmittelbar auf die Arbeitnehmerin selbst, sondern auf den Arbeitgeber. Haben Arbeitgeber von Frauen andere Bedingungen zu erfüllen oder andere Anweisungen zu befolgen als Arbeitgeber von Männern, und wirkt sich dies auf die Arbeitnehmerin ungünstig aus, so liegt eine indirekte Differenzierung zwischen männlichen und weiblichen Arbeitnehmern vor. Für die Anwendung des Art. 3 Abs. 2 und 3 GG genügt es, daß die tatsächlichen Auswirkungen einer Bestimmung eine Bevorzugung oder Benachteiligung eines Geschlechts enthalten können, ohne daß die männlichen und weiblichen Arbeitnehmer von der rechtlichen Bestimmung unmittelbar betroffen werden. Also auch indirekte Ungleichbehandlungen sind nur dann zulässig, wenn sie durch ein Differenzierungsmerkmal gerechtfertigt sind.

Sieht z. B. eine Verordnung vor, daß dem Arbeitgeber die Weiterbeschäftigung derjenigen weiblichen Arbeitnehmer, die bei Ausübung ihres Berufs die guten Sitten oder den Anstand wiederholt gröblich verletzt haben, untersagt werden kann[55], so liegt darin eine indirekte Benachteiligung der Frau. Die Regelung bezieht sich zwar auf den Arbeitgeber, trifft aber die Arbeitnehmerin, da der Arbeitgeber weibliche, nicht aber männliche Arbeitnehmer, die sich so verhalten haben, entlassen muß. Die Regelung verstößt gegen Art. 3 Abs. 2 und 3 GG, denn auch männliche Arbeitnehmer können Sitte und Anstand gröblich verletzen und damit das Publikum gefährden. Biologische Differenzierungsmerkmale rechtfertigen hier keine Ungleichbehandlung. Zulässig ist daher nur eine solche Bestimmung, die wie § 4 der VO des Landes Hamburg vom 25. 10. 1957 die Möglichkeit vorsieht, dem Arbeitgeber die Beschäftigung all jener Arbeitnehmer, die sich eines anstößigen Verhaltens schuldig machen, zu untersagen.

Fast alle Verordnungen enthalten die Möglichkeit, dem Gastwirt generell die Beschäftigung weiblicher Arbeitnehmer zu verbieten, wenn z. B. die Person des Arbeitgebers oder die Anlage der Gastwirtschaftsräume keine genügende Gewähr für einen ausreichenden Schutz der weiblichen Arbeitnehmer gegen sittliche und gesundheitliche Gefahren bietet. Da diese Regelung zum Schutz gerade der Frau notwendig ist, ist sie auch mit Art. 3 Abs. 2 und 3 GG vereinbar.

Darüber hinaus werden dem Gastwirt, der weibliche Arbeitnehmer beschäftigt, noch andere besondere Pflichten auferlegt, so z. B. muß er

---

[55] So § 4 Abs. 2 der VO von Rheinland-Pfalz und § 16 Abs. 1 der VO von Bayern.

eine Erlaubnis der Ortspolizeibehörde einholen, um Frauen unter 18 Jahren oder Frauen generell beschäftigen zu dürfen. Ferner hat er die Einstellung und Entlassung von Frauen anzuzeigen; auch ist er verpflichtet, ein Verzeichnis zu führen über die Personalien der Arbeitnehmerinnen, die Art der Beschäftigung, die Höhe des vereinbarten Lohnes etc. Diese Erfordernisse wirken sich zum Schutz, unter Umständen aber auch zum Nachteil der Frau aus, da der Arbeitgeber nur bei der Beschäftigung von Frauen besondere Anforderungen und lästige Aufgaben erfüllen muß, wogegen die Beschäftigung von Männern mit solcher — wenn auch geringen — Mehrbelastung nicht verbunden ist. Diese Mehrbelastung kann für den Arbeitgeber bei der Frage der Einstellung und Kündigung eine ausschlaggebende Rolle spielen. Daher verstoßen diese Anforderungen gegen Art. 3 Abs. 2 und 3 GG, wenn sie nicht unbedingt zum Schutz der Frau erforderlich sind. Die Möglichkeit der Befreiung von der Anzeigepflicht[56] beseitigt noch nicht die grundsätzliche Benachteiligung der Frau.

Die Vereinbarkeit der Anzeigepflicht des Arbeitgebers mit dem Gleichberechtigungsgrundsatz wird damit begründet, daß auf diese Weise die Möglichkeit geschaffen werde, unerwünschten Auswüchsen, die sich in sittlicher Hinsicht in einzelnen Gaststätten ergeben, durch Beobachtung und Eingreifen der Behörde zu begegnen[57]. Eine behördliche Beobachtung der in Gastwirtschaften angestellten Frauen ist aber auch ohne Anzeigepflicht des Arbeitgebers möglich. Eine Anzeigepflicht über die Einstellung von weiblichen Arbeitnehmern ist höchstens dort berechtigt, wo tatsächlich Bedenken in gesundheitlicher und sittlicher Hinsicht bestehen. So gut wie jeder Gastwirt beschäftigt weibliche Arbeitnehmer. Grundsätzlich kann seine Eignung hierzu unterstellt werden. Gastwirte bedürfen zum Betrieb einer Gast- oder Schankwirtschaft der Betriebserlaubnis nach §§ 1 ff. GaststättenG, wonach schon beachtet wird, daß keine Tatsachen vorliegen, die die Annahme rechtfertigen, „daß der Antragsteller die für den Gewerbebetrieb erforderliche Zuverlässigkeit nicht besitzt, insbesondere ... das Gewerbe zur Förderung ... der Unsittlichkeit mißbrauchen wird“[58]. Stellt sich dann doch heraus, daß ein Arbeitgeber als sittlich nicht so gefestigt oder der Betrieb als in sittlicher Hinsicht nicht bedenkenfrei anzusehen ist, so sind auf Grund des biologischen Unterschieds Frauen mehr als Männer gefährdet. Es reicht aber zum Schutz der Frau aus, daß diesen einzelnen Arbeitgebern die Beschäftigung speziell weiblicher Arbeitnehmer untersagt werden kann — wie dies alle Verordnungen vorsehen — oder ihnen nur unter diesen Umständen eine Anzeige- und Verzeichnisführungspflicht auferlegt werden

[56] So nur nach § 8 VO von Rheinland-Pfalz.

[57] BVerwG AP Nr. 1 zu § 17 GastG.

[58] § 2 Abs. 1 Ziff. 1 GastG; vgl. auch § 11 Abs. 1 a GastG.

kann[59]. Eine generelle Verpflichtung aller Wirte, eine Erlaubnis zur Einstellung von Frauen einzuholen[60] oder die Einstellung von Frauen anzuzeigen und ein Verzeichnis zu führen, ist somit zum Schutz erwachsener und heranwachsender Frauen nicht erforderlich. Solche Verpflichtungen — mit Ausnahme bei Mädchen unter 18 Jahren — verstoßen gegen Art. 3 Abs. 2 und 3 GG.

Über die Art der Entlohnung bestimmt die Preußische DVO vom 18. 6. 1930 in Abschnitt III Ziff. 9: „Die Beschäftigung von weiblichen Arbeitnehmern ... ist nur gegen ausreichenden Barlohn zulässig. Tariflöhne gelten als ausreichend ...“ und § 9 Abs. 1 der VO von Bayern vom 12. 9. 1931: „Das Arbeitsentgelt der weiblichen Bedienung muß mindestens zu einem angemessenen Teil aus einem festen Barlohn bestehen. Tariflöhne gelten als angemessen ...“. Der Lohn ist „ausreichend“, wenn er „die zur Deckung der notwendigen Lebensbedürfnisse erforderlichen Mittel vom Standpunkt sozialer Billigkeit und der guten Sitten genügend zur Verfügung stellt“[61]. Der Lohngleichheitsgrundsatz verlangt aber, daß die Höhe des Lohnes nicht nach dem Bedürfnis, sondern nach der Arbeit berechnet wird und daß Frauen den Lohn erhalten, der dem üblichen Lohn der männlichen Arbeitnehmer mit vergleichbaren Tätigkeiten entspricht[62]. Die obigen Bestimmungen verstoßen insoweit gegen den Lohngleichheitsgrundsatz und sind rechtswidrig.

Mit dem Verbot, Arbeitnehmerinnen am Umsatz oder Gewinn zu beteiligen[63], dürfen diese nicht von dem im Hotel- und Gaststättengewerbe üblichen Bedienungsgeldzuschlag ausgeschlossen werden[64], weil sonst eine ungerechtfertigte Benachteiligung der Frau vorliegt, denn ihrem männlichen Kollegen steht der prozentuale Bedienungszuschlag zu. Der den Verordnungen zu § 17 Abs. 2 GastG zugrunde liegende Schutzgedanke zugunsten der Frau würde in sein Gegenteil verkehrt[65].

Im übrigen muß das nur in bezug auf die Arbeitnehmerin bestehende Verbot, sie am Umsatz oder Gewinn zu beteiligen, in dieser generellen Form als unzulässig angesehen werden. Entweder ist die Umsatzbeteiligung für weibliche und männliche Arbeitnehmer verboten oder für alle mit gewissen Einschränkungen zugelassen. Gelingt es z. B. einer tüchtigen,

---

[59] So § 14 der Bayerischen VO vom 12. 9. 1931.

[60] So § 1 Preußische DVO vom 27. 3. 1933.

[61] So *Michel*, Anhang B I, S. 355 Fußn. 1 zu Abschnitt III Ziff. 2 der Preußischen DVO.

[62] So auch § 6 Abs. 1 VO von Hamburg vom 25. 10. 1957.

[63] So Preußische DVO vom 18. 6. 1930 in Abschnitt III Ziff. 9.

[64] Was auch in § 7 S. 2 VO von Rheinland-Pfalz vom 7. 3. 1963 ausdrücklich betont wird.

[65] LAG Bremen, Urt. vom 27. 7. 1955, zitiert in NJW Fundhefte, Arbeitsrecht Bd. III, Nr. 985.

attraktiven, schlagfertigen Kellnerin den Umsatz des Betriebes zu steigern, so muß es dem Arbeitgeber unbenommen sein, sie zu beteiligen wie einen Kellner. Der Schutz der Frau und des Publikums bleibt immer noch gewahrt, wenn eine Beteiligung für die Fälle ausgeschlossen wird, in denen die Umsatzsteigerung durch ein Verhalten der Arbeitnehmer — männlich oder weiblich — erzielt wird, das die Gesundheit gefährdet oder die guten Sitten, die Ordnung oder den Anstand verletzt.

V. Hausarbeitstag

Weibliche Arbeitnehmer mit einem eigenen Hausstand, nicht aber männliche Arbeitnehmer in gleicher Lage haben unter besonderen Voraussetzungen einen Anspruch auf einen freien Werktag im Monat, den sogenannten Hausarbeitstag (= HAT). Dieser Anspruch beruht in den Ländern Bremen, Hamburg, Niedersachsen und Nordrhein-Westfalen auf Ländergesetzen[66], die gemäß Art. 125 Ziff. 2 GG partielles Bundesrecht geworden sind[67], im übrigen Bundesgebiet auf der Anordnung des Reichsarbeitsministers über Arbeitszeitverkürzung für Frauen, Schwerbeschädigte und minderleistungsfähige Personen vom 22. 10. 1943, der sogenannten Freizeitanordnung (FAO)[68].

Da alle diese Gesetze nur weiblichen Arbeitnehmern einen HAT zugestehen, kann unabhängig von weiteren Voraussetzungen des HAT-Anspruchs, die in den einzelnen HAT-Gesetzen unterschiedlich geregelt sind[69], geprüft werden, ob und gegebenenfalls inwieweit eine solche Ungleichbehandlung von Mann und Frau nach Art. 3 Abs. 2 und 3 GG zulässig ist.

Das BAG bejaht grundsätzlich die Verfassungsmäßigkeit der zwischen Mann und Frau differenzierenden Hausarbeitsregelung[70]. In der Literatur wird ganz vereinzelt die Verfassungsmäßigkeit des HAT generell abgelehnt, da die Differenzierung nicht auf einem naturgegebenen Un-

---

[66] Abgedruckt in *Nipperdey*, AR-Textsammlung, Nr. 410 - 413.

[67] Vgl. für Bremen: BAG AP Nr. 1 zu §§ 1, 2 HATG Bremen; für NRW: BAG AP Nr. 2 zu § 1 HATG NRW.

[68] Abgedruckt in *Nipperdey*, a.a.O., Nr. 404.

[69] z. B. ist Voraussetzung eines Anspruchs auf einen HAT eine wöchentliche Mindestarbeitszeit gem. § 2 FAO von 48 Stunden, gem. § 2 HATG Hamburg von 40 bis 48 Stunden, gem. § 2 HATG Bremen von 24 bis 44 Stunden, gem. § 1 HATG Niedersachsen und § 1 HATG NRW von 40 Stunden.

Insoweit auf 48 Wochenstunden abgestellt wird, entbehren diese Regelungen der praktischen Bedeutung, da infolge der Arbeitszeitverkürzung, des weitverbreiteten arbeitsfreien Samstags bzw. Samstagsfrühschlusses diese Stundenzahl von Arbeitnehmern nur noch ganz selten erreicht wird.

[70] z. B. für Niedersachsen: BAG AP Nr. 4 zu § 1 HATG Niedersachsen; für NRW: BAG AP Nr. 1 zu Art. 3 GG und Nr. 2, 7, 15, 19 zu § 1 HATG NRW.

terschied der Geschlechter beruhe[71]. Allgemein umstritten ist, ob der HAT für alleinstehende Frauen verfassungsgemäß ist[72]. Die Uneinigkeit in dieser speziellen Frage spiegelt sich auch in der Rechtsprechung des BAG. In den Urteilen vom 14. 7. 1954[73] und vom 24. 6. 1955[74] wurde der Anspruch einer alleinstehenden Frau mit eigengeführtem Haushalt auf den HAT für zulässig, im Urteil vom 25. 3. 1960[75] dagegen für unzulässig, im Beschluß des Großen Senats vom 16. 3. 1962[76] wiederum für zulässig erachtet.

Bevor hier die Verfassungsmäßigkeit der Gewährung eines HAT am Gleichberechtigungsgrundsatz gemessen wird, muß zuerst festgestellt werden, wem nach dem Sinn und Zweck der HAT-Gesetze überhaupt ein HAT zustehen soll.

1. Sinn und Zweck der Hausarbeitstagsregelungen

Mit der Gewährung eines HAT soll der Arbeitnehmerin Gelegenheit gegeben werden, sogenannte Überhangarbeit zu erledigen. Mit Überhangarbeit ist die Arbeit gemeint, die sich nur schwer im täglichen Nebeneinander von Beruf und Haushalt bewältigen läßt, also insbesondere umfangreiche Wasch- und Putzarbeiten[77]. Da nur Frauen, die einer derartigen Belastung auch wirklich ausgesetzt sind, in den Genuß eines solchen Schutzes kommen sollen, werden in den HAT-Regelungen nur solche weibliche Arbeitnehmer berücksichtigt, die einen „eigenen Hausstand bzw. Haushalt" haben[78]. Mit der Gewährung eines HAT soll verhindert werden, daß die berufstätige Frau noch nach Feierabend größere Hausarbeiten erledigen muß, was sie über Gebühr belasten würde und

---

[71] So z. B. *Molitor,* AcP 151, 401, ders., § 15 LAO Anm. 15; ders., AR-Blattei, HAT-Entscheidungen, 6.

[72] *Gegen* die Verfassungsmäßigkeit des HAT für alleinstehende Fragen: *Bulla,* Mutterschutz und Frauenarbeit, S. 558 Anm. 31 ff.; ders., BB 1954, 102; ders., Urt. Anm., AP Nr. 3 Bl. 3 ff. zu Art. 3 GG; *Fauth,* BB 1960, 1169; *Klein,* Gutachten über HAT, S. 45; *Nikisch,* I (2. Aufl. 1955), S. 468; *Ohlgardt,* BB 1958, 461 ff.

Für die Verfassungsmäßigkeit: *Beitzke,* RdA 1953, 282 (aber unbezahlt); *Grüll,* S. 93 ff.; *Heyken,* S. 54 f.; *Hueck,* Hueck-Nipperdey, I, S. 656; *Huhn,* Arbeit und Recht, 1954, 319.

Zweifelnd: Farthmann, Urt. Anm., AP Nr. 26 Bl. 2v zu § 1 HATG NRW.

[73] BAG AP Nr. 1 zu Art. 3 GG.

[74] BAG AP Nr. 8 zu Art. 3 GG.

[75] BAG AP Nr. 15 zu § 1 HATG NRW.

[76] BAG AP Nr. 19 zu § 1 HATG NRW.

[77] BAG AP Nr. 19 Bl. 12v zu § 1 HATG NRW.

[78] So heißt es in § 2 FAO, § 2 HATG Bremen, § 1 HATG NRW: „mit eigenem Hausstand", in § 2 HATG Hamburg: „mit eigenem Haushalt", und in § 1 HATG Niedersachsen: „Frauen, ... die ohne ausreichende Hilfe einen Haushalt ... führen".

gesundheitsschädigend sein könnte. Die Folge wäre u. a. eine Schwächung der beruflichen Leistungsfähigkeit der Frau, so daß mit den HAT-Regelungen auch der Zweck verfolgt wird, die Arbeitskraft der Frau zu erhalten[79]. Dies ergibt sich auch eindeutig aus der Präambel der FAO, wonach die Anordnung erlassen wurde, „um die Leistungsfähigkeit von Arbeitskräften, die durch häusliche Pflichten ... nicht voll einsatzfähig sind, zu erhalten ...", was auch für alle HAT-Gesetze gilt[80], denn, obschon die einzelnen HAT-Gesetze hinsichtlich Wortlaut, Inhalt und Zeitpunkt des Erlasses voneinander abweichen, haben sie diese gleiche Zielsetzung[81] und enthalten somit Arbeitsschutzrecht für doppeltbelastete Frauen[82].

2. Vereinbarkeit mit Art. 3 Abs. 2 und 3 GG

Der Große Senat des BAG begründet die Zulässigkeit der Benachteiligung der männlichen Arbeitnehmer im Rahmen der HAT-Regelungen mit dem vom BVerfG[83] ausgesprochenen Grundsatz, daß sachgemäßer Arbeitsschutz für alle arbeitenden Frauen nicht unter das Differenzierungsverbot des Art. 3 Abs. 2 und 3 GG falle, und folgert daraus, daß dieses auch für die HAT-Gesetze gelte, denn „was schon für Bestimmungen des Frauenarbeitsschutzes gilt, die lediglich die arbeitenden Frauen begünstigen, muß erst recht für das HAT-Gesetz ... Geltung haben, das nicht schlechthin jeder arbeitenden Frau, sondern nur der mit eigenem Hausstand und bestimmter Arbeitszeit belasteten Frau einen HAT zubilligt"[84]. Hiernach soll die Zubilligung des HAT an Frauen mit eigenem Hausstand, nicht aber an Männer in gleicher Lage schon deshalb mit dem Grundsatz der Gleichberechtigung vereinbar sein, weil damit Frauenarbeitsschutz gewährt wird.

Ein solcher Frauenarbeitsschutz ist aber nicht bereits und allein deswegen gerechtfertigt, weil dadurch Frauen mit eigenem Hausstand geschützt werden. Die Frau müßte vielmehr in der durch den speziellen Arbeitsschutz besonders berücksichtigten Situation auch schutzwürdiger sein als der Mann in gleicher Lage. Eine besonders schutzwürdige Situation der Frau mit eigenem Hausstand könnte entweder durch die schwä-

---

[79] Vgl. BAG AP Nr. 19 Bl. 2v, Nr. 24 Bl. 3v zu § 1 HATG NRW.

[80] BAG AP Nr. 5, 19, 24 zu § 1 HATG NRW.

[81] BAG AP Nr. 7 Bl. 1 zu § 1 HATG NRW; BAG AP Nr. 4 Bl. 2v zu §§ 1, 2 HATG Bremen.

[82] a. A. *Krüger*, RdA 1953, 350; *Klein*, Gutachten über HAT, S. 22 und 96: Das HATG (NRW) ist nur ein soziales Schutzgesetz, um Frauen für die private Haushaltsführung für dritte Schutzbedürftige freizustellen.

[83] BVerfGE 5, 9/11 f.

[84] BAG AP Nr. 19 Bl. 4v zu § 1 HATG NRW.

chere Konstitution der Frau oder durch eine größere häusliche Überhangarbeit, als sie beim Mann mit eigenem Hausstand vorliegt, hervorgerufen sein. Der Große Senat des BAG hat eine entsprechende Überprüfung der Gegebenheiten bei Mann und Frau nicht vorgenommen, sondern eine Mehrbelastung auch bei der alleinstehenden Frau mit eigenem Hausstand einfach unterstellt.

Wäre die Frau auf Grund ihrer biologischen Andersartigkeit sowieso durch häusliche Überhangarbeit gesundheitlich mehr gefährdet als der Mann, dann wäre die Ungleichbehandlung der Geschlechter bei der Gewährung des HAT schon deshalb berechtigt[85]. Der schwächeren Konstitution der Frau wird aber schon durch speziell dafür geschaffene Arbeitsschutzvorschriften, wie die Beschäftigungsverbote und -beschränkungen sowie die günstigeren Arbeitszeitregelungen Rechnung getragen. Der Sinn der HAT-Gesetze ist dagegen nicht in erster Linie, die Frau generell wegen ihrer körperlichen Andersartigkeit zu schützen, sondern wegen einer der Gesundheit abträglichen Belastung durch häusliche Überhangarbeit neben der Berufstätigkeit. Entscheidend für die Gewährung des HAT ist es somit, in welchem Umfang der berufstätigen Frau mit eigenem Hausstand häusliche Überhangarbeit zufällt und ob sie diese größtenteils eigenhändig erledigt. Leichte Überhangarbeit schadet der Gesundheit der Frau nicht. Nur bei umfangreicher Überhangarbeit ist Schutz also angebracht.

Die Gewährung eines HAT nur an Frauen ist also nur dann mit Art. 3 Abs. 2 und 3 GG zu vereinbaren, wenn Frauen generell erheblich mehr Überhangarbeit zu erledigen haben als Männer mit eigenem Hausstand und diese Mehrbelastung auf einem beständigen Unterschied zwischen den Geschlechtern beruht. Da die Erledigung von Hausarbeit die Arbeitsteilung von Mann und Frau im häuslichen Bereich betrifft, kann sich ein solcher grundsätzlicher Unterschied nur aus dem funktionalen Differenzierungsmerkmal ergeben.

a) Kein Hausarbeitstag für alleinstehende Arbeitnehmerinnen

Die von Personen mit eigenem Haushalt zu verrichtende Arbeit erreicht heutzutage nicht mehr den Umfang wie in den Kriegs- und Nachkriegsjahren, als die HAT-Regelungen aufgestellt wurden[86]. Die allgemeinen Erleichterungen in der Haushaltsführung durch maschinelle Einrichtungen haben auch die Überhangarbeit auf ein erträgliche Maß reduziert.

---

[85] *Heyken* (S. 54) bejaht die größere Gesundheitsgefährdung der Frau und begründet so die Verfassungsmäßigkeit der Gewährung des HAT nur an Frauen.

[86] BAG AP Nr. 19 Bl. 5v und 6 zu § 1 HATG NRW.

Der große Waschtag vergangener Zeiten ist auf einen Besuch im Waschautomatensalon zusammengeschrumpft, und auch der Hausputz läßt sich heute mit den modernen Haushaltsgeräten in wesentlich kürzerer Zeit erledigen. Es kann also nicht mehr davon ausgegangen werden, daß z. B. alleinstehende Personen, die nur sich selbst zu versorgen haben, mit der Bewältigung der Überhangarbeit neben der Berufstätigkeit ihre Gesundheit gefährden. Das gilt in gleichem Maße für Männer wie für Frauen.

Unbeachtlich ist in diesem Zusammenhang, daß die alleinstehende Frau sich mit ihrem Haushalt unter Umständen mehr Arbeit macht als ein Junggeselle. Es verstößt gegen den Gleichberechtigungsgrundsatz, wenn man dem privaten Interesse eines Teils der Arbeitnehmerschaft an einer bestimmten außerbetrieblichen Tätigkeit durch eine Ungleichbehandlung Rechnung trägt. Graduelle Unterschiede in der häuslichen Betätigung von Mann und Frau würden dadurch nur vertieft werden, was der mit Art. 3 Abs. 2 GG beabsichtigten korrigierenden Wirkung geradezu abträglich wäre. Der Umfang der Überhangarbeit ist an objektiven Maßstäben zu messen, unabhängig davon, auf welche Weise der einzelne diese Arbeit erledigt. Da bei alleinstehenden Frauen grundsätzlich nicht mehr häusliche Zusatzarbeit anfällt als bei Männern und sie deshalb auch nicht mehr belastet sind, darf hinsichtlich der Gewährung eines HAT nicht zwischen ihnen unterschieden werden.

Kinderlos verwitwete bzw. geschiedene Frauen stehen hinsichtlich der häuslichen Belastung den übrigen alleinstehenden Frauen gleich, da sie nur sich selbst zu versorgen haben. Es entfällt eine Hilfe durch den Ehemann, dafür aber auch die Sorge für ihn. Aus dem früheren Zweipersonenhaushalt ist wieder ein Einpersonenhaushalt mit der entsprechend geringeren Arbeit geworden. Zwar wird eine Witwe — mehr noch als eine geschiedene Frau — die Zweipersonenwohnung häufig in vollem Umfang beibehalten; das gleiche gilt in der Regel der Fälle aber auch für den Witwer oder geschiedenen Mann, der ebenfalls keinen HAT erhält. Es kann von der berufstätigen Frau erwartet werden, daß sie ebenso wie der Mann die häusliche Mehrarbeit für sich dadurch verringert, daß sie sich fremder Hilfe bedient.

b) *Kein Hausarbeitstag für kinderlos verheiratete Arbeitnehmerinnen*

Obwohl die in einer Ehe anfallende Hausarbeit größer ist als bei alleinstehenden Personen, so kann die kinderlose Ehefrau aber doch nicht als erheblich doppelt belastet angesehen werden, da der Zweipersonenhaushalt, in dem beide berufstätigen Ehepartner Hausarbeit erledigen — dazu sind sie gemäß § 1353 BGB verpflichtet —, für die Frau nicht mehr

Arbeit mit sich bringt als ein Einpersonenhaushalt, in dem sie allein wirtschaftet. Soweit der Ehemann nicht genügend im Haushalt hilft, kann seine Bequemlichkeit nicht mit einem HAT für die Ehefrau belohnt werden. Es reicht aus, daß man den Ehemann für fähig erachten kann, seine Frau ausreichend zu unterstützen[87]. Es würde „dem Sinn und Zweck des HAT nicht entsprechen, der berufstätigen Frau einen HAT zu gewähren, um auf diese Weise im Haushalt lebende und zur Haushaltsführung fähige Angehörige ... von zumutbarer Hausarbeit zu entlasten“[88]. Da beide Ehepartner für die Erledigung der Überhangarbeit rechtlich gleich verantwortlich sind und insofern kein funktionaler Unterschied zwischen den Ehegatten besteht, verstößt die Bevorzugung der kinderlosen Ehefrau ebenfalls gegen Art. 3 Abs. 2 und 3 GG.

c) *Hausarbeitstag für Arbeitnehmerinnen mit Kindern*

Die durch Kinder verursachte häusliche Mehrarbeit fällt der Mutter auf Grund des funktionalen Unterschieds zwischen ihr und dem Vater zu[89]. Das hat zur Folge, daß die Mutter auch eine entsprechend größere Überhangarbeit zu bewältigen hat. Da trotz der vielseitigen Erleichterungen durch moderne Haushaltsgeräte die durch zusätzliche Familienpflichten bedingte erhebliche Doppelbelastung der erwerbstätigen Mutter einen ihre Gesundheit gefährdenden Umfang erreichen kann, ist die Mutter zu Recht schutzwürdiger als der berufstätige Vater[90]. Es entspricht also dem Sinn der HAT-Gesetze und dem Gleichberechtigungsgrundsatz, die Mutter durch die Gewährung eines HAT gegenüber dem Vater und auch gegenüber der kinderlosen Ehefrau zu bevorzugen[91]. Dies gilt auch dann, wenn der berufstätigen Mutter eine Haushaltshilfe zur Seite steht. Es verbleibt für sie immer noch eine so große häusliche Belastung — hervorgerufen durch die Sorge um die Kinder, durch die Betreuung einer entsprechend größeren Wohnung und durch die umfangreichere Planung im Rahmen der Haushaltsführung —, daß ihr trotzdem ein HAT zugesprochen werden muß. Die Mutter ist weniger als die kin-

---

[87] So versagt das BAG (AP Nr. 4 zu § 1 HATG Niedersachsen) einer kinderlosen Ehefrau den HAT, da es den arbeitsfähigen Ehemann als ausreichende Hilfe ansieht, und verneinte in diesem Fall die gemäß § 1 Abs. 1 HATG Niedersachsen für einen HAT-Anspruch erforderliche Voraussetzung der Haushaltsführung „ohne ausreichende Hilfe“.

[88] BAG AP Nr. 9 zu § 1 HATG NRW, allerdings in Beziehung auf zwei erwachsene Töchter; vgl. auch *Bulla*, MuSchG und Frauenarbeitsrecht, HAT, Anm. 122 a.

[89] Siele I. Teil: B. IV. 4. c).

[90] Vgl. *Schulte-Langforth*, RdA 1961, 316 ff.

[91] So im Ergebnis auch *Scheffler*, GR IV, S. 309, und *Krüger*, NJW 1953, 1175.

derlose Ehefrau in der Lage, häusliche Zusatzarbeit abends zu erledigen, da sie sich nach Feierabend zuerst einmal persönlich um ihre Kinder kümmern muß. Für sie ist es also wesentlich schwieriger, neben dem Beruf die trotz Hausgehilfin für sie verbleibende Hausarbeit zu erledigen. Die generelle Begünstigung der doppelt belasteten Mutter mit einem HAT rechtfertigt sich auch aus Art. 6 Abs. 4 GG, wonach die Mütter in „Notzeiten" — so in Zeiten der Doppelbelastung — besonders geschützt werden sollen[92]. Die Mutter erfüllt eine besondere gesellschaftliche Funktion, die in aller Regel mit dem, was eine kinderlose Ehefrau und ein Vater außerhalb des Berufs für die Familie leisten, nicht vergleichbar ist[93]. Aber auch wenn die Kinder das Elternhaus verlassen haben, ist die Gewährung eines HAT an Mütter mit Art. 3 Abs. 2 und 3 GG zu vereinbaren, denn die häusliche Zusatzarbeit verbleibt bei der Mutter. Dies bringt die Gewöhnung der Mutter an die Hausarbeit und die Entwöhnung der Väter von dieser mit sich. Der funktionale Unterschied wirkt fort[94].

d) Kein Hausarbeitstag allein für weibliche Arbeitnehmer mit hilfsbedürftigen Angehörigen

Soweit berufstätigen Frauen und nicht berufstätigen Männern, die in einem eigenen Haushalt für hilfsbedürftige Angehörige sorgen, ein HAT zusteht[95], wird auf diese Weise der dadurch verursachten häuslichen Zusatzarbeit nur bei Frauen Rechnung getragen. Da die Sorge für hilfsbedürftige Angehörige Männer und Frauen in gleicher Weise treffen kann und da auch die Betreuung solcher Personen durch die Frau nicht auf einem funktionalen Unterschied zwischen den Geschlechtern beruht[96], verstößt die obige Ungleichbehandlung der Geschlechter gegen Art. 3 Abs. 2 und 3 GG. Auch wenn der Fall, daß ein berufstätiger Mann Angehörige im eigenen Haushalt versorgt, selten gegeben sein wird, so kann deswegen bei generellen Regelungen doch nicht auf das Geschlecht abgestellt werden, da Typisierungen nach dem Geschlecht nur dann erlaubt sind, wenn ein Differenzierungsmerkmal sie rechtfertigt.

---

[92] Siehe I. Teil: B. VI. 2.

[93] *Scheffler,* GR IV, S. 308 f.

[94] Siehe S. 50 f.

[95] So ausdrücklich gemäß § 2 HATG Bremen i. V. m. § 2 DVO, § 2 HATG Hamburg i. V. m. § 1 Ziff. 3 DVO und § 1 HATG Niedersachsen.

[96] Siehe I. Teil: B. IV. 4. d).

3. Verfassungskonforme Auslegung des Hausarbeitstagsgesetzes von Nordrhein-Westfalen

Da nach den meisten HAT-Gesetzen allen Frauen „mit eigenem Hausstand bzw. Haushalt" ein HAT gewährt wird[97], diese Regelungen aber nur insoweit mit Art. 3 Abs. 2 und 3 GG vereinbar sind, als sie Mütter betreffen, können die geltenden Bestimmungen lediglich durch eine verfassungskonforme Auslegung des Begriffs „eigener Hausstand" aufrechterhalten werden. Das ist in den Fällen nicht mehr möglich, wo der Hausstandsbegriff in Durchführungsverordnungen hinreichend bestimmt ist[98]. Soweit der Hausstandsbegriff in den HAT-Gesetzen noch auslegungsfähig ist, was nur noch bei § 2 Abs. 1 FAO und § 1 HATG NRW möglich ist, steht dem Versuch einer verfassungskonformen Auslegung nichts im Wege. Praktische Bedeutung hat dies jedoch nur im Rahmen des HATG NRW, denn § 2 Abs. 1 FAO findet so gut wie keine Anwendung mehr, weil er eine wöchentliche Mindestarbeitszeit von 48 Stunden voraussetzt, die infolge der Arbeitszeitverkürzungen nicht mehr erreicht werden, wogegen § 1 HATG NRW nur eine wöchentliche Arbeitszeit von 40 Stunden verlangt.

In Rechtsprechung und Schrifttum werden über den Begriff des „eigenen Hausstandes" und damit darüber, wann einer Frau ein HAT zusteht, unterschiedliche Auffassungen vertreten, die alle nur teilweise zu verfassungsmäßigen Ergebnissen führen.

Nach dem sachbezogenen Hausstandsbegriff[99] wird schon dann ein eigener Hausstand angenommen, wenn eine Frau eine eigene Wohnung zum Mittelpunkt ihres Lebens macht. Das setzt voraus, daß sie in der Wohnung nicht nur schläft, sondern darin auch wirtschaftet, kocht ißt etc. Hierbei wird nicht darauf abgestellt, ob die Frau für Dritte in ihrer Wohnung sorgt oder nicht. Dies führt zu dem mit Art. 3 Abs. 2 und 3 GG unvereinbaren Ergebnis, daß alleinstehende Frauen Anspruch auf einen HAT haben[100].

---

[97] Ausnahme: § 1 HATG Niedersachsen: „Frauen, ... die ohne ausreichende Hilfe einen Haushalt ... führen".

[98] So in § 1 DurchfBest. zu HATG Bremen und in § 1 DVO des HATG Hamburg. Beide Bestimmungen verstoßen gegen Art. 3 Abs. 2 und 3 GG, weil danach auch alleinstehende Frauen — nach § 1 DVO des HATG Hamburg auch kinderlose Ehefrauen — das Erfordernis des eigenen Hausstandes erfüllen können.

[99] Bejaht von: BAG AP Nr. 1 und 8 zu Art. 3 GG, Nr. 9, 10, 11 zu § 1 HATG NRW; *Bulla*, DB 1957, 332 ff.; *Kunze-Cornelius*, BB 1961, 1012 ff.

[100] Zu welchem sogar dem Zweck der HAT-Gesetze widersprechenden Ergebnis der sachbezogene Hausstandsbegriff führen kann, zeigt der Beschluß des Großen Senats des BAG vom 16. 3. 1962 (AP Nr. 19 zu Art. 3 GG), in dem vom sachbezogenen Hausstandsbegriff ausgegangen wird, ein eigener Hausstand aber nur bejaht wird, wenn die Frau den eigenen Haushalt in einer

Nach dem familienbezogenen Hausstandsbegriff[101] liegt nur dann ein eigener Hausstand vor, wenn die Frau in der eigenen Wohnung nicht nur für sich, sondern auch für einen oder mehrere Familienangehörige sorgt. Als zu Versorgende gelten der Ehemann, die Kinder und sonstige Angehörige.

Nach dem tätigkeitsbezogenen Hausstandsbegriff wird nicht so sehr auf die eigene Wohnung, sondern darauf abgestellt, ob die Wirtschaftsführung der Frau für Angehörige auf einer gesetzlichen oder sittlich anzuerkennenden Unterhaltsverpflichtung gegenüber diesen Personen beruht[102].

Gemäß den beiden zuletzt erwähnten Auslegungen erhält richtigerweise nicht die alleinstehende Frau einen HAT. Wohl aber kann danach die Ehefrau einen HAT beanspruchen, die kinderlos nur mit ihrem Ehemann die Wohnung teilt, obschon sie als vollberufstätige Ehefrau nicht mehr Hausarbeit als ihr Ehemann zu verrichten hat und kein grundsätzlicher Unterschied sie zur Verrichtung der überwiegenden Hausarbeit veranlaßt.

Da also alle drei gebräuchlichen Auslegungen des Hausstandsbegriffs nicht zu verfassungsmäßigen Ergebnissen führen, kann das HATG NRW in seiner derzeitigen Fassung nur dann aufrechterhalten werden, wenn es mit Hilfe eines „funktionsbezogenen" Hausstandsbegriffs ausgelegt wird. Danach hat eine Frau nur dann einen eigenen Hausstand, wenn sie auf Grund des funktionalen Differenzierungsmerkmals häusliche Überhangarbeit erledigt, denn nur dann ist ein grundsätzlicher Unterschied zum Mann gegeben und die Bevorzugung dieser Frauen gemäß Art. 3 Abs. 2 und 3 GG erlaubt. Ein eigener Hausstand in diesem Sinn kann nach dem anfangs Erläuterten nur bei Müttern bejaht werden. Da die Mutter im Vergleich zum Vater und zur kinderlosen Frau stets eine größere häusliche Mehrbelastung trifft, liegt ein solcher „eigener Haus-

Wohnung führt, in der sie mindestens einen Raum überwiegend mit eigenen Möbeln ausgestattet hat. Danach bekommt die alleinstehende Frau mit eigenen Möbeln einen HAT, nicht jedoch die Frau, die sich noch keine eigenen Möbel leisten kann und in einer im wesentlichen vom Vermieter zwar möblierten aber von ihr selbst zu pflegenden Wohnung lebt, obschon beide Wohnungen die Frau gleich belasten; denn hinsichtlich der Hausarbeit macht es keinen Unterschied, ob die Frau in einer eigen- oder fremdmöblierten Wohnung lebt und wirtschaftet, denn auch möblierte Zimmer müssen häufig vom Mieter selbst sauber gehalten werden. Gemietete Möbel bedürfen der gleichen Pflege wie die eigenen Möbel. Ausschlaggebend dafür, ob eine alleinstehende Frau einen HAT erhält, können doch nicht die Eigentumsverhältnisse an den von ihr benutzten Möbeln sein.

[101] So BAG AP Nr. 15 und Nr. 19 zu § 1 HATG NRW; *Gangloff*, SAE 1960, 127; *Fauth*, BB 1960, 1169.

[102] *Klein*, Gutachten über HAT, S. 44 ff.; *Dietz*, BB 1952, 33 - 36; *Marienhagen*, BB 1961, 606.

stand“ unabhängig davon vor, ob die Kinder bei ihr wohnen, ob sie ledig oder verheiratet ist, ob der Ehemann noch lebt, ob sie sich von ihrem oder ihres Mannes Verdienst eine Haushaltshilfe leistet oder nicht[103].

4. Verfassungsmäßigkeit des bezahlten Hausarbeitstages

Im Gegensatz zur Freizeitanordnung sehen die HAT-Gesetze einen „bezahlten“ HAT vor. Ob in dieser „Bezahlung“ eine unzulässige Bevorzugung der Frau liegt, die an diesem Tag, an dem sie nicht für den Arbeitgeber arbeitet, trotzdem den Durchschnittsverdienst erhält, ist umstritten[104].

Die Gewährung eines bezahlten HAT ist aber notwendig, um zu erreichen, daß die Frauen ihren HAT-Anspruch auch wirklich geltend machen und nicht auf den HAT verzichten, um finanzielle Nachteile zu vermeiden. Der Gesetzgeber hat daher den bezahlten HAT gesetzlich festgelegt, da so die größtmögliche Sicherheit zur Durchsetzung des HAT-Schutzes besteht[105]. Ohne die Bezahlung wäre der Schutz unvollständig. Somit ist, soweit die Gewährung eines HAT an Frauen nicht gegen Art. 3 Abs. 2 und 3 GG verstößt, auch die Bezahlung vereinbar mit Art. 3 Abs. 2 und 3 GG.

Fraglich bleibt jedoch, ob der Arbeitgeber für diese Zahlungen aufzukommen hat. Ist dies der Fall, so besteht die Gefahr, daß der Arbeitgeber wegen der Mehrbelastung den Wert der Arbeit von Frauen geringer einschätzt, was den Frauen zum Nachteil gereichen kann[106]. Schon weil solche mit Art. 3 Abs. 2 und 3 GG nicht zu vereinbarenden Benachteiligungen verhindert werden sollten, stellt sich die Frage nach dem zur Bezahlung des HAT Verpflichteten besonders eindringlich.

---

[103] Bei dieser Auslegung werden auch die schwierigen Feststellungen darüber vermieden, ob das Vorliegen eines „eigenen Hausstands“ zu verneinen ist, wenn der Hausfrau eine Putzhilfe zur Seite steht; vgl. hierzu die komplizierte „Gesamtwürdigung aller in Frage kommenden Umstände“ in den BAG-Entscheidungen vom 25. 3. 1960 (BAG AP Nr. 14 zu § 1 HATG NRW) und vom 31. 8. 1962 (BAG AP Nr. 20 zu § 1 HATG NRW).

[104] Für die Verfassungsmäßigkeit des bezahlten HAT: *Bulla*, Mutterschutz und Frauenarbeit, in Einl. HAT, Anm. 40; ders., BB 1954, 103; BAG AP Nr. 1 Bl. 4 zu Art. 3 GG; BAG AP Nr. 19 Bl. 3 f. zu § 1 HATG NRW.

Für die Verfassungsmäßigkeit mit Einschränkungen: *Klein* (Gutachten über HAT, S. 36, 49 ff.), der den Anspruch auf einen bezahlten HAT als subsidiär ansieht; er gewährt ihn nur dann, wenn eine Verminderung des Gesamt-Arbeitsvolumens der Arbeitnehmerin nicht durch Maßnahmen in der Familiensphäre herbeigeführt werden kann. *Scheffler* (GR IV, S. 308 f.), die nur die Bezahlung des HAT für Mütter für verfassungsgemäß erachtet.

Gegen dessen Verfassungsmäßigkeit: *Beitzke*, RdA 1953, 282 f.; *Krüger*, NRW 1953, 1775; *Oehmann*, AR-Blattei, HAT Entsch. 3; LAG Düsseldorf, RdA 1954, 116.

[105] BAG AP Nr. 19 Bl. 3 zu § 1 HATG NRW.

[106] Siehe II. Teil: A. IV. und B. I. 2. a).

In allen HAT-Gesetzen mit Ausnahme desjenigen von Niedersachsen[107] ist nur bestimmt, daß der Durchschnittslohn gewährt werden muß, nicht jedoch wer ihn zu gewähren und zu tragen hat[108]. Der Umstand allein, daß hier von „Lohn" gesprochen wird, besagt noch nicht, daß der Arbeitgeber dafür aufzukommen hat.

Zur Begründung der Belastung des Arbeitgebers mit den HAT-Zahlungen beruft man sich auf dessen Fürsorge- und Schutzpflicht[109]. Bei dem HAT handele es sich um bezahlte Freizeit[110]. Auch die Bezahlung während des Urlaubs entspringt der Fürsorgepflicht des Arbeitgebers, das Seine zur Erhaltung der Arbeitskraft beizutragen[111]. Im Urlaub erholt sich die Arbeitnehmerin von der Erwerbsarbeit, die sie für den Arbeitgeber geleistet hat, und sammelt neue Kräfte für die weitere Erwerbsarbeit, so daß die Zahlungspflicht des Arbeitgebers verständlich ist. Der HAT dagegen dient zur Erledigung von Hausarbeit, einer Arbeit also, die dem Arbeitnehmer nicht vom Arbeitgeber auferlegt worden ist. Die Belastung der Arbeitnehmerin mit Hausarbeit liegt außerhalb der Sphäre des Arbeitgebers. Daß dennoch der Arbeitgeber verpflichtet ist, die Belastung der Arbeitnehmerin zu mildern, ergibt sich daraus, daß die gesundheitsgefährdende Belastung erst durch die Summierung von Hausarbeit und Erwerbsarbeit entsteht. Der Arbeitgeber genügt jedoch seiner Fürsorgepflicht und Schutzpflicht, wenn er die Frau am HAT von der Erwerbsarbeit freistellt. Seine Fürsorgepflicht ist nicht so groß, daß er auch noch durch Geldleistungen dafür sorgen muß, daß die Arbeitnehmerin den HAT wirklich in Anspruch nimmt. Fiele die gesundheitsgefährdende Gesamtbelastung allein in die Sphäre des Arbeitgebers, so wäre eine umfassende Fürsorge und damit auch die Zahlungspflicht des Arbeitgebers gerechtfertigt. So aber läßt sich mit der Fürsorgepflicht allein keine Zahlungspflicht des Arbeitgebers begründen.

Auch dem BAG[112] scheint die Begründung der Bezahlung des HAT mit der Fürsorgepflicht des Arbeitgebers nicht auszureichen; so beruft es sich auch auf das in Art. 20 Abs. 1 GG und Art. 28 Abs. 1 GG festgelegte

---

[107] § 1 Abs. 2 HATG Niedersachsen: „Der Arbeitgeber hat für die Freizeit den Lohn zu zahlen, den die Frau am Hausarbeitstage bei regelmäßiger Arbeitsleistung verdient haben würde."

[108] § 3 HATG Bremen und § 3 HATG Hamburg: „... ist für die Dauer der Freizeit der Lohn zu bezahlen, den der Arbeitnehmer verdient hätte ..."; § 2 Abs. 1 HATG NRW: „Der freie Hausarbeitstag wird mit dem Tagesdurchschnittslohn der vorhergehenden Lohnberechnungsperiode bezahlt."

[109] BAG AP Nr. 19 Bl. 3v zu Art. 3 GG.

[110] BAG AP Nr. 1 Bl. 4 zu Art. 3 GG; *Bulla,* Mutterschutz und Frauenarbeit, Einl. HAT, Anm. 40; ders., BB 1954, 103; a. A. *Scheffler,* GR IV, S. 308 f., die in der Bezahlung eine „soziale Lohnzulage" sieht.

[111] BAG AP Nr. 6 zu § 611 BGB.

[112] BAG AP Nr. 1 Bl. 4 zu Art. 3 GG und BAG AP Nr. 19 Bl. 3v zu § 1 HATG NRW.

Prinzip der Sozialstaatlichkeit. Dieses Prinzip fordert zwar die Bezahlung des HAT an sich, nicht aber auch die Bezahlung durch den Arbeitgeber. Aus dem Sozialstaatsprinzip kann vielmehr der Schluß gezogen werden, daß der Staat selbst für die Zahlungen aufzukommen hat.

Da der HAT nur Müttern zusteht, folgt die Zahlungspflicht des Staates auch aus dem Schutzgedanken des Art. 6 Abs. 4 GG. Erwerbstätige Mütter haben umfangreiche Überhangarbeit zu bewältigen. Sie sind daher in gesundheitsgefährdender Weise doppelt belastet und befinden sich insoweit in einer sozial schutzwürdigen Lage, wie sie Art. 6 Abs. 4 GG voraussetzt. Danach richtet sich der Anspruch der Mutter auf Schutz und Fürsorge gegen die Gemeinschaft. Die Forderung, daß der Staat den HAT bezahlt, ist also auch deshalb gerechtfertigt.

Hätte demnach der Arbeitgeber den HAT nicht mehr aus eigener Tasche zu zahlen, so würden auch die Stimmen verstummen, die heute noch den HAT und seine Bezahlung als verfassungswidrig ansehen, und die Vergünstigung des bezahlten HAT könnte nicht mehr als „Danaergechenk“[113] und letztlich als Nachteil für die Frau bezeichnet werden.

---

[113] So *Scheffler*, GR IV, S. 309 Fußn. 286.

Literaturverzeichnis

Anschütz: Die Verfassung des Deutschen Reiches vom 11. August 1919, Kommentar, 14. Aufl. 1933

Arnold: § 1300 BGB und die Gleichberechtigung von Mann und Frau, FamRZ 1955, 91

— Zur Auslegung des Grundsatzes der Gleichberechtigung, DRiZ 1953, 81 - 82

Bachof: Buchbesprechung des Grundgesetzkommentar von Mangoldt-Klein, FamRZ 1956, 398 ff.

— Freiheit des Berufs, in: Bettermann-Nipperdey-Scheuner, Die Grundrechte, Bd. III, 1. Halbband, S. 155 ff.
(zit.: GR III/1)

Baumann: Das doppelte Geschlecht, Berlin 1955

Baur: Anmerkung zum Beschluß des BGH vom 5. 5. 1959, JZ 1959, 443 f.

de Beauvoir, Simone: Das Andere Geschlecht, Hamburg 1960

Beitzke: Die elterliche Gewalt nach dem Urteil des BVerfG, JR 1960, 401 - 5

— Die Gleichberechtigung der Geschlechter und das Bonner Grundgesetz, 14. Beiheft zur DRZ 1950

— Gleichheit von Mann und Frau, in: Bettermann-Nipperdey-Scheuner, Die Grundrechte, Bd. II, 1954, S. 199 - 242
(zit.: GR II)

— Lohngleichheit für Frauen bei Banktarifen, Anmerkung zum Urteil des LAG Hamm vom 30. 11. 1949, RdA 1950, 39 f.

— Zur Gleichberechtigung von Mann und Frau im Arbeitsrecht, RdA 1953, 281 - 5

Berichte der Bundesvereinigung Deutscher Arbeitgeberverbände und des Deutschen Gewerkschaftsbundes, RdA 1961, 395 - 7

v. Bernstorff: Der Familienname als Gegenstand des Gleichberechtigungsgrundsatzes, FamRZ 1963, 110 ff.

Boldt: Gewerberecht-Textsammlung, 3. Aufl. 1961

Bosch: Anmerkung zu dem Urteil des BGH vom 4. 11. 1954 zu § 606 ZPO, FamRZ 1955, 14

— Bemerkungen zum Gleichberechtigungsgesetz, FamRZ 1957, 189 - 196

— Die Situation in Ehe- und Familienrecht, Rpfl. 1954, 57 - 84

— Ehe und Familie in der Rechtsordnung ab 1. April 1953, Rpfl. 1953, 273 - 286

Bötticher: Der Anspruch auf Gleichbehandlung im Arbeitsrecht, RdA 1953, 161

Bräutigam: Zum Krankenstand der erwerbstätigen Frauen, ZBlAWi 1962, 127

Brühl: Anmerkung zum Urteil des LSozG Celle vom 7. 5. 1958 zu § 1360 BGB, FamRZ 1959, 503 f.

Bulla: Anmerkung zum Urteil des BAG vom 14. 7. 1954, AP Nr. 3 Bl. 3 - 6 v zu Art. 3 GG
– Der Hausarbeitstag der alleinstehenden Arbeitnehmerin, DB 1957, 332 - 4
– Mutterschutzgesetz, Kommentar, 2. Aufl. 1967 (zit.: MuSchG)
– Mutterschutzgesetz und Frauenarbeitsrecht, Kommentar, 1954 (zit.: MuSchG und Frauenarbeitsrecht)

Buytendijk: Die Frau, Natur, Erscheinung, Dasein, Köln 1953

v. Caemmerer: Zur Gleichberechtigung der Geschlechter im Beamtenrecht, AöR 76, 144 - 161

Citak, Bilge: Der Schutz der arbeitenden Frau im deutschen Recht, Dissertation, Würzburg 1962 (zit.: Diss.)

Dapprich: Sind die Regelungen der Witwerversorgung mit dem Grundsatz der Gleichberechtigung vereinbar?, NJW 1959, 1708 - 1711

Dersch-Knoll-Brockhoff-Schiechel-Schroeter-Völker: Kommentar zur Reichsversicherungsordnung, Wiesbaden 1960, 4. Buch, bearbeitet von Brockhoff, Stand: 1. 3. 1967 (zit.: Dersch-Brockhoff)

Deutsch: Psychologie der Frau, Bern 1948

Dieterich: Ruhegeld, AR-Blattei, Ruhegeld I, Übersicht

Dietz: Betriebsverfassungsgesetz, Kommentar, 4. Aufl. 1967
– Der Anspruch auf einen freien Hausarbeitstag, BB 1952, 33 - 36
– Rechtsgutachtliche Äußerung zu der Frage, ob Art. 3 Abs. 2 und 3 des Grundgesetzes für die BRD der Berücksichtigung einer geringeren Wertigkeit von Frauenarbeit gegenüber Männerarbeit entgegensteht, Schriftenreihe der Bundesvereinigung der Deutschen Arbeitgeberverbände, Heft 16, Köln 1957 (zit.: Gutachten)

Dirks: Soll er ihr Herr sein? FH Nr. 7 (1952), S. 828 ff.

Dölle: Die Gleichberechtigung von Mann und Frau im Familienrecht, JZ 1953, 353 - 362
– Familienrecht, Darstellung des deutschen Familienrechts mit rechtsvergleichenden Hinweisen, Bd. I, 1964

Duft, Carmen: Gleicher Lohn für gleichwertige Arbeit, Winterthur 1958

Dürig: Anmerkung zum Beschluß des BGH vom 5. 5. 1959 zum Vorzug des männlichen Geschlechtes bei der Hoferbfolge, NJW 1959, 1173
– Art. 3 Abs. 2 GG vom verfassungsrechtlichen Standpunkt gesehen, FamRZ 1954, 2 f.
– Grundrechte und Zivilrechtsprechung, in Festschrift für Nawiasky, 1956, S. 156 ff. (zit.: FS für Nawiasky)

Eisser: Die Anerkennung der Persönlichkeit der Ehefrau im neuen Eherecht, FamRZ 1959, 177 - 188

Elsner: Ausbildung und Fortbildung als Chance für die Frau, InfdF 1966, Nr. 1, S. 13 - 18

Enneccerus-Nipperdey: Allgemeiner Teil des Bürgerlichen Rechts, Ein Lehrbuch, 1. Halbband, 15. Aufl. 1959 (zit.: I/1), 2. Halbband, 15. Aufl. 1960 (zit.: I/2)

Erman: Handkommentar zum Bürgerlichen Gesetzbuch, 2 Bände, 4. Aufl. 1967

Fauth: Hausarbeitstad für alleinstehende, verwitwete oder geschiedene Arbeitnehmerinnen in Nordrhein-Westfalen, BB 1960, 1169

Farthmann: Anmerkung zum Urteil des BAG vom 24. 5. 1965, AP Nr. 26 Bl. 2 f. zu § 1 HATG NRW

Finke: Erläuterungen zum Gleichberechtigungsgesetz, MDR 1957, 449 - 455

Firsching: Anmerkung zum Beschluß des OLG Hamm vom 1. 9. 1955 zu §§ 1758, 1355 BGB, FamRZ 1956, 394

Fischbach: Bundesbeamtengesetz, Kommentar, 2. Halbband, 3. Aufl. 1965

Fitting-Kraegeloh-Auffarth: Betriebsverfassungsgesetz, Kommentar, 6. Aufl. 1963

Frauenenquête: Bericht der Bundesregierung über die Situation der Frauen in Beruf, Familie und Gesellschaft, 1966, Bundestag-Drucksache V/909

Frey: Der Grundsatz der Gleichbehandlung bei Neueinstellung, Umgruppierung und Versetzung, BB 1963, 1139 - 41

— Der Grundsatz der Gleichbehandlung im Arbeitsrecht, Verlag Wilhelm Steinebach, München - Düsseldorf, 1954 (zit.: Gutachten)

Friedan, Betty: Der Weiblichkeitswahn, Rowohlt, 1966

Fuß: Gleichheitssatz und Richtermacht, JZ 1959, 331 ff.

Galperin: Gleicher Lohn für Männer und Frauen, JZ 1956, 105 - 9

Galperin-Siebert: Kommentar zum Betriebsverfassungsgesetz, 4. Aufl. 1963

Gamillscheg: Die Grundrechte im Arbeitsrecht, AcP 164, 383 - 445

Gangloff: Anmerkung zum Urteil BAG vom 25. 3. 1960, SAE 1960, 127 f.

Gaul: Der Frauenlohn in den Tarifverträgen, RdA 1956, 254 - 258

— Die Arbeitsbewertung in ihrer rechtlichen Bedeutung, 2. Aufl. 1957

— Die Bedeutung der Frauenlohnurteile des BAG für die Tarifpraxis und das ILO-Übereinkommen 100, RdA 1955, 361 - 8

— Die Frauenlohnurteile des BAG und ihre praktische Auswirkung, AR-Blattei, Lohn X A

Gernhuber: Lehrbuch des Familienrechts, 1964

Giese-Schunck: Grundgesetz für die Bundesrepublik Deutschland, 7. Aufl. 1965

Gottschaldt: Persönlichkeitsforschung und Persönlichkeitstheorie, in: Lersch-Sander-Thomae, Handbuch der Psychologie, Bd. 4, Göttingen 1960

Grabendorff: Bundesbeamtengesetz, Kommentar, 2. Aufl. 1958

Grewe: Zur Gleichberechtigung der Geschlechter im Beamtenrecht, AöR 76, 161 - 164

Grüll: Das Arbeitsrecht der weiblichen Arbeitnehmer, 2. Aufl. 1961

Gros: Die Gratifikation, AR-Blattei, Gratifikation I, Übersicht

Hamann: Das Grundgesetz, Kommentar, 2. Aufl. 1961

Hartmann-Janssen: Bayerisches Beamtengesetz, Kommentar, 3. Aufl. 1967

Hedemann: Die Rechtsstellung der Frau, Vergangenheit und Zukunft, 1952

— Die Stellung der Frau in der Arbeit, DB 1950, 349

Hefele-Schmidt: Kommentar zum Bayerischen Beamtengesetz, 1961

Heißmann: Die Betrieblichen Ruhegeldverpflichtungen, 5. Aufl. 1963

Herrmann: Die außerhäusliche Erwerbstätigkeit der verheirateten Frau, Stuttgart 1957

Herschel-Steinmann: Kommentar zum Kündigungsschutzgesetz, 5. Aufl. 1961

Heyken: Rechtsfragen des Hausarbeitstages und gleichgerichtete Maßnahmen in anderen Ländern, 1963

Hilger: Das betriebliche Ruhegeld, Abhandlungen zum Arbeits- und Wirtschaftsrecht, Bd. 8, Verlagsgesellschaft Recht und Wirtschaft, Heidelberg 1959

Höffner: Ehe und Familie, Münster 1959

Hofmann-Kersten: Frauen zwischen Familie und Fabrik, München 1958

Hofstätter: Einführung in die Sozialpsychologie, 2. Aufl., Stuttgart 1959

Hueck, Alfred: Die Bedeutung des Bonner Grundgesetzes für die Lohn- und Arbeitsbedingungen der Frauen, Rechtsgutachten, Schriftenreihe der Bundesvereinigung der deutschen Arbeitgeberverbände, Heft 2, Köln 1951 (zit.: Gutachten)

— Kündigungsschutzgesetz, Kommentar, 5. Aufl. 1965

Hueck, A. - *Nipperdey:* Lehrbuch des Arbeitsrechts, Bd. 1, 7. Aufl. 1963 (zit.: I), Bd. 2, 7. Aufl. 1967 (zit.: II)

Hueck, A. - *Nipperdey* - *Stahlhacke:* Tarifvertragsgesetz, Kommentar, 4. Aufl. 1964

Hueck, Götz: Anmerkung zum Urteil des BAG vom 18. 10. 1961, AP Nr. 69 Bl. 4 v - 8 zu Art. 3 GG

IG-Metall-Frauenkonferenz: Gretchenfrage an den Arbeitgeber, Frauen fühlen sich bei den Löhnen benachteiligt, ArbGeb 1964, 461

48. Internationale Arbeitskonferenz: Die arbeitende Frau in der sich wandelnden Welt, InfdF 1964, Nr. 10, S. 14

Ipsen: Gleichheit, in: Neumann-Nipperdey-Scheuner, Die Grundrechte, Bd. II, 1954, S. 111 - 198 (zit.: GR II)

Jellinek: Die Entlohnung der Frau und Art. 3 Abs. 2 des Grundgesetzes, BB 1950, 425 - 7

— Zur Gleichberechtigung der Geschlechter im Beamtenrecht, AöR 76 (1950/1), 137 - 143

Kaskel-Dersch: Arbeitsrecht, 5. Aufl. 1957

Kindel-Schekow: Die Bedeutung der Altersgrenze in den Systemen der sozialen Sicherung, 1956

Klein, Friedrich: Rechtsgutachten über verfassungsrechtliche Fragen des BAG-Urteils vom 2. 3. 1955 betreffend die Lohngleichheit von Mann und Frau, 1955
(zit.: Gutachten über Lohngleichheit)

— Rechtsgutachten zur Auslegung des § 1 des nordrhein-westfälischen Gesetzes über Freizeitgewährung für Frauen mit eigenem Hausstand vom 27. Juli 1948 nach dem Maßstab des Art. 20 Abs. 1 GG und des Art. 3 GG, Münster 1961
(zit.: Gutachten über HAT)

Knolle: Der Frauenlohn, AR-Blattei, Lohn X

— Der Soziallohn, AR-Blattei, Lohn III

— Lohnzulagen und Lohnzuschläge, AR-Blattei, Lohn VII

Knöpfel: Die Gleichberechtigung von Mann und Frau, NJW 1960, 553 ff.

Koske: Ehe und Familie im Arbeitsrecht, RdA 1966, 14 - 17

Kroeber-Keneth: Frauen unter Männern, Düsseldorf 1955

Krüger, Hildegard: Anmerkung zum Urteil des LAG Bremen vom 22. 4. 1953, RdA 1953, 349 f.

— Anmerkung zum Urteil des BAG vom 7. 3. 1957, AP Nr. 25 Bl. 4 v - 7 zu Art. 3 GG

— Anmerkung zum Urteil des BAG vom 28. 11. 1958, AP Nr. 39 Bl. 3 v - 5 v zu Art. 3 GG

— Besprechung des Buches von Albert Ziegler „Das natürliche Entscheidungsrecht des Mannes in Ehe und Familie", AcP 158, 47 ff.

— Der Name der Frau nach bürgerlichem Recht, AcP 156, 232 - 264

— Die Gleichberechtigung im Arbeitsrecht, NJW 1953, 1772 - 6

— Die Rechtsprechung des Bundessozialgerichts zu den Witwerrenten, NJW 1957, 1209 f.

— Ein Jahr Bundesarbeitsgericht, RdA 1955, 244 - 252

— Hausarbeitstag trotz Gleichberechtigung?, Schriftenreihe Der Betrieb, 1954

— „Wegen ihres Geschlechtes" nicht zur Hoferbfolge berechtigt, DÖV 1959, 498

— Zur Auslegung des Grundsatzes der Gleichberechtigung, DRiZ 1953, 82 - 85

Krüger-Breetzke-Nowack: Gleichberechtigungsgesetz, Kommentar, 1958
(zit.: KBN)

Kunze-Cornelius: Die Anspruchsvoraussetzungen für den Hausarbeitstag in Nordrhein-Westfalen, BB 1961, 1012 ff.

Kunzmann-Auert: Mutterschutzgesetz, Kommentar, 1966

Labhardt: Gestalt, Geschlecht, Hormone, Universitas, 1959

Läge, Helga: Frauenerwerbsarbeit heute, BABl 1964, 117 - 121

Lange: Besprechung des Buches „Familienrecht" von Dölle, JZ 1965, 425 - 34

Lehmann: Betriebspsychologie, in: Lersch-Sander-Thomae, Handbuch der Psychologie, Bd. 9, Göttingen 1961

Leibholz: Die Gleichheit vor dem Gesetz, 2. Aufl. 1959

Leisner: Grundrechte und Privatrecht, München - Berlin 1960

Lersch: Aufbau der Person, 8. Aufl., München 1962

Lersch: Vom Wesen der Geschlechter, 3. Aufl. 1959

Lichter: Staatsangehörigkeitsrecht, 2. Aufl. 1955

Machleid: Anmerkung zu dem Beschluß des OLG Hamburg vom 27. 9. 1955 zu § 1758 BGB, FamRZ 1956, 396 - 8

Makarov: Deutsches Staatsangehörigkeitsrecht, Kommentar, 1966

v. Mangoldt-Klein: Das Bonner Grundgesetz, Kommentar, 2. Aufl. 1957 (zit.: vMK)

Marienhagen: Neue Rechtsprechung zum Hausarbeitstagsgesetz für Nordrhein-Westfalen, BB 1961, 605 - 7

Massfeller: Deutsches Staatsangehörigkeitsrecht, 2. Aufl. 1955

Massfeller-Reinicke: Das Gleichberechtigungsgesetz mit Erläuterungen, 1958

Maunz: Deutsches Staatsrecht ,15. Aufl. 1966

Mayntz, Renate: Die moderne Familie, Stuttgart 1955

Mead, Margaret: Mann und Weib, Hamburg 1955

Meyer, Karl: Der Rechtsschutz der Grundrechte im Wehrdienst, DÖV 1954, 66 - 70

Michel: Das Gaststätten Gesetz, Kommentar, 3. Aufl. 1938

Mikat: Zur Problematik des natürlichen Entscheidungsrechts des Mannes in Ehe und Familie, FamRZ 1960, 305 ff.

Molitor: Die arbeitsrechtliche Bedeutung des Art. 3 des Bonner Grundgesetzes, AcP 151, 385 - 415

— Urteilsanmerkung, AR-Blattei, Hausarbeitstag Entscheidungen 6

— Vorläufige Landarbeitsordnung, Kommentar, 2. Aufl. 1952 (zit.: LAO)

— Zur Frage der Gleichbehandlung von Männern und Frauen, BB 1952, 203 f.

Monjau: Der eigengeführte Haushalt, DB 1958, 896 - 8

Müller, Eckhard: Das unverstandene Kind, Stuttgart 1953

Müller, Gerhard: Drittwirkung von Grundrechten und Sozialstaatsprinzip, RdA 1964, 121 ff.

Müller-Freienfels: Anmerkung zum Urteil des BGH vom 10. 11. 1959, JZ 1960, 37 ff.

— Kernfragen des Gleichberechtigungsgesetzes, JZ 1957, 685 - 696

Myrdal-Klein: Die Doppelrolle der Frau in Familie und Beruf, 2. Aufl., Köln 1962

Nikisch: Arbeitsrecht, I. Bd., 3. Aufl. 1961 (zit.: I), II. Band., 2. Aufl. 1959 (zit.: II), III. Bd., 2. Aufl. 1966 (zit.: III)

Nipperdey: Anmerkung zum Urteil des ArbG Duisburg vom 23. 3. 1950, RdA 1950, 197 f.

— Das Arbeitsrecht im Grundgesetz, RdA 1949, 214 - 216

— Die Würde des Menschen, in: Neumann-Nipperdey-Scheuner, Die Grundrechte, Bd. II, 1954, S. 1 - 50 (zit.: GR II)

Nipperdey: Freie Entfaltung der Persönlichkeit, in: Bettermann-Nipperdey, Die Grundrechte, Bd. IV, 2. Halbband, 1962, S. 741 - 909
(zit.: GR IV/2)

— Gleicher Lohn der Frau für gleiche Leistung, RdA 1950, 121 - 8

— Gleicher Lohn der Frau für gleiche Leistung (Rechtsgutachten), Köln 1951
(zit.: Gutachten 1951)

— Grundrechte und Privatrecht, in: Festschrift für Erich Molitor, 1962, S. 17 ff.
(zit.: FS für Molitor)

Oehmann: Anmerkung zu den Urteilen des LAG Düsseldorf vom 21. 9. 1951 und des LAG Hamm vom 19. 11. 1954, AR-Blattei, HAT Entscheidung 2/3

Ohlgardt: Zur Auslegung und Verfassungsmäßigkeit des nordrhein-westfälischen Hausarbeitstagsgesetzes, BB 1958, 561 ff.

Palandt: Bürgerliches Gesetzbuch, bearbeitet von Danckelmann-Degenhart-Gramm-Hoche-Keidel-Lauterbach, 27. Aufl. 1968

Pätz: Sondervorschriften für weibliche Beschäftigte im öffentlichen Dienst, SozBA 1964, 41 ff., 71 ff., 85 ff.

Paul: Sozialbiologische Aspekte der Frauenarbeit, ZBlAWi 1962, 117 ff.

Paulick: Das Eltern-Kind-Verhältnis gemäß den Bestimmungen des Gleichberechtigungsgesetzes vom 18. Juni 1957, FamRZ 1958, 1 - 7

Plog-Wiedow-Beck: Kommentar zum Bundesbeamtengesetz, Stand 1966

Preller: Was bedeutet Gleichberechtigung der Frau, SozFort 1964, 12

Radke-Rathert: Gleichberechtigung?, Frankfurt 1964

Ramm: Familienname und Grundgesetz, FamRZ 1963, 337 ff.

— Gleichberechtigung und Ehe- und Familienname, FamRZ 1962, 286

— Gleichberechtigung und Hausfrauenehe, JZ 1968, 41 - 46, 90 - 94

Redmann: Über die rechtliche Relevanz des Geschlechtsunterschiedes, FamRZ 1961, 409 - 418

RGRK: Das bürgerliche Gesetzbuch, Kommentar, hrsg. von Reichsgerichtsräten und Bundesrichtern — IV. Bd., 10. und 11. Aufl. 1960

Ridder: Männer und Frauen sind gleichberechtigt, in: Festschrift für Leibholz, 1966, S. 219 - 236
(zit.: FS für Leibholz)

Schardey: Gleichberechtigungsgrundsatz und Vorrang des männlichen Geschlechts bei der Hoferbfolge, Schriftenreihe zum Deutschen und Europäischen Zivil-, Handels- und Prozeßrecht, Bd.14, 1961
(zit.: Gleichberechtigung)

— Gleichberechtigungsgrundsatz und Vorrang des männlichen Geschlechts bei der Hoferbfolge, FamRZ 1963, 265 ff.

Scheffler, Erna: Der Familienname von Frau und Kind, MDR 1951, 136

— Ehe und Familie, in: Bettermann-Nipperdey-Scheuner, Die Grundrechte, Bd. IV, 1. Halbband 1960, S. 245 - 323
(zit.: GR IV/1)

— Referat über das Thema: Die Gleichberechtigung der Frau, 38. DJT (1950), S. B 3 - B 30

— Zöllibatsklausel für die Postbeamtin, RdA 1951, 138

Scheffler, Erna: Zur Auslegung des Grundsatzes der Gleichberechtigung, DRiZ 1953, 85 - 88

Schelsky: Die skeptische Generation, 1958

— Soziologie der Sexualität, 1963

— Wandlungen der deutschen Familie in der Gegenwart, 3. Aufl. 1954

Scheuner: Die verfassungsrechtlichen Grundlagen der Familienrechtsreform, in: Familienrechtsreform, hrsg. v. Dombois-Schumann 1955, S. 42 ff. (zit.: FRR)

Schmidt-Rimpler-Gieseke-Friesenhahn-Knur: Die Lohngleichheit von Männern und Frauen, Gutachten der Bonner Universität vom 23. 5. 1950, AöR 76, 165 - 186 (zit.: Bonner Gutachten)

Schmitt, Walter: Die ungleichen Voraussetzungen für Witwen- und Witwerrenten in den gesetzlichen Rentenversicherungen, NJW 1962, 1423 ff.

Schneider: Verfassungsrechtliche Vorfragen zur Gleichberechtigung von Mann und Frau, NJW 1953, 889 - 91

Schreiber: Wehrpflicht und Gleichberechtigung der Geschlechter, FamRZ 1955, 96

Schulte-Langforth: Berücksichtigung des Arbeitsrechts und des Arbeitsschutzrechts bei der Arbeitsvermittlung von Frauen, Das Arbeitsamt 1964, 6 ff.

— Erwerbstätige Mütter und Frauenarbeitsschutz, RdA 1961, 315 - 324

Schultz: Rundschau, Blick in die Zeit, MDR 1959, 626 - 8

Schwarzbauer: Lohngleichheit für Mann und Frau in der deutschen Praxis, SozFort 1965, 33 - 6

Schwarzhaupt: Die Wirkungen der Ehe im allgemeinen, FamRZ 1957, 33 - 7

Soergel-Siebert: Bürgerliches Gesetzbuch, IV. Bd., Familienrecht Ehegesetz, 9. Aufl. 1963

Speck: Kinder erwerbstätiger Mütter, 1956

Staudinger-Nipperdey: Kommentar zum Bürgerlichen Gesetzbuch, II. Bd., Recht der Schuldverhältnisse, 3. Teil, bearbeitet von Nipperdey, Mohnen, Neumann, Riedel, 11. Aufl. 1958

Stirn: Die berufstätigen Frauen zwischen Fabrik und Familie, ZblAWi 1956, 179 ff.

Strecker: Frausein — heute, 1965

Stree: Die Gleichberechtigung der Männer und Frauen im Arbeitsleben, Dissertation, Kiel 1953 (zit.: Diss.)

Ulmer: Korreferat zum Thema: Die Gleichberechtigung der Frau, 38. DJT 1950, S. B 31 - B 54

Utz: Zum sogenannten Entscheidungsrecht des Mannes, FamRZ 1958, 411 ff.

Vielhaber: Arbeitsbedingungen der Frau und Grundgesetz, DB 1950, 205

Wahl: Zur Verfassungsmäßigkeit des Stichentscheides des Vaters, FamRZ 1959, 305

Weber, Marianne: Ehefrau und Mutter in der Rechtsentwicklung, 1907

Weiß: Betriebliche Altersversorgung, AR-Blattei, Altersversorgung, betriebliche I

Weiß-Kranz: Bayerisches Beamtengesetz, Handkommentar, 1966

Wernicke: Kommentar zum Bonner Grundgesetz, 1950, Stand Dez. 1967 (zit.: Bonner Kommentar)

Wester-Ebbinghaus: Stellung und Auftrag der Frau in der modernen Arbeitswelt, SozArb 1964, 449 - 554

Ziegler: Das natürliche Entscheidungsrecht des Mannes in Ehe und Familie, Bd. XI der Sammlung Politeia, Veröffentlichungen des Internationalen Institutes für Sozialwissenschaften und Politik der Universität Freiburg/Schweiz, 1958

Kolibri 360 GmbH
Ferdinand-Jühlke-Straße 7
99095 Erfurt, Deutschland
produktsicherheit@kolibri360.de

Druck:
CPI Druckdienstleistungen GmbH
im Auftrag der
Kolibri 360 GmbH
Ferdinand-Jühlke-Str. 7
99095 Erfurt